总序

郝苏民

23年前,原西北民族学院(今西北民族大学)创办了西北民族研究所(1984),其动机原本出自对"十年动乱"反思后的一个学科基本建设之举。所名还是其时国家民委领导批定的。这个反思的根据就我们当时的主旨,是出自这样一种回顾与思考:新中国建立肇端,代表中国各民族人民根本利益的人民政权,一反千年封建王朝和1949年已全线崩溃的国民政府大民族主义的统治惯制,要实现各民族当家作主的民族政策。于是开展少数民族工作,少数民族干部的迫切急需成为一切的首要。为此,应运而生了民族高校的创办。共和国第一所民族学院,便是西北民族学院。应该说,民院类型高校群的产生,确系中国教育史中最崭新而光辉的一页。然而令人难解的是,从成立伊始的1950年,直至1984年前,本身就体现着新中国全新民族观与政策的西北第一民族性高等学府——西北民族学院,却未曾有过科学意义上成体系的民族学的理论研究、专业建制与教学队伍的组建!虽然学科建设上的这种"畸形",责任与损失并不都来自学院本身与办学者个人,它与人类学/民族学、社会学学科的遭遇完全是一致的。"四人帮"的垮台,中国共产党十一届三中全会之后拨乱反正思想路线的贯彻执行,的确对有志从事人类学/民族学的学人们是一个极大鼓舞。1984年西北民院西北民研所的创办,便是当时本院民族学与教育工作者学术心愿的首次圆梦!

发展的道路又总是曲折的。意外的是向市场经济转型,却带来了所谓"全民下海"(单位创收)的冲击,一时捷足先登者从办班中捞上的第一桶金,曾诱惑了不少当时本在坚守岗位的教师。希冀重建人类学的敢想者中也出现了教学与科研比重的意见分歧,科研经费和基础建设等问题无从提上日程的迷茫,凡此直接涉及到成员们工作量、课时、职称等切身利益的不平与困惑。自然,复杂的表层不能掩盖其简单的内因:历史关头老校如何"新生",学校未来整体发展如何构架?民族性老校的传统究竟是什么?时代使命的角色该怎样定位,哪些是理性实证了的真正"拳头"专业?应恢复、重建哪些机构?又该急速补缺扩建哪些必有的学科?……实话实说,这些本为教育、办学内行领导的例事,却在该引进何人、该谁来办事等人事关系上纠缠不前。这里的专业人员一时被这些"不大不小的问题"陷入一筹莫展的困境,空待大好时机的流失……

事情原本还有另一面,当时,一是全国高校教学改革如火如荼;二是部分研究者受全国学界大好形势感染不甘心无所作为去坐地搞"创收"。经过彷徨、内外沟通、酝酿,再经过"年年五月换领导"的"阵痛",终于在1998年10月,借教育连续改革热潮启动和校方领导的支持,以放弃原基础资料设备和经过整整几个年代的整合队伍,研究所名称、建制和大部分成员为代价,仅从其中三、五青年学术同道加个别老先生,走出西北民研所重新组合了"社会人类学·民俗学"系、所合一的机构。这个人类学·民俗学名称的出现,为这个"共和国首座民族高校"办学近半个世纪后首次整合,填补了社会学、人类学/民族学、民俗学专业从未有过的科研与教学空白;也在民院首出"系所合一"的教学形式,把科研直接引入课堂教学。在大西北人文社科学界第一次出现了"人类学"的学科建制化。不久,在费孝通教授力荐下,又借教育部为北京大学批办社会学人类学高级研讨班的切机,与北大合作在西北重镇兰州举办第六届高研班。费先生煞费苦心,目的有二:一为扶持西北民大社会学人类学专业的开创;二为对开发西北的研究培养专业人才。费老亲临我校为我系揭牌,并在会间主题讲演;召开来自大西北各地青年的各类型座谈会,谈到人类学/民族学、社会学培养少数民族出身专业人才的重要和迫切的意义。他语重心长、苦口婆心,这给我们学科建设者们以极大精神支持和学术"扶贫"。

1990年我们曾首获民间文艺学(含民俗学)硕士学位授予权(钟敬文、马学良、宋蜀华等老一辈学者惟图学术的胸怀和勇气,成了真正"助人成功"的关键),1991年即开始招收民俗学研究生。鉴于我们对中国

西北民族大学重点学科建设资助项目

人类学·民俗学：来自生活一线的考察报告

郝苏民 总主编

文化魔力：从人到群·族群与民族之间

满珂 编

兰州大学出版社

图书在版编目(CIP)数据

文化魔力:从人到群·族群与民族之间/满珂编.
兰州:兰州大学出版社,2007.3
(“人类学·民俗学:来自生活一线的考察报告”系列/
郝苏民主编)
ISBN 978-7-311-02949-4

Ⅰ.文... Ⅱ.满... Ⅲ.①蒙古族—调查报告—中国②回族—调查报告—中国③藏族—调查报告—中国④东乡族—调查报告—中国 Ⅳ.K28

中国版本图书馆 CIP 数据核字(2007)第 067196 号

出版人 陶炳海
策划编辑 穆敏
责任编辑 刘暄
封面设计 赵会

书　　名 文化魔力:从人到群·族群与民族之间
作　　者 满珂 编
出版发行 兰州大学出版社 (地址:兰州市天水南路 222 号 730000)
电　　话 0931-8912613(总编办公室) 0931-8617156(营销中心)
　　　　 0931-8914298(读者服务部)
网　　址 http://www.onbook.com.cn
电子信箱 press@onbook.com.cn
印　　刷 兰州德辉印刷有限责任公司
开　　本 880×1230 1/32
印　　张 6.125
字　　数 172 千字
印　　数 1~1100 册
版　　次 2007 年 3 月第 1 版
印　　次 2007 年 3 月第 1 次印刷
书　　号 ISBN 978-7-311-02949-4
定　　价 12.00 元

西北地区各民族民间文化(含民俗文化)的历史脉络和多元现状及其特征的本土理解,在组织教学与科研上,确定了重视田野作业,开辟民俗志积累,坚持多民族地域多元文化特色,从头打好学术基础建设的发展思路。再加上人类学/民族学教学点的逐步开拓与社会学教学的开办,我们打通了三门学科的交叉,为以往民间文艺学(民俗学)传统教学仅设在中文系(汉语系)多作为讲座课、选修课的惯例,以每位研究生的旨趣和优长(或民族、或地域)为本定其专业研究方向。随着实践的延续果然局面顿开。至2006年,这个教学点共招生了13个民族的110多名学生,已毕业者近三分之二以上成为民俗学、民族学、社会学的考博对象,他们分散于包括香港中文大学、北大、清华、北师大、人大、中山、复旦、南开、中央民大、华东师大、东南大学等多所名牌大学攻博、“进站”。这一集中现象是西北民大创办以来其他院系、专业所未曾有过的!更重要的是,在培养人、训练队伍的同时,积累了不少以专业要求采集到的比较有质量的田野民俗志的新资料。尤其近年来,在费孝通教授提出西部大开发中人文资源的保护利用与开发的问题后,我们在承担了“西北人文资源环境基础数据库”内民俗部分的任务中,更坚持了研究生们在导师指导下发挥地方性知识和语言无障碍的优势,深入生活第一线零距离现场考察的专业训练的学风。民俗学研究生教学实践,在历练了教学骨干的同时,区域民俗志资料的成果,累累结枝。

我们这个系(所)经过第一个“五年计划”的艰苦奋斗,借助全国形势好转带来的时运,进一步发展为“社会人类学·民俗学学院”。我们把民俗学的整体学科建设、发展的路子,摆脱开往昔传统上仅从“文学”上先入为主地惟以“民间文学”以带动民俗学的旧教学轨道,借鉴相近学科人类学、社会学、民间文艺学优势,既互相交叉渗透,互促发展,又各自保持相对学科独立地发展轨迹。我们用超强的劳作先后开办出游牧、农耕、人口较少民族等民俗及其非物质文化遗产教学类型;民族、宗教、文化、家庭、妇女、影视、民间艺术(美术、工艺、歌谣、戏曲舞蹈)等专业方向,为复合型人才的培养和学生学养的丰厚、“一国多民族”的整体性大视野提供空间,以适应转型期人才市场的多样需求。目前,我们除已有的民俗学研究生点外,人类学、社会学、民间文艺学等的硕、博生都在培养之中。

这五年来，我们有北大、北师大、中央民大等高校相关先进专业和其中名师们的协助和具体帮助，在大开局面中崎岖前进。我们的民俗田野，除涉及到西北各民族地区外，也借主题的需求而波及到除大西北外的内蒙古、四川、湖北、福建、山西、山东，甚至东北各地。在物质条件极不足的状态下，坚持依靠业内同行经办好我们的专业学刊《西北民族研究》，获得学界广泛认同。又一个十年教学实践使我们自认为：虽也无法回避此法、此路离幸得领导"助人成功"好运终有距离的艰辛事实，但各高校圈内同行认可的这个路子，亦可视为一种有益的中国学术经验。

当前，高校在一阵扩招、扩办、并校、升级之后，似乎出于"冷思考"地把高校分类为几种发展类型，学校被划进某个类型后，即将在某类型框子内以行政"规范"去"游戏"。各校内各学科、专业之间大约已有的发展水平不尽相同，是将随所属学校类型"一刀切"去存在、发展，还是以所属行业学科实际水平去"强强联合"（如同当年之"院系调整"）去整合？还是随其各校自主"挖墙"、"流动"、"自生自灭"？抑或已有资源自主存留等市场经济范式？……在如今高校领导层皆为内行、教授的现状下，其自主趋势如何发展，目前难以明朗。故，大抓学科建设、学科凝练之云的真正落实，看来确实在于是否哪级所属，与在不在某种"工程"之内大有关系；至于教授今后走向，也和你现属哪块"风水宝地"关联在一起！虽说人类学、社会学、民俗学研究对象全关乎到群体、社会、人类的大范围，但似乎此类学术属性，往往不像办体育、办艺术那样幸运；却是一种不大显露政绩的"孤独性"学问。

好在，我们曾经的努力基于事实亦曾经地被其时认同过；"助人成功"之说，本为各自所指各有个人的认可。无论如何，师生风餐露宿的"田野"是汗水的播种。于是，我们将把部分学子为攻读学位而参与的调查报告，做学术规范和可读性的整理后，以一种资源的形式回报给社会群体；也为这世变方激的新世纪之际，师生们从前沿生活大潮中舀出的这一瓢瓢底层的浪花，存留给来者而感到努力过的欣慰！我们自认为这一行动对学术浮躁尚不能一个早晨就烟消云散的今大，于帅、于生、于己、于众、更于学校之心，皆心同此理吧。若幸甚而存继续从业之机，我们随时准备用被边缘化了的文化行为寻求可认同的学术合作伙伴。

需交代的是，“人类学·民俗学：来自生活一线的考察报告”系列的编辑，虽也曾得到本学界不少贤达鼓励、促成，但终因未能挤入“工程”类和“扶持”类，不足的经费导致了它无法满书“尽披黄金甲”的华贵包装及名人作序牵衔，只能是“素面朝天”，以真人真事的朴实面孔迎接她的识者——广大读者了。

第一本集子，曾承蒙中国艺术研究院方李莉博士建议配合“基础数据库”中民俗部分的采集，归入另一丛书出版，其余三集由兰州大学出版社统一出版；分别由老中青等策划、主编，青年教师马忠才、满珂等博士热情协助。西北民大职能部门负责人以及出版社责编先生们的慧眼、支持、辛苦都是感动于心的。我们：主编、撰稿人在此一一向他们致以中华民族传统式的抱拳和鞠躬了。

是可为序乎？如此而已。

于金城沙痕书屋　寓所

2006 年 12 月岁末

2007 年元月修订

目　录

河南省蒙古族的生存现状与民族认同心理

满珂

河南省地处中原,是华夏文明的发祥地之一。秦汉以后形成的汉族人在今河南境内生活、发展、壮大,逐渐成为占河南省人口绝对多数的民族。他们以农业为本,创造了高度发达的农耕文明,并使以此为核心的汉文化在该地区居于主体文化地位。但就在这汉文化辉煌灿烂的地区,却存在着一部分人们印象中应该活跃在北方草原的蒙古族人。据说他们已在内地留居了六七百年,繁衍二十几代人。那么,经历了与母体文化几百年的关山阻隔,他们的生存现状和民族认同心理会是什么样的呢?这些问题引起笔者的极大兴趣,1999 年 7 月到 8 月间,笔者在这部分人的主要聚居区进行了两个月的实地调查,并在田野作业的基础上,对上述问题加以探讨和研究。

一、河南省蒙古族概况

1.全省蒙古族概况及族属被认定过程。根据 1990 年的统计数据,河南省共有蒙古族 65814 人,分别占全省总人口数、全省少数民族人口数的 0.08%和 6.5%,主要分布在豫中南的平顶山市、豫西南的南阳市所属各县,其中以南阳市镇平县最为集中。就其来源来看,河南省的蒙古族可分为三支:以平顶山市荆山村为代表的元朝蒙古侍卫亲军千户马秃塔尔的后代,以镇平县晁陂镇为代表的元朝皇室后裔,以镇平县砚台村为代表的元朝官宦之后。解放前,这三支蒙古族都未明确提出自己是蒙古族,中华人民共和国成立后,荆山人在进行户口登记时填报了蒙古族;"1953 年元月,中南民族访问团到达南阳地区,把镇平县蒙古族的历史情况作为一个重要内容进行详细调查,收集到家谱四个,碑文一篇,还有其他口碑资料,最后根据调查了解的情况写成了长篇调查报告,并把四个家谱的序言部分照录下来。根据当时所掌握的碑文、家谱、传说等资料,确认他们为蒙古族人"。①

2. 作为具体考察对象的河南省蒙古族概况。为了方便而科学地进行调查、研究,笔者选取各支蒙古族的聚居村落荆山村(后简称荆村)、晁陂镇街南村(后简称南村)、砚台村(后简称砚村)为调查点,对有关问题进行探讨。其结果应该能够反映河南省蒙古族的基本面貌,同时因砚村与南村的情况十分相似,所以对砚村的调查从简。三村蒙古族的基本情况如下:

(1)人数、来源及依据。荆村现有蒙古族 1230 人,南村有 1006 人,砚村有 1920 人,据说三地蒙古族都是元末明初进入中原的蒙古族的后裔,可见依据有家谱、碑文、地方志中的记载。荆村蒙古族的远祖是元朝一位名叫马秃塔尔的高官,故其后代以"马"为姓。荆村现保留有从元代遗留至今的历代墓碑 40 多通,述及其源流的主要有 3 通。马秃塔尔墓碑正文曰:"大元故宣武将军,右翊蒙古侍卫亲军千户,可赠昭勇大将军、佥书、枢密院事,上轻车都尉,追封范阳郡侯,马秃塔尔。至正已丑年仲冬季旬七日。"荆村马氏第十一代祖马一贯的碑文云:"叶县(荆村原隶属叶县)西北,离城十五里,荆山马秃塔坟墓记:秃塔元系殿前大将军,追封范阳郡侯,年久日深,钦封颓坏。有继世孙马隆生马起,起生宣,宣生云,云生生员一贯……崇祯二年三月十二日立。"乾隆三十一年"附记碑"中载:"先始祖范阳侯,有功于元,赐葬荆山。明兴,马氏子孙,俱以胜国名臣之后获罪新朝,因仆茔中碑石及一切天禄、辟邪,翁仲之属而埋之,隐姓名不仕,久而失记……"另外,在《叶县志》中也曾谈到"马秃塔尔",《(嘉靖)叶县志·卷一·陵墓》载"秃塔尔,元千户,封范阳郡

① 马迎洲、吕廷显、郭国志、张益民编著:《河南省少数民族史稿》,中州古籍出版社,1990 年版,第 14 页。

侯”。《(康熙)叶县志·卷六·流寓》中说:“马秃塔尔,里籍未详,疑是蒙古色目人,至正间累官昭勇大将军佥书枢密院事,上轻车都尉,追封范阳郡侯,今县荆山下为其故里。”南村蒙古族的始祖据说是元顺帝之四子帖木花耳,因祖先是“王”,故后代以“王”为姓,现在可见的他们称蒙古族的唯一证据是刊印于 1942 年的《王氏族谱》中的记载:“我王氏鼻祖世远年湮,文献无征,谨据:世祖墓碑载‘昔元纪,自文宗殂,顺帝御极,明主由和阳渡江,取太平路,逼燕京,元帝奔应昌,遂移祚,公气运迭嬗,克自保重。游冀北,走覃怀,率江左,渡河南,偕先大人经历殆尽,卜居晁陂’,玩其语意,我先人之出自蒙古无疑也……我镇平晁陂王氏宗自蒙古乃元胄也……历观往事种种可据,吾族其果为奇渥温铁木真之苗裔耶。”① 砚村蒙古族与南村蒙古族同姓不同祖,“刻于明宣德元年(1426 年)的砚村祠堂碑云:‘(其祖先)祖籍东北辽宁锦县金城人,讳脱脱木儿……’(碑已无存,碑文系手抄本摘录)”②

(2)文化程度、家庭类型:三地蒙古族的文化程度以初中为主,家庭多是由一对夫妻及其一两个未婚子女组成的核心家庭。

(3)对本族历史的知觉情况:三地蒙古族对自己的来源历史大都知之不多,晓之不深,有些人甚至对谈论这些事情十分反感。

二、河南省蒙古族的生存现状

语言、风俗习惯和心理状态最能显示出一个民族的特点,笔者以此入手对调查对象进行考察,记录下了他们的生存现状。(由于南村、砚村相距不足十里,各种情况极为相似,笔者的描述突出荆村、南村两种类型。)

(一)语言:语言是人们交流经验、表达思想情感的工具,是区分民族的一个重要标准。河南省的蒙古族已无人懂蒙语、蒙文,有的甚至不

① 王金相收藏:《王氏族谱·序》,1942 年刊印。

② 马迎洲、吕廷显、郭国志、张益民编著:《河南省少数民族史稿》,中州古籍出版社,1990 年版,第 14 页。

知有蒙语、蒙文,而通用汉语、汉文,操豫方言中所在地的地方话。荆村蒙古族说豫中南地方话;南村、砚村蒙古族说豫西南地方话。

(二)风俗习惯:河南省的蒙古族同当地汉族一样从事以农业生产为主的多种经营,表现在生产、消费(衣、食、住、行)、人生礼仪、节日、信仰等方面的风俗习惯和当地汉族没有差别。

1. 生产民俗:生产经营是人类的基本活动,它在很大程度上决定了人们的生活方式和思想意识。河南省的蒙古族主要从事农业生产,在人均不足一亩的田地上精耕细作,种植以小麦、玉米为主的粮食作物和以花生为主的经济作物,种子每年更换,从种子站购买良种。当地农谚曰"八月寒露抢着种,九月寒露想着种","寒露至霜降,种麦不慌张"。小麦一般在农历九月播种,次年六月末收获,除交纳一定公粮外,各家将麦子洗净、晒干,磨成面粉,备一年食用。玉米在农历六月底播种,九月即可成熟,亩产九百斤左右,新玉米下来,人们咂着煮熟的嫩玉米,吃着喷香的烤玉米,品尝到的都是丰收的喜悦。大部分玉米经晾晒,粉碎成玉米糁,做稀饭吃,还有的被深加工,磨成玉米面,蒸馒头用。花生于麦收后种在麦茬上,阴历八月收获。从地里刨出的花生还带着秧子、泥土,只能用手工处理——摘花生,这是个费工费时的活儿。有些性急的人发泄似的使劲在地上摔打花生秧子,花生就会从杆上落下来。他们把花生带壳煮着吃,或是把花生仁晾干,放入油锅中炸成咸花生米食用。这些都只是为了尝鲜,大部分花生要榨油使用,还有些则卖出换钱。晒干的花生秧子可以当作猪饲料。相比来说,荆村的机械化程度较高,小麦的播种、收割、脱粒已全部实现机械化,全村收麦时,不到三天,各户麦子就可以进仓。南村、砚村播种小麦还使用一种叫做"耧"的农具,"由耧架、耧杆、漏斗、耧腿和耧铧组成两腿耧或三腿耧。播种时,一般用牲口拉耧(或人拉),旁边有一个人牵引叫'帮耧'。播种下耧前,扶耧的'耧耙',要定仓眼。播种时,耧耙摇耧,做到'一干二净眼观三,紧三慢三猛一掂',讲究耧身平稳,速度适中,种子下地均匀"。① 收割

① 转引自钟敬文主编:《民俗学概论》,上海文艺出版社,1990年版,第46页。

小麦使用人力、镰刀。除农业生产外,荆村靠近城市,多数人家以从城里的大饭店拉泔水养猪为副业,贴补家用。还有用汽车、拖拉机载货、送人跑运输的。南村蒙古族则兼营玉器加工,多为家庭作坊,规模不大,还有的在集市上卖菜、卖水果或开店经商、出外打小工。砚村蒙古族多数人家做“玉活”(加工玉器)。

2. 消费民俗:消费民俗涉及人的衣、食、住、行等方面,即穿衣、吃饭、居住、交通等基本的生活需要。

(1) 衣:河南省气候四季分明,河南省的蒙古族人每人大致有三类服装:冬装、春秋装和夏装。冬天,男子上穿厚毛衣,外罩中山装、西装或夹克衫、皮衣,下穿秋裤、毛裤,外套直筒裤,怕冷的人还备有棉大衣、羽绒服、棉帽子等。女子上穿厚毛衣,对襟棉袄,下着毛裤外加细腿健美裤或直筒裤,年轻女子有穿毛料裙子或皮装过冬的。春秋两季,男子改穿羊毛衫、薄毛衣,外套与冬天大致相同,只是下装中不穿毛裤。女子穿高领、低领秋衣或薄毛衣,双层夹衫。夏季,男子穿薄料衬衣、短袖和裤子,日常在家上身仅着汗衫或赤裸上身,女子同样穿容易透汗的衬衫、短袖、裤子。村民勤俭持家,必要时才会添些衣物,过年也只有小孩子换新衣服。南村、砚村蒙古族妇女冬天还有穿老式带大襟棉衣的,棉衣的左、右襟都宽至能护住身体前部,右襟在下,内里不塞棉花,起保暖作用的主要是左襟,衣服右腋下竖着缀一排扣子,一般是按扣。夏天,荆村除极少数时髦的年轻女子或小女孩外,妇女们一般不穿裙子,因为干活时毕竟不方便。南村因临街,许多妇女坐店经商,穿裙子的不少。

(2) 食:从事农业生产的人们的食物往往来自地之所产,有所产就有所食,因而,河南省蒙古族的饮食习惯以面食为主。他们一日三餐,早晨、晚上两顿稀饭,中午吃面条。早晨多食用面糊搅成的面汤,俗称“面疙瘩”,有时加一两个鸡蛋,吃馒头。有些人家还配上几样小菜,多是咸菜、豆腐乳和头天的剩菜。中午饭是一天的正餐,多食用面条,以蔬菜炒肉做成的“卤”佐餐。夏天,人们不爱吃肉,把面条和苋菜放到一起煮熟,拌上蒜汁、香油,就成了可口的蒜面条。晚饭以面汤、玉米糁、馒头为主,稀饭里往往加入红薯、红薯干调味。“红薯干、红薯馍,离开红薯不能活”,正是河南饮食的一大特点。夏天晚上,多喜食绿豆汤,清热败火,是防暑降温的美食。中午有时也烧稀饭,但对主食另有要求,往往要翻新花样,或烙饼、卷菜馍,或蒸菜包儿,吃的都是自己出产的时令蔬菜。有了喜事,或者改善生活,全家就坐在一起包饺子。饺子皮有梯形的,也有圆形的,馅有韭菜肉、韭菜鸡蛋、萝卜肉、豆角等,视各家自己的口味而定。包好的饺子放到"锅排"上,"形"(方言,定型)几分钟,或蒸食,或煮食。

(3) 住:河南省蒙古族的房屋类型大致可分为两种:一种是老式起脊瓦房,为砖木结构,多建在高台上,设有走廊,房高屋深,以墙为支柱,墙上架梁,梁上立檩,檩上搭椽,脊上雕刻飞禽、走兽,门口安置石制、木制门墩。二是新式平顶房,整座房屋的墙体全部用砖搭造,顶部是钢筋水泥预制板,板上用优质水泥铺平,建成"晒台",是晾晒农作物、乘凉的好地方。通向晒台的水泥制楼梯,有内置、外设两种,设在房屋一侧外部的较多。典型的农家小院往往包括正房、厨房、厢房、储存室等。正房又分为堂屋(客厅)和里间(卧室),紧挨着堂屋后墙放条几,几上供奉灵位,几前放桌,桌子左右置罗圈椅,墙上挂中堂字画。现在各家都有新型家具,如立柜、写字台、沙发、电视机、自行车,室内摆设渐渐失去定规,由个人财力、审美观决定,但靠墙的条几仍然几十年如一日地守在那里。荆村房屋依荆山山势,正房多东西走向,大门一般在院子的东部一角,与正房错开(如图),正房院子西侧为储藏室,猪圈、鸡舍,东侧为厨房、厢房。南村的院门(楼门)正对堂屋,所以楼门外砌一堵影壁墙,阻挡路人视线。此处的平顶房多建成两层,楼下为客厅,楼上为卧室。临街楼房的一楼开辟成商店。蒙古族老人们还热衷于老式起脊房,认为它冬暖夏凉,住着舒服,年轻人则不以为然,把盖得起平顶房视为自己能力和财富的象征。

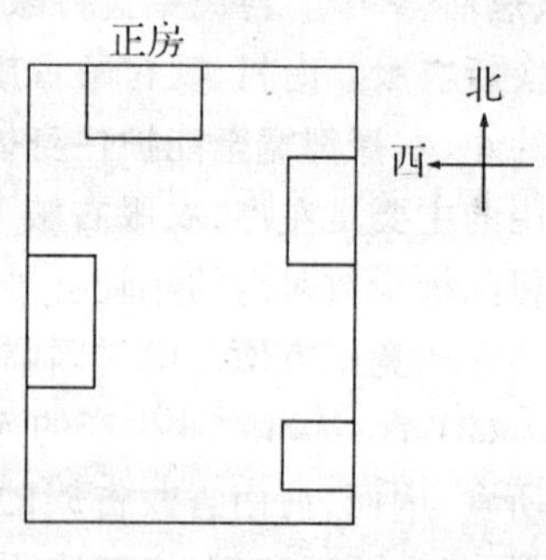

(4)行:河南省蒙古族所居处的交通比较便利,村民外出活动多依靠自行车,经济条件好的骑摩托车。荆村村中有柏油路通往市区;南村

紧邻312国道，搭乘小巴和机动三轮车都非常方便。

3. 节日民俗：同当地汉人一样，河南省的蒙古族一年中的主要节日有春节、元宵节、正月十六、二月二、清明节、五月端午、中秋节、十月一、腊八节、腊月二十三（小年）等。春节是一年中最大的节日。每年正月初一，各家早起鸣鞭炮开门，供奉祖先及天地之神，烧香、磕头，老少停止做活。自暮色朦胧开始，亲邻踵门相互道贺，谓之“拜年”；在外遇着相识故旧，握手道吉祥话。荆村的早餐一般是年三十晚上捏的饺子；南村则晚上吃饺子，早晨食用大肉、萝卜、黄花菜、粉条烩成的萝卜菜，饮“朝酒”（即黄酒，镇平名产）。中午两村都要由家里准备十几样凉、热菜，合家饮酒娱乐，互相祝福，老人们为儿孙发压岁钱。初一之日，禁忌尤多，不能动刀剪，不能倒垃圾，不能说不吉利的话，此日以家庭团聚为主，从初三“女儿回娘家”（南村蒙古族男性到外婆家）开始，凡属亲戚朋友，各备果肉（近年以饮料和酒、水果为主）往来交拜，并盛情招待，这种“串亲戚”活动在荆村一直延续到正月十六、十七，他们把正月初一到十五都称为“年下”，往后顺延一、两天也是可以的，但是初五早晨燃放鞭炮“破五”以后，人们逐渐回到日常生活状态，“串亲戚”就成为次要活动，集中在晚上或空闲时间。而南村从初三开始“串亲戚”，至初五日，年基本过完，初六日商人开集，一切便恢复正常，并且忌讳下午“串亲戚”，认为会给别人家带来厄运。正月十五日为上元日，又叫元宵节，夜晚各家门前悬挂、摆放灯笼和灯盏，此日家中至少吃一顿汤圆，为的是有点节日气氛。荆村临近城市，改革开放以来，市里常举办灯会，荆村蒙古族也常开着拖拉机带着一家老小去观灯，给孩子们买回一些灯笼玩具。南村则要“照灯儿”，是红薯面捏成的窝窝，灌上油，插上灯芯，无论是鸡窝、牛棚，还是门墩、水缸上都要放一盏，小儿则拿着自制的“风葫芦”（一种迎风转动的小儿玩具）和买来的灯笼，在村中奔跑嬉戏。新女婿要到岳母家“躲灯”，并且要送200元烟火钱。正月十六在荆村是骡、牛、马等牲畜休息日，各家给牲畜卸役，喂些好料，感谢它一年来的辛勤劳动。近年机械逐渐代替畜力，此俗正在消失。南村给小儿挂麦戴蒜，愿小儿长命百岁。俗话说：“带个麦，活一百，带个蒜，活一万”。二月二是“龙抬头”吉祥日，俗以为从此日起，百物萌生，下雨时开始听到雷声,也就是二十四节气中的"惊蛰",荆村各家早点食煎饼,并以此日理发"龙剃头"为最吉祥。南村家家炸玉米花,称为"炸蝎子爪",纺花弦,叫做"拉龙筋"。三月里有清明节,人们携纸烛酒馔和煮至半熟的肉,到祖先坟上祭扫,并对祖坟冢添土修整、压纸,南村这日还要采集柳条,插到门框等处,夏天喝茶用。当日,在家里不能洗衣服,据说是为了避免招惹蚂蚁。五月五日是端午节,各家门首上插艾枝以避毒邪,吃粽子、鸡蛋,煮大蒜,饮雄黄酒,还用雄黄酒滴小儿耳孔以解毒,给小儿佩带香囊。南村谚曰"癞蛤蟆,躲端午",闺女得回娘家住两三天,同时为小儿缠五色线。六月六日,剪掉五色线扔到水沟里变"长虫"(蛇)。八月十五为中秋节,各家以月饼为礼物串亲访友。荆村蒙古族不以月饼"愿月"(拜月亮)。十月一,俗称"鬼节",清明节"放鬼",此日"收鬼",故曰"早清明,晚十来一",祭奠祖坟的时间宜迟不宜早,否则会引起祖先的不满,从而致厄于人。南村蒙古族这日要做些油炸食品,向祖先献祭。十二月初八日,是为"腊八节",各家早点以八种原粮下锅做粥食用,亦谓"小年下",南村还要食用面叶汤,而且此日女儿不能回娘家,俗话说"吃了娘家米,一辈子还不起"。腊月二十三,家家张贴买来(不能说是"买来的",要说是"请来的")的"灶君"像,以烧饼、灶糖为供品,用公鸡活祭。二十四,为迎接新年到来,要进行一次大扫除。二十五泡豆腐,二十六杀猪宰羊,二十七宰鸡宰鸭,二十八各家门前贴上红对联,二十九制作或购买佳酒,三十日为除夕,人们在干净的室内,挂上珍藏的中堂字画,摆酒设宴,鸣鞭炮,敬祖宗,阖家团聚,守岁熬年儿至深夜。

4. 人生礼仪:人生礼仪是在人生一些重要时刻举行的活动,河南省的蒙古族同当地汉族一样,把诞生、周岁、结婚、死亡作为人生循环中的关键点。

(1)诞生礼:婴儿诞生,父母双方的亲属都要送米面;做奶奶的给婴儿准备"藏魂衫";产妇满月后要回娘家住一段时间。但各地的习惯还稍有些差别。荆村蒙古族一般在小孩出生三天时,由一个门上(同一近祖的后代)的人抬着"盒子"(一种装食品的容器,圆形,上下数层)赶到婴儿的姥姥家报信儿。盒子里放面条和肉,若还有一本书,说明生的是男孩;有朵花儿,说明生的是女孩儿。姥姥家在一个月内送米面,以及鸡蛋、面条、衣物、糖。所送鸡蛋的数目分单数、双数,女孩送单数,男孩送双数,东西取出后,往盒子里扔几个黄豆或绿豆。奶奶给婴儿缝制的“藏魂衫”,用红蓝毛边布作成,没有扣子,拿线连缀起来,线上系钢钱。此后,产妇回娘家住一段时间,一般为6~7天。若生的是女孩,去时,姥姥来叫,俗云“老娘接,活一百”,若是男孩,回来时,爷爷去接,谚曰“爷叫孙儿,扎住根儿”。婴儿百天,照相留念,提7个鸡蛋,途中不能换手,意为“齐整”(即漂亮),希望婴儿越长越漂亮。南村蒙古族至今还有求子习俗,多年不孕的妇女趁正月十六“偷娃儿”,即到当地老君庙烧香,带走一个泥娃娃,回家后藏在被窝里,还得不时装做惊讶的样子说:“娃儿尿了”。第二年去还愿时配一个,回来锁到柜子里,不能弄坏。若真的怀孕了,又有诸多禁忌,如不能吃兔肉,害怕孩子将来是兔唇,不能吃鱼肉,害怕孩子身上长鳞片。小孩出生,由婆家亲兄弟、门上爷等带两瓶黄酒,一瓶绿豆,一些马齿苋(长命菜)到女方娘家报喜,黄酒瓶上贴的是有须的红纸,说明生的是女孩儿,红纸没有须,说明生的是男孩儿。娘家当即回送200个鸡蛋,然后在12天以内,择良辰吉日再送鸡蛋。婆家的近亲第三天要给产妇端鸡蛋,有的竟多达40个。奶奶用艾蒿和鸡蛋壳烧成洗澡水,给孙子沐浴,以除菌消灾。同时上坟,烧纸,报告祖先添丁加口。女方娘家送鸡蛋时,带鸡蛋或咸鸡蛋1000多个,一身棉衣裳及衬铺布(尿布)。亲戚们闻讯送上毯子、鸡蛋、挂面、小儿衣物等。南村蒙古族缝制的“藏魂衫”与荆村的稍有些不同,衣服纯用红布作成,颈后缝缀两小片布,上端的为蓝色,下边的为红色。蓝布上用红线绣“卍”字样,以供藏魂。由外婆给“藏魂衫”加上蓝色大襟。奶奶还得给新生儿做双“迎生靴”,俗名“蛤蟆壳”,是蛤蟆头形状的棉鞋,上面有鼻子眼儿,甚至还有眼睫毛。小孩儿满月,婆婆给产妇烙馍圆奶,以使产妇奶水充足,紧接着,娘家派新生儿的舅母来请女儿及婴儿回娘家,意为“挪窝”,在娘家住十天左右。产妇月子内不能到别人家去,以免人家有血光之灾;不能穿硬底鞋;不能碰凉水;不能用肥皂。

(2)周岁礼:小儿周岁,举行“抓周仪式”。在小儿面前摆上各类物品,如扎鞭、书、鸡蛋、算盘、秤、杠子馍等,依其所抓之物,预测他的未来道路。若抓住扎鞭,将来爱干活;抓了书,有学问;抓住鸡蛋,好吃懒做;

抓住算盘、秤,会理财;抓住杠子馍,说明以后是顶门杠,能撑起这个家。另外,在南村蒙古族看来,周岁有更多的分界意义,如果这时小儿的汗毛过长,就得用两尺花布缝制"褪毛衫",帮助去掉汗毛,自此小儿开始留发,有的剃掉周围的头发,仅留头顶的一片,名曰"呼歇门",据说不可随意被人触摸,否则将危及生命。也有特别娇养的孩子,剃掉中间的头发,留周围一圈儿,待留长后,辫成小辫,叫做"鳖尾儿",据"千年王八,万年鳖"的古谚,求小儿长命百岁。

(3)婚礼:河南省蒙古族男女成婚多由人介绍,通婚范围比较狭窄,往往局限在本乡或相邻村县,同姓不婚,一村蒙族更不能通婚。整个结婚过程包括订婚、看好儿、送礼、成婚等几个步骤。荆村蒙古族的通婚半径不超过 8 公里,18～22 岁之间结婚的人数最多。女方初次登门,男方给 500～1000 元的见面礼。商定结婚日期称为"看好儿",男方带酒、肉、衣物、青菜(葱、芹菜、菠菜等所谓长命菜)等礼物到女方家。成婚之日,男方接新娘的车子,早晨四五点钟出发,过河、过桥时,扔几个硬币"买路",同时放鞭炮,到女方家门前需再次燃放鞭炮,目的是"催妆",即提醒、敦促女方。接亲的车子来回要走成一个圆,即不能走回头路,害怕被惊动的妖魔、鬼怪纠缠(南村也有此禁忌)。新娘穿各式红衣服、绿鞋子,方言中"绿"同"禄",是吉祥之物,有的跟有伴娘;新郎则是西装革履。婚礼上先由司仪、主婚人、介绍人、证婚人讲话祝福,然后门上兄弟同新娘新郎开玩笑、嬉戏,指使他们做这做那以取乐,经常玩的游戏如"盖房":用两根红线栓一只酒杯,新郎新娘各咬一个线头,同时抬头,同时低头,线绳一松一紧,谓之"打夯"盖房子,"房"成后喝酒嬉闹。结婚三天后,小两口回门,娘家人商定日子,请新娘子回来住一个月,对月回去。有谚曰:"对月路上不能空,空了死她老公公"。南村蒙古族的择偶范围,集中在卢医、曲屯、杨营、贾宋、张村、石佛寺等附近村镇,也有些人家的女主人来自陕西商南县。虽然跨了省,实际距离并不很远。订婚时,姑娘在嫂嫂、姐姐、姑姑的陪同下到男方家"相看",男方给 1000 元见面礼和价值 200 元左右的衣物,给陪同人员每人 100 元的红包,另一礼包为四样糖:冰糖、白糖、水果糖和果子。自此,新女婿八月十五要给岳母家送月饼,麦梢黄,要去"瞧"(探望)岳母家。过年送年礼,女方要给未来女婿100元钱。订婚后两三个月或两三年内结婚。结婚前,媒人到女方家问生日、"看好",送200元钱和100个油馍,结婚前一天仍需送同样的礼物。在过去,新娘的礼服即使是夏天也是一套棉衣,现在视天气、节令而定,但衣角处或兜里必须塞些棉花,以示大富大贵。结婚当天,男方散"离娘帖",早晨5点左右到达女方家接新娘,女方则不见红日不出发。女方一般陪送价值6000~7000元的嫁妆,如组合柜、彩电、VCD、洗衣机、沙发等,压箱钱有200~300元的,也有2000~3000元的。新娘进婆家门时,需在夹有火纸的两堆谷子杆或两把扫帚之间通过,过后,婆家人焚烧谷杆和扫帚。进入新房,小姑子给新娘端洗脸水,挂门帘子,端鸡蛋茶,女方要封红包。闺女出嫁由爷、哥、兄弟等送亲,在"爷"带领下给男方来宾敬酒,把陪嫁家具的钥匙交给婆婆。结婚后第二天,新媳妇由新郎陪同回门,当日,新郎赶回自己家,第三天,新媳妇由爷、爹、大(叔叔)送回,给婆婆家带四包礼:肉、酒、糖、鱼,肉中含心肺,意为"有心来,有心去"。

(4)丧礼:河南省蒙古族普遍实行土葬,葬仪中孝子的孝巾一般比较长,末端用麻绳系住,意为"披麻戴孝";关系疏的亲戚的孝巾只够头上一圈儿;父母双亡的孝子的鞋子用白布盖满,如果只有一位老人去世,鞋子用白布盖一半儿;使用老盆、食品罐等器物时,有几个孝子,就往老盆上钻几个眼儿;封棺"定扣子"时,孝子需提醒亡人躲钉,安慰他们不要害怕;亡人用过的东西,一般贵重的经过处理再度使用,低廉的烧掉或扔掉。整个丧礼除中心活动葬仪外,还有葬后的一些禁忌,尤其对孝子有些特殊要求。从整个丧葬过程来看,荆村、南村的差别比较大。荆村蒙古族在人死之后,还把他放在原先的床上,用麻绳绑住脚脖儿,心口放本书,以防止"诈尸"。尸首头朝东,老盆(亡人到阴间舀水的器物)放在头下,杀只鸡,供于灵堂上,并点长明灯。男子的老衣同常服,总共五或七件,女子的老衣为酱色或蓝色,男女都穿黑色的鞋子,"货"(棺材)一头大,一头小,由六块板做成,棺底摆一层硬币,其上铺一层白纸,再上放床褥子,意为"铺金盖银"。当日卒,当日发丧,不能在家中过夜,刮风下雨都得出殡。亲人们送纸、花圈、单子、被面以志哀思。不同身份的人持不同颜色的哀杖:儿子为白色,孙子为黄色,重孙为红色。出殡时先在家中行礼,然后把桌子抬到大街上,由远近亲戚行礼。棺材多用桐木,十六人抬,抬至距老坟440步的马秃塔尔神道碑处(墓前大道的起点)“停灵”、“转灵”。孝子围着棺材正转三圈,倒转三圈,这时各班响器吹起来,如竞赛般热闹。孝子烧纸,抛洒纸钱。出门后,不摔老盆(中有一双筷子,一块馍),一直抬到墓地,放置在坟头上。食品罐(装有殡日的早饭、午饭以及灵前供桌上的供品,表示是亡人在阳间最后一天的饭食)放在棺材前面的突起处。到了墓地,孝子中的老大下到墓室里看墓,把墓室四角的土抓一点放进孝巾中,意为此墓是孝子挖的。墓深一般在八尺左右。众人往墓中填土至将埋住棺材时,放入一个弓箭。新坟要连烧三天火,并把用葱煮就的水倒在坟周围。埋人之后,参与者在门外洗涮,吃块馍,才能再到家中去。孝子们商定请客的日子,请客时的食品主要是搅锅菜和馒头。下葬后第二天上午孝子到坟上添土、封土,第三天到舅家谢孝,给祖宗牌位磕头。五七闺女上坟。此后一般是清明节、农历十月一及亡人忌日上坟烧纸,只不过清明女儿不上坟。墓地实行乱葬、“抢穴”,不论亲疏远近,有空地就可埋人,墓室没有固定方向,依地势而定,多西北一东南向,另专有青年坟,葬未婚夭折的人。孝子中的老大一个月内不能理发,家中三年不能贴红对联。南村蒙古族的家中有老人去世,闺女和女婿的孝巾同棺材一样长,约为一丈。重孙子戴“花红孝”——白布孝巾上缀红布尖,如果当时未在家,需将红布尖栓到樱桃树上。近些的亲戚,给死者端面叶汤,名为“迷魂汤”,让他忘了前世,早日投生。人一断气儿,即由门上众亲人分方向给村外亲戚报“庙”(报告死讯),第二天为“小庙”,第三天晚上“大庙”,丧事的整个过程需要三天,第三天下葬。前两天,“闺女守孝,儿媳跑灶”,儿子待客,贷瓷器,买纸货(用麻秆儿和纸糊成的房子、元宝或纸货艺人想像创造出来的各种造型,专供下葬时焚烧),烧纸用的老盆放在棺材前头,葬式罐同荆村一样放在棺材前头突起处,下葬时埋入地下,内装发酵用的“曲”一块,三块肉,葬式馍和一些黄豆。葬式馍上插有筷子,用五色线和馍缠在一起。灵堂的供桌上摆一盏煤油灯,五个供香馍,三只碗,三双筷子。老衣因男女而不同,女子衣服为偏襟,有裙子、大袄、小袄等,三、五、七件不等(富裕人家有穿十件的),头戴黑平绒帽子,棉裤扎带子,脚放在"笔架"上,笔架呈莲花状,上绣一蝉一鹅,谣曰"一蝉一鹅,不过奈何",认为亡人这样就不会受奈何的折磨。男子的衣服为对襟,穿方口鞋或小口鞋。男女均呈仰面直肢状。人死之后,先放在褥子上,褥子底下铺三道麻,头部三根,腰部两根,脚部一根,三道麻下边是高秆杆做成的席子,入棺时只需把三道麻提起即可。死者手中拿5个打狗饼,用小毛巾(有时是孝子撕下的一块孝布)包着,棺内还要放入七家"小灰"(灶灰)作为干燥剂。出殡的头天下午,在灵堂门口摆设大桌子,上面放着由亲人(如女儿,外甥,侄女,外孙女儿)等供奉的大馍,按照4、3、2、1的顺序呈金状排列。男性孝子在屋外草席上、女性孝子在屋内草席上谢孝。送殡的头天晚上,烙一个发面饼——"压丧饼",出殡时分给小孩子吃。娇养的小孩子要在棺材下转一圈儿,以求把病、灾带走,保佑孩子平平安安长大成人。第三天早晨三四点钟,"鸡不叫"、"狗不咬"时起灵,棺材上贴"△"形白纸,上书"XXX之灵位",近年还有在棺材上遮盖布幔以为美观的。大儿用酒(或者水)淋湿抬棺的绳索,使之更为结实,然后面对棺材跪拜,扛着"迎北梢儿"(麻秆上贴些细条状白纸,埋人时放入墓穴中),顶着"老(音nao)盆"从大道出发,出发后摔掉"老盆"。送葬队伍的最前面是锣、鼓响器,为死者的灵魂开路。不满12周岁、父母双亡的小孩子,抬棺时要被绑在树上或磨盘上,棺走后再解开,以免被"带走"。棺起后,为了赐福子孙后代不致冻馁,原来放棺材的地方要摆上两袋粮食。送葬路上,要把火纸叠起来,燃一个续一个,不停地烧纸钱,抛洒五谷。下棺时燃放鞭炮,焚烧纸货,注意需给纸货中的"金童玉女"取名,扎耳朵眼儿,保证被使唤时能听到。有谣曰:"早叫早到,晚叫晚到,若唤不到,耳朵割了"(或割脚后跟)。下棺后,派人带馍、肉、火纸上坟,通知先人死者的到来。当晚用米糠在新坟周围烧一堆火,第二天烧两堆,第三天烧三堆,来为死者"暖穴",第三天捂火时烙三个油馍藏在背笼的柴草中,让人抢去分食。报"大庙"晚上"请戏",现在多是用铜管乐、喇叭电影和流行音乐替代。头七上坟烧纸,五七、百日,女儿给亡人送鸡,送罢自食。周年以后对死者的义务基本结束,只不过到了清明节,有几家子孙就往坟上插几个柳条,叫做"插青",第四个清明节"拢坟",给坟堆培土,防止坟顶变平。大年三十给新坟送灯笼,正月十五取回,以后的清明、十月一,择其中之一日立碑为记。办了丧事的人家和荆村一样三年内不能贴红对联,只不过第一年贴绿色的,第二年贴黄色的,第三年贴紫色的。五七之后,孝子才能剃头、理发,三年内不能在晚上炸油馍。

5. 信仰民俗:信仰民俗一般指人们的宗教信仰。河南省的蒙古族不信仰藏传佛教,过去多信山神、土地、灶神、鬼、祖先等同汉人一样的民间俗信。近年来,一方面,信主的人数越来越多(至于是天主教还是基督教,他们自己也说不清楚),荆村蒙古族中约有半数信主,他们在距离荆村不远的计山上筹建教堂一座,聚众礼拜。信主的人不信祖先,长辈死,不哭不葬不上坟,他们认为如果不这样,自己死后(老衣为白色长袍),灵魂就不能升入天堂。南村信主的蒙古族只在自己家中做礼拜,并无正规教堂。他们继续惧鬼神,敬祖先,讨好灶王土地(从前述诸习俗中也可见这一点),而且为了各种需要,神谱中的神灵越来越多。荆村一些得病久治不愈或家庭不和的人为寻求精神安慰,信仰药王、三皇姑、玉皇等各路神仙,在距村 1 公里的河山上修筑房屋,供奉香火,与附近的汉族乞求同一神灵的庇佑。

(三)心理状态:心理状态是个比较宽泛的概念,往往指人们相对稳定的所思、所感、所想。一般来说不同民族的成员会有不同的心理状态,他们会把非同寻常的特殊情感寄予各自的不同的民族;他们会时常意识到自己的不同于他人的族属;会对同一事物有不同的评价和反应。从调查回收的 200 份结构型问卷来看,河南省蒙古族的心理状态:荆村、南村各有 90%以上的人对蒙古族没有特殊感情;各有半数以上的人在见到汉族人时根本不会想起自己是蒙古族;几乎 100%的人认为自己的心理同汉族人一模一样。另外,我们还可以通过分析河南省蒙古族生活中的重大事件和细枝末节来进一步明确其心理状态。重大事件指荆村蒙古族经历的“马事件”及“访问内蒙”;细枝末节指南村蒙古族的礼俗细节。1998 年 7 月初,叶县豫昆精制盐厂的一名马姓蒙古族职工在翻阅湖北武汉《今日名流》杂志 1995 年第 10 期时,偶然发现《深圳赛马》一文中描述深圳赛马会一匹赛马的名字叫“成吉思汗”,他认为,以蒙古族英雄成吉思汗的名字给马命名,是对整个蒙古族同胞的侮辱,伤害了蒙古族群众的民族感情。此事传到荆村后,当地部分蒙古族群众群情激愤,起草了《一代天骄受污辱,后裔勇追讨公道》的上访材料,提出经济赔偿一千万元。后来文字作者及该刊主要领导到内蒙成吉思汗陵道歉,并准备与内蒙古的蒙古族同胞联系。笔者就此专门询问了内蒙的蒙古族,他们说:"蒙古族给动物命名的方式有两种:猫狗等活动范围主要在家中的动物,被看作家中一口人,往往以人名称之,如'江格尔'等,也不避讳使用英雄的名字;马等行走四方的动物往往依其自身特点来命名,如一身黑毛的马取名为'钢嘎哈拉'(黑骏马)"。用"成吉思汗"命名一匹马,违反了蒙古族的命名规则,他们会觉得奇怪和难以理解,但并不生气,何况马是蒙古族最喜爱的动物,与人情深意厚,无人把他们视为低人一等的牲畜。如此看来,荆村蒙古族的心理状态一如汉族,因为在他们眼里,马是供人驱使的牲畜,不能和人同日而语。1991 年 7 月,荆村最热心于与族属有关活动的四个人"无事,到内蒙去玩"(他们自己的原话),回来后感触颇深。马 XX 说:"我本来是要考察民俗,为自己的研究收集资料,结果在那儿瞎转了几天,吃也吃不好,睡也睡不好,他们吃的肉,煮得半生不熟,还血淋不拉(方言:血淋淋)的,怎么能吃下去,那几天,我饿得没办法,也找不来东西吃,赶快催着回来了。对那儿的生活,我完全是以汉族人的好奇的眼光来看的,对成陵也只有礼节性拜晤,我 99% 已汉化,只是还愿意保持自己的蒙古族族属。"马 XX 还说:"到了内蒙,真是不习惯,到处是荒地、沙漠,不是人呆的地方,我们老祖宗真长眼了,让我们留到这儿。在那儿,又不懂蒙礼,闹出不少笑话,去拜祭成陵,站也不会站,跪也不会跪,听话也听不懂,最后落个评价'不懂蒙礼'"。他们这些对与族属相联系的活动十分热心的人的感触也说明:荆村蒙古族对所谓"老家"的生活既不能适应,也没有超越现实的特殊情感,他们的心理状态与当地的汉族相同,他们的汉族妻子也证实这一点:在日常生活中,她们没有发现他们有任何生活不同的地方,有的甚至认为:"他们跟汉族一模一样,根本就是汉族"。南村蒙古族与当地汉族一样,奉"隔辈可以开玩笑,诀(jue:戏谑)笑话"的风俗,爷、孙辈的人互相戏谑、讽刺、挖苦都是允许的,这对于"不能在老人面前经过;有老人在,年轻人不得饮酒"的传统蒙古族来说,自然是不可思议的,但南村蒙古族从来不会觉得这样做有什么不妥,他们的心理状态同当地汉族没有区别。

从观察、对比、分析的结果来看,河南省蒙古族的生存状态与当地汉族没有区别,但还有人提出了荆村、南村风俗中的特殊之处。荆村蒙古族说:我们祖宗的牌位和汉族不同,汉人牌位上只上溯三代祖先,我们则以始祖为中心,各代祖先分列左右,左昭右穆;实行乱葬;送葬时不摔老盆;坟上不插迎背梢;八月十五不愿月;清明女儿不上坟;墓深八尺等等。

笔者试分别加以分析:牌位上将列祖列宗分布左右,左昭右穆是典型的传统汉族做法;而中原地区实行乱葬的多是户大人多祖坟老,论不来辈分了才抢穴,荆村蒙古族正是这种情况。全村自明朝以来就只有一处大坟地,“另起营盘,另扎寨”(开拓新坟地,以为始祖)的人会受到全村人的鄙视,于是亡人多,墓地面积有限,甚至先后死去的两夫妻都不可能合葬,只好实行乱葬,哪里有空地,就埋在哪里,这只能说明历史上的马氏的确是个大家族。至于送葬时不摔老盆的习惯也并非为荆村蒙古族所独有,郑州郊县等许多地区也有此俗,我们无法把它看做是河南省蒙古族的特殊行为。“迎背梢”(即“影避风”,砍一根柳椽,再剪些白纸糊上,殡葬亡人之日,用以招魂,把亡人已离开的魂魄招回来)也无人能对其原因做出与其族属相关的合理解释,若与内蒙等地的蒙古族葬俗相比较则差别可谓大矣。对“八月十五不愿月”,荆村蒙古族多认为是元末明初“八月十五杀鞑子”留下的深远影响,可按一般思维逻辑,这和“拜不拜月亮”这种行为没有密切联系,何况荆村蒙古族同样把八月十五当作节日。最后,“清明女儿不上坟”,也无法合理地同其蒙古族族属联系起来。总之,从这些不同之处,我们不能明确判定他们的族属,也就是说,这些特点不具有族属区别性。只有墓深八尺,或许能让人联想到元朝贵族的秘葬、深葬,但元朝蒙古贵族的葬式是“送至其北园寝之地,深埋之,则用万马蹴平,俟草青方解严,则已漫同平坡,无复考志遗迹”①。荆村蒙古族则留坟头，时常添土，墓前立碑，同实行土葬的汉人一样。而对于南村蒙古族，以前曾有人撰文说：南村蒙古族坚决不过八月十五。情况并不属实，现在南村蒙古族同汉人一样吃月饼，串亲戚，把八月十五当作节日。另据八十岁的老人王 XX 说：“不过八月节，那都是传闻，我们这里解放前到现在从没有这样的忌讳”。至此，我们可以确定的结论是：河南省蒙古族的生存现状同当地汉族没有差别。

三、河南省蒙古族民族认同心理的考察

无论是从语言、风俗习惯还是心理状态来看，河南省以荆村、南村、砚村为代表的蒙古族与当地汉族基本上都没有区别。他们自始祖就与汉族通婚，亲戚朋友也多是汉族人，且与民族地区的蒙古族间断往来达六七百年之久，只是 20 世纪 80 年代以来各地交流增加，内蒙也有一些蒙古族学者到当地做调查研究，河南省的蒙古族才逐渐与内蒙有些联系。在此情况下，他们却仍坚持保留自己的蒙古族族属，出现了存在和意识不相协调的情况。为探讨其民族认同心理，笔者采用访谈和问卷相结合的方法，按 10% 的人口抽样比例，选取调查对象，在荆村、南村各发放结构型问卷 100 份，问卷内容涉及他们对蒙古族各种文化因子的熟悉程度，对自己民族的前途、命运的关心程度等，并对这 200 人逐个进行深层访谈。对砚村蒙古族的调查，采用随机、偶遇式。由于被调查者文化程度相对较低，不习惯书写，结构型问卷罗列问题答案，具有提示性，容易对被调查对象产生引导作用，所以调查统计以深层访谈结果为主要依据，以回收的问卷为辅助材料。荆、南两村及砚村蒙古族对蒙古族族属的认同心理惊人地相似，笔者对之整理概括如下：

1. 为了获得国家规定的照顾利益愿称自己为蒙古族的人数占荆村人口的 50%，南村人口的 53%，砚村也有人表达了同样的观点。他们的说法虽然不同，表达的意思都是一样的：“现在人都是为私的”，“对

① [宋]彭大雅撰，徐霆疏证，王国维笺证：《黑鞑事略》，转引自《内蒙古史志资料选编》(第三辑)，第 55 页。

它(蒙古族)有啥感情?还不是有点照顾","蒙族优先","几百年了,还有啥,都是为了利益的","当少数民族比当汉族好一些","蒙族也是少数民族,有照顾","汉族和蒙族有什么区别,不就是考试时多加5分"……

2. 荆村有25%的人口,南村有38%的人口认为族属的确定应依据其祖先,自己六七百年前的祖先是蒙古族,自己自然也是蒙古族,一般人称"人不能忘了老祖宗",文人的说法是"我们不能数典忘祖",砚村也有人持同样的观点。

3. 内蒙蒙古族对他们的承认,使他们更愿意称自己是蒙古族。以荆村、南村、砚村为代表的河南省蒙古族由于不具备与当地汉族区别的特征,所以并不是理直气壮地称自己是蒙古族的。荆村的马XX说:"出去,我都不好意思说自己是蒙古族,人家问有什么风俗习惯,都和汉族一样,问祖先从哪里来,也不知道。"南村的王XX说:"我对自己的蒙古族身份总感觉到心里不踏实,啥时候能找到证据就好了。"砚村的王XX说:"内蒙的蒙古族是真蒙古族,我们是假蒙古族,你说我是汉族、蒙古族都行。"而内蒙的蒙古族对他们的承认,使这部分人更有理由,也更愿意认同蒙古族。凡与内蒙蒙古族有过接触的人总会告诉笔者那段经历和感受,然后总结说:"刚开始人家不信,但是说清楚了,他们也承认。"南村王XX的侄子参军到内蒙,在与当地蒙古族的接触中言及自己也是蒙古族,当地蒙古族群众提出一连串的问题:"你爷爷会不会蒙语;你爸爸会不会蒙语;你会不会蒙语?"均答不会,于是他们拒绝承认王XX之侄为蒙古族,后来经过一番解释,叙述南村蒙古族的源流,当地蒙古族才高兴地把他迎入蒙古包。砚村蒙古族还专门向笔者出示了黑龙江民族研究所的蒙古族人波·少布写给他们的信,信中说:"河南有这支蒙古族人,说明我们民族的兴旺,尤其你们的祖先在社会逆境中挣扎过来,而且没有忘掉自己是蒙古族人,这是我们民族的大幸,我祝贺你们能够在草原之外的异乡大地撑起蒙古的大旗,这是你们的光荣,也是全民族的光荣。"荆村蒙古族则更深地感受到内蒙蒙古族对他们的接纳和热情。1991年7月,荆村四名蒙古族活跃人物到内蒙去,受到当时内蒙古自治区民委副主任荣盛的热情接待,免费为他们提供住宿,派车送他们访问东胜市、成陵和参加鄂托克旗的那达慕大会,并主动提出:如果荆村蒙古族愿意学蒙古语,只管到内蒙来,他们提供食宿,还发工资;如果需要蒙语教师,他们派人执教,荆村只管教师的住宿就行了。4人后来又到北京逗留几日,每人才花费约300元。1995年,中国第二届曲艺节在平顶山市举办,应荆村蒙古族的邀请,内蒙古代表团专程赴荆村演出,并拜祭了马秃塔尔墓,态度诚恳,感情充沛,着实令荆村蒙古族感动、记挂了好一阵子。他们说:"老家人可真亲呀。"内蒙蒙古族的接纳态度,成为河南省蒙古族确定自己族属身份的另一个依据,也感动了他们,使他们更愿意被归入这一群体。

4. 国家的确认是使他们认同蒙古族的另一个原因。在访谈中,笔者不止一次地听到河南省的蒙古族说:"当初也不知道是啥,说是啥就是啥。"(荆村2人,南村1人,砚村1人)"蒙古族就是国家给取的名字。"(荆村2人,南村1人)解放前,一些人并不知道自己的来源历史,由于和周围的汉族没有明显的区别,从未想过自己会是另外一个民族,一位老人说,如果当初国家没有把他们确定为蒙古族,他脑子里根本不会有这种印象。正是国家的认定使他们头脑中有了蒙古族这个概念,并且乐于接受这个身份,反过来又把国家的认定强调成自己是蒙古族的强有力的证据。一些河南省的蒙古族称:"我们的祖先可能和蒙古族有关系,国家承认我们是蒙古族,我们就是,如果国家不承认也就算了。"他们说起自己是蒙古族时,总要提到"XXX早在XXX时就已经参加了少数民族代表大会了",如原荆村村支书马XX,20世纪50年代就是少数民族人大代表;南村的王明岑,解放后是县民族委员会委员;砚村的王林会,1954年曾出席中南区少数民族47人参观团,到祖国各大都市的工业区参观;王金光1959年出席国家"十·一"国庆典礼等。这些都成为他们认同蒙古族的心理支撑点。

5. 还有少部分河南省的蒙古族传袭父母民族成分,对此没有过多考虑。这部分人称,户口本上的民族成分是父母填报的,自己从小到大就是这样写的,也没有多想。持这种观点的人口较少,荆村占2%,南村占3%。

6. 还有一些访谈对象,对有关问题避而不谈,这类人在荆村占

6%,南村占4%左右。

另外,从许多事实来看,河南省的蒙古族对民族和家族的概念有些混淆,认同蒙古族,可以用族属进一步将不同祖先的"同姓"人群分开(如汉族"王"姓和蒙古族"王"姓人口自然不是一家人),更方便形成一个关系更明确、更亲近的同一祖先的亲属集团,其组织系统和中原地区的汉族同姓村庄一样:同一祖先的后代,用字辈来区分长幼尊卑、亲疏远近。过去河南省蒙古族中的女性嫁给汉族,其后代不能填报"蒙古族",否则会被讥为"串窝"(找错了家门),但是如果女子招婿,子女就可以名正言顺地成为蒙古族。如今,一些河南省女性蒙古族的后代也纷纷填报蒙古族,引起蒙古族男性后裔的不满与恐慌,他们担心蒙古族的姓氏会变得越来越杂,蒙古族变得越来越不纯,并斥责这些女性单纯是为了利益。其实,按照国家规定,子女的民族成分既可以随父,也可以随母,过去也常常随母,这些女性蒙古族的做法本无可厚非,但是却引起男性蒙古族如此强烈的反应,从中我们可以发现,他们是把族属当作本家族的标志,不能容忍和外姓人共用其名,以保持民族之名纯正,捍卫家族独立、纯洁。南村的蒙古族与砚村的蒙古族同是"王"姓蒙古族,可是由于不是一支,即不是同一祖先的后代,所以南村蒙古族言谈中很少提及砚村,即使提及,也颇有些看不起的样子:我们是君,他们是臣,过去不和他们通婚。与此相反,南村对镇平县贾宋镇的小集蒙古族则十分熟悉,"如果小集人(蒙古族)与别人吵架,南村人绝对不依(不放过,方言,意思是要帮忙)",因为小集人是晁陂镇分出去的,在当地土话中,"分"有繁衍的意思,也就是说,小集蒙古族与南村蒙古族是同一祖先的后代。荆村一位念过中专的马姓蒙古族人告诉笔者:"他们(指村中的一些人)所了解的都是家族事,不是民族事。"显然,这种家族体系比较松散,家族及家族关系被当作一种储备工具,使用时可以随时取出来。

四、关于河南省蒙古族生存现状与民族认同心理的探讨

以文章第二部分的调查分析为依据,笔者认为河南省蒙古族的生存现状与当地汉族没有区别,在此前提下,他们认同蒙古族族属的原因主要有五个:①为获得照顾;②认祖归宗;③内蒙蒙古族承认;④国家确定;⑤因袭父母民族成分,习惯成自然。

笔者试进一步加以分析。总体来说,持第一种观点的人数最多。中华人民共和国成立后,党和政府不仅从政治、经济上彻底解放了各少数民族,使他们享有同汉族一样的当家作主的权利,并且对少数民族实行特殊照顾政策,扶持、促进他们的发展,如1953年11月,河南省人民政府发布的《河南省少数民族财经文教卫生工作实施方案》中规定:"各地应给少数民族规定一定的贷款指标,及时合理地发放,贷款期限可适当延长,利率一般低于普遍利率,必要时可分期付款。"1979年中共中央发出《中共中央国务院批转国家民委党组关于做好杂居、散居少数民族工作的报告》,指出"国家和各省、市、自治区在安排有关预算支出时要重视少数民族的要求,给予必要的照顾,仿照国家支持穷队和发展社队企业的措施,对困难的少数民族社队和街道举办的企业,在财力、物力、设备、技术等方面给予更多的扶持和照顾,并且尽可能减轻群众的负担……"国家教育部规定:"对散居在汉族地区的少数民族考生,同等条件下可优先录取。"1984年5月,河南省教育厅结合省内少数民族的实际颁布《关于对少数民族学生招生给予照顾的意见》,规定对于少数民族考生,"民族中等专业学校招生时,可考虑予以照顾;少数民族教师进修,在统考中入学录取分数可降低10分;重点高中录取少数民族考生时可降低10分,重点初中可降低5分。"① 国家是这样规定的,也是这样实施的,三地蒙古族都提到解放后对他们的照顾,如给从事农业生

① 《河南省志:人口志·民族志·宗教志》(第9卷),河南人民出版社,1984年版,第100、103页。

产的蒙古族无偿发放工具,给出外上学的蒙古族提供生活补助并降分优先录取到高一级学校。1990 年以前,这种“汉加蒙”的家庭还可以依政策生育两个子女,受“多子多福”观念影响的河南省蒙古族对此非常重视。虽然改革开放以来,由于种种原因,许多照顾政策都已经无法兑现,但“升学加分,招工招干优先”等承诺还是可以实现的,许多人为此愿称自己是蒙古族。认为是第二个原因的人数也较多,但是从解放前直到今天,他们都不重视自己的远祖,从某种意义上说,远祖已成为一种符号和标志。荆村蒙古族多对近年来村中少数人牵头组织的为祖先修坟立碑的活动颇有微词,责怪他们不该按户摊派,强迫捐款。在被调查的 100 人中,存有据说与汉族不同的记有其始祖牌位的只有 4 人,而南村蒙古族则往往忿忿于修坟立碑活动中的种种黑幕,认为负责人中饱私囊。少有人论及此举的重大意义和寄托的情怀,而是说立碑的原因是近年来此认祖归宗的人太多,没有祭拜的地方,长远的打算是把建成的墓园开辟成旅游景点。以往盛传南村蒙古族家家供有成吉思汗像,可据当地蒙古族称,解放前,从无此事。1960 年土改时,有王 XX 从被错划为汉奸的王扶山家中抄出王扶山 1946 年自内蒙古带回的成吉思汗铜像(并非如有人撰文所说的那样:该铜像系从王氏始祖墓中掘出)的照片,他翻印数张,后有人以此为业,把照片送到各家各户,换几个钱花。有些老人认为此举有辱祖宗,这才改为将照片免费分发各户。如今,在笔者调查的 100 人中,也仅有 4 人存有所谓成吉思汗的照片,他身披铠甲,头戴兜鍪,肩背大弓,银须飘飘,与日常所见的成吉思汗的画像差别很大。而且三地蒙古族在提及其远祖时,往往不是强调其族属,而是说:“我们祖先做官做到蒙古侍卫亲军千户,相当于今天的北京军区卫戍司令员。”《荆山志》的撰写者马 XX 认为经过他的努力,荆村的民族意识大大提高了,涉及原因,他说:“他们(荆村蒙古族)都说,原来祖上还有这么多做官的。”这位先生在谈论荆山源流的时候,也是“涉及先人仕进尤详。”南村蒙古族说:“我们的祖先是皇族,我们是皇族后裔。”即使在认祖归宗、要求更改民族成分时,他们强调的还是这一点。1986 年与南村蒙古族属于同一支的小集蒙古族到南村认祖,打出巨大的横幅标语,上书“我祖是皇”,到底是什么“皇”呢?他们似乎并不关心。砚村的蒙古族也有说其远祖为“镇殿王”的,由此可见,三地蒙古族关注的焦点,集中在祖先是高官、皇族,有名有利有地位,值得后代子孙为之骄傲,至于祖先的族属问题倒在其次了,这显然是中国传统的“官本位”心理在起作用。第三个原因,由于没有接触过内蒙蒙古族,或者在与内蒙蒙古族接触过程中受到质疑的河南省蒙古族也都愿意认同这一族属,所以我们只能说内蒙蒙古族对他们的承认和接纳,使他们更愿意也更有理由被划入这一群体。提出第四个原因的人数较少,而且国家的调查认定是在他们要求填报蒙古族之后。对于一些人来说,国家认定是促使其认同蒙古族的客观原因,而大多数河南省蒙古族则把国家的承认当作自己是蒙古族的权威证据,用来对抗一切质问和怀疑,保证自己能称蒙古族。出于第五种原因,对自己的族属毫无想法的人很少。综上所述,2~5 种原因都不是河南省蒙古族主观认同这一族属的首要原因。解放前三地都没有明确提出自己是蒙古族,解放后他们要求填报蒙古族,究其原因,笔者专门访问了三村几位年龄在 65 岁以上、对解放前的事情有清晰记忆的老人,荆村马 X 说:“我们这里解放前自己也知道是蒙族,可是没什么特殊照顾,就没往外露。”马 XX 说:“解放前不知道是蒙族,解放后可能是民族政策提得多了,有一个什么机会,就成了蒙族。”马 XX 说:“我小时候在大营上学时还是汉族。”南村王 XX 说:“解放前都是汉族,我 1948 年参加工作时,还是汉族,后来由于民族政策照顾,几个老先生保有家谱,于是 1952 年(阴历年)年底,我们开始成为蒙族”。王 XX 说:“解放前,没有照顾,没有公开。”王 XX 说:“解放前,很少有人知道,只是些有知识、有学问的人知道,后来解放了,有民族重视政策才显示出来,不然也就算了。”砚村王 XX 说:“解放前没称蒙古族,1953 年后,才知是蒙古族,都是国家照顾政策在起作用。”

解放之初是这种情况,那么现在呢?从以上调查材料看,两地各有一半以上的人口认同蒙古族的原因是存在着利益照顾。在访谈中,我们也了解到:南村王 XX 说,“现在照顾得少了,对蒙古族也没啥感情了”。还说:“族可不能改,改了就没有照顾了。”南村王 XX 认为:“什么蒙族、汉族,有啥区别?区分它没有用,许多照顾政策都没有落实,如果把蒙古族敬(抬)得很高,谁说‘我是汉族’?我当然不愿意,现在就是真有个蒙古族走到这里,也没人给他碗饭吃。”荆村马XX说:“还不是为了利益,什么民族。”马XX说:“什么民族,给我一万块钱,啥族都行,只不过小孩儿上学能加分,中央能露露面,大人根本无所谓。”另外,从人们的一些行为上,我们也可以判断其心理。1985年12月中共河南省委、河南人民政府发出通知:“夫妇一方为少数民族的,且只有一个女孩,要求生育二胎的,给予批准。”① 1986年正月十六,原来未称蒙古族的小集王姓就敲锣打鼓,踩着高跷到晁陂镇认祖归宗。1990年4月12日河南省第七届人民代表大会常务委员会第十五次会议上通过的《河南省计划生育条例》又有新规定:“夫妻双方为少数民族,要求生育的,经批准,可以按计划照顾生育第二个子女。”自此,南村蒙古族同姓不婚的戒律不再被严格遵守,一些汉族人甚至鼓动其子女婚嫁同姓蒙古族(当然不可能是民族地区的蒙古族):“我现在专找蒙古族媳妇儿。”从中,不难发现问题的关键所在。如果再进一步探析,即使那些认为族属是从祖先延续下来的蒙古族,有时也会同时强调照顾利益,持这种观点的人在荆村蒙古族中占15%,在南村蒙古族中所占比例较小。荆村马XX,对其弟弟去世后被火化一直耿耿于怀,抱怨他当初没有写成蒙古族,另一马姓蒙古族老人说:“我们是祖先传下来的,另外又有些照顾,所以愿称自己是蒙古族。”而且,笔者在调查中发现,每到一村,村中蒙古族的第一反应是“蒙族有照顾”,进一步反应是“对我们的照顾太少了,比不上回族”,然后提出要求“调查调查,要多给点照顾”。他们的注意力集中在照顾利益上,并不在族属本身。

至此,我们可以说,国家的照顾政策是促使河南省这部分人认同蒙古族族属的最大驱动力,是造成其存在与意识不相协调的主要原因。

由于荆村、南村两地的具体情况有些差异,我们进一步比较两地蒙古族民族认同程度的强弱可以发现,照顾利益较多的,认同心理也较强烈,即更愿意当蒙古族,这更证明了我们已经得出的结论。相比而言,

---

① 《河南省志人口志·民族志·宗教志》(第9卷),河南人民出版社,1984年版。

荆村的认同程度稍强于南村:荆村蒙古族现在几乎都了解一些自己的祖先源流等;没有人提出自己不是蒙古族(南村有1人);更乐于同内蒙的蒙古族联系交往;无人愿意更改自己的民族成分(南村有2人持"让改就改"的态度);甚至还出现了3个极为热衷于与族属有关活动的人物,从内蒙学来了简单的蒙礼,在举办大型活动时表演,(虽然广大群众不以为然,觉得十分奇怪)。荆村位于平顶山市的城郊,属于实行火葬的地区,但荆村蒙古族由于是少数民族而拥有土葬的特权,甚至外出工作的荆村蒙古族如果提出申请,也可以土葬。许多人持"土中来,土中去,入土为安"的观念,对此很感兴趣,他们不止一次地提到荆村蒙古族的光荣:1974年在市造纸厂工作的马XX因公殉职,当时国家正大力推行火葬,在这样的紧要关头,荆村蒙古族抬着棺木在市内的繁华街道穿行,竟无人敢拦。南村处于农业区,原本就可以土葬,和荆村相比就少了一项优惠政策。另外,荆村蒙古族的文化程度稍高于南村,又临近城市,招工、招干、升学的机会比较多,许多照顾政策都用得上。笔者调查时,正遇上马XX之子从师范毕业,因分配不理想,准备利用少数民族身份要求照顾到条件较好的乡村学校。而在南村,这样的条件、机遇就少一些,许多人初中毕业就担负起养家糊口的重任,很少有能力再念高中、升大学,相对来说,能用得上的照顾比较少。照顾较多的地方,认同心理较强;照顾较少的地方,认同心理较弱,这些现象进一步验证了我们的结论。

为了更深入地探讨河南省蒙古族的民族认同心理,笔者专程前往洛阳市孟津县访问一部分李姓人。这部分人的情况与荆村、南村的蒙古族十分相似,都是有家谱记载其远祖为蒙古人,但现今过着同当地汉族一样的生活。民国二十三年(1934年)纂修的《李氏家谱》长27厘米,宽15.3厘米,上卷79页,连同扉页、封面共81页,其上云:"李出有元,扎剌尔氏,自始祖忠宣生忠武,以开国勋封鲁。忠武生忠定,食采东平,遂居州之阳谷马儿庄。忠定子七,可传者长忠烈,次武靖王霸都鲁。子五,长子忠宪安童,忠宪生司徒兀良台,司徒生文忠拜住……"① 有

① 李孝斌收藏:《李氏家谱》,1934年刊印。

人翻元史对照木华李、李鲁、霸都鲁、安童、拜住等人的传记,竟一一吻合。出自此地的著名作家李凖在自述中也谈到:"……但我是蒙古族的李。据考证,我是元太祖成吉思汗的大将木华李的后代。木华李是元朝的开国军师,在蒙古族是个很有作为的人,才智超群。元朝以后,朱元璋把木华李家族中的几百号人分到洛阳龙门去屯田,就是开荒,一家几口人,给点儿地,贵族的身份没有了,只有靠种地为生。经过明朝、清朝几百年,在邙山上,有十几个村子都是我们这个姓,都是元朝的后代,也就是木华李的后代。像麻屯、下屯、水泉、李营,凡是叫屯和营的都是我们同族聚居的村落,后来先祖将'木华'二字去掉,只留下'李',这就是我们姓氏的由来,也是中国民族迁徙史上的一点掌故。"① 但是与荆村、南村不同的是,这部分人除李凖外都没有被国家确认为蒙古族,他们的各种证件上的民族成分仍为汉族。1984 年这部分人曾派代表向当地民族事务部门提出更改民族成分的要求,未获批准。笔者选取访谈对象,大致了解了他们愿意改称蒙古族的原因,一中学校长说:"首先是为了利益,再则也尊重历史。"李家营农民李 XX 说:"改了有好处,能多生孩子,小孩上学加分,能当上政协委员,民族企业也能享受减税、贷款等优惠。"另有一李姓因子女考高中分数不够,正忙于更改民族成分。李 XX 求助于笔者说:"能不能帮忙改成蒙族,让我们再生个孙女,我们不愿罚款,罚款我们没有钱。"不过当地农民认为此事不关系衣、食、住、行,有之更好,无之不少,盼望着有人出头办成,自己坐收渔翁之利。荆村的蒙古族对这些李姓未能改成蒙古族的反应是"他们改得晚了",而不是"他们就是蒙古族",言下之意,对自己的蒙古族身份及孟津这部分人的身份都并非确定无疑、信心百倍。

综上所述,我们可以说河南省蒙古族及欲改成蒙古族的这些人愿称蒙古族的最主要原因就是照顾利益。当然,人的心理是十分复杂的,加之调查统计中也会出现不可避免的误差,笔者不能绝对地肯定说他们只是为了利益照顾而认同蒙古族,但至少可以确定利益照顾有很大的驱动力,甚至可以说是他们认同蒙古族的主要原因。

① 李会生提供:《李凖自述(一)》。

结 语

上述问题中探讨涉及民族成分划分的依据和标准,既具有实践意义,又值得进行深入的理论研究。从实践来看,虽然许多当地汉族人都认为"河南省的蒙古族"应该是"蒙古族",或者仅知其为蒙古族而并无过多的想法,(只有少数有知识有学问的人指出"只不过因为现在流行这个,对少数民族有特殊保护,他们才称自己是蒙古族")所以没有造成大的社会问题,但由此引起的社会不公是存在的,而国家在处理相同情况的问题时采取了不同的态度,那么从科学研究的角度出发,从理论上,我们应当如何看待这些法定的河南省蒙古族呢?中国历来就是个多民族的国家,民族情况比较复杂,因而民族成分的划分标准涉及民族历史、经济生活、文化、心理素质等许多方面。河南省蒙古族的语言、风俗习惯、心理状态都与当地汉族人相同,主要为了照顾利益而认同蒙古族族属,我们的目光是应当凝聚在他们的生存现状呢?还是要执著于他们头脑中留存的记忆残片?我看还是现实点好,民族只是个相对稳定的人类共同体,在漫长的历史发展过程中,有的民族消失了,有的民族出现了,各个民族相互之间进进出出的现象屡见不鲜,如果僵化地"以古论今",现在的整个汉族恐怕都不会存在。事物在发展变化着,有谁能阻拦住这脚步呢?

(满珂,西北民族大学社会人类学·民俗学学院讲师、硕士;香港中文大学在读博士研究生。)

走在蒙回的边缘

——野牛村"托茂家"田野民俗志调查与研究

杨德亮

一、绪论

(一)选题的缘起和田野作业简介

"田野作业"是一个学者的成人仪式①。民俗学历来注重田野作业,视田野作业为学科的基础。所谓学科意义上的田野作业,要求学人走进"他者"的世界和"异文化"中去,与研究对象同吃同住同活动,通过民俗生活的体验和参与观察,获取资料与认知,在此基础上撰写民俗志,探讨人类与文化的本质和深层结构,完成某种理论验证。

"托茂家",是一个非常特殊的群体,具有蒙古草原文化和伊斯兰文化特征,兼有汉、藏文化因子,文化多元性特征明显。野牛村地处青藏高原,属高海拔地带,是一个纯牧区,从事畜牧业生产。对于在农业社会和农业文明中长大的笔者来说,绿地、牛羊、逐水草而生息的草原牧区,全然是一个未曾涉足的陌生环境和"异文化"区域。

2003 年 7 月 23 日,笔者从兰州抵达西宁,辗转门源、祁连,最终进入野牛村,2003 年 8 月 21 日调查结束,历时将近一个月。这段时间,寄住于野牛村冬圈,也生活于托茂家夏圈,深度访谈了托茂家老人、青年和妇女,也走访了蒙古、回、藏、撒拉族等民众。拍摄照片 151 张,整

① 董晓萍:《田野民俗志》,北京师范大学出版社 2003 年,202 页。

理访谈笔记四万余字，并收集到托茂家1985年写给中央统战部的民族申请书一份，新疆托茂家1985年写给青海托茂家来信一封，托茂家给祁连县有关单位申请更改民族属性书一份，1958年、1982年、2004年青海托茂家人口统计，(1988年)海北藏族自治州政协委派才仁加对托茂家调查的报告等资料。

钟敬文曾说："学问是分科的，但是，人类的思想和智慧是不分科的，所以说，民俗学的研究者既要深入到民俗学这一学科之中去，因为只有深入的调查研究才能提出问题；又要超出民俗学这一科之外，因为只有发挥多学科结合的优势才能更好地解答问题。"① 实际上，20世纪以来，人文学科的发展从理论到方法在相互影响和借鉴中已明显呈现学科边界模糊的趋势。就民俗学、人类学和社会学而言，在社区研究领域已出现殊途同归的趋向。在调查中，笔者主要运用了参与观察、深度访谈、影像记录等社区调查与研究的常用方法。

参与观察，是田野作业的重要调查手段之一，它的含义是田野工作者在亲自体验他者文化的同时，直接观察它。"参与观察的目标，是让本地人接受自己，甚至达到可以参与不轻易开放给外人的仪式活动和其它风俗习惯的秘密，并与民众参与者共同分享其文化的程度。"② 由于调查经费等原因，笔者的田野调查仅接近一个月，这与民俗志调查要求一年以上的时间长度明显不符。但田野作业的实践表明，在相当短的时间内，参与观察的成效很大程度上取决于是否能够很快取得本土人的心理认同。进入野牛村社区前，笔者联系到了60岁的韩占龙先生，韩先生当过村干部，属于托茂家中有一定威望的精英，他对这次调查非常欢迎，并亲自带领笔者到了野牛村。很幸运，我轻易地走进了调查社区。在最初几天的调查内，野牛村托茂、撒拉、蒙古、藏、回等民众以讹传讹，说笔者是"西北调查局"的，见了笔者都很尊敬热情。但是真正被托茂家社区接纳是在调查的第四天。那天我到了松子开老人的

① 钟敬文：《民俗文化与民俗生活》序言；高丙中：《民俗文化与民俗生活》，中国社会科学出版社1994年，1页。

② 董晓萍：《田野民俗志》，北京师范大学出版社2003年，493页。

“窝子”,与老人寒暄之后,笔者要求去看托茂家迁移到野牛村时建的第一座清真寺的遗址。松子开老人是这座清真寺筹建的三位元勋之一,认为这是他一生中重要的成就之一,很高兴答允了这个要求。看完清真寺遗址,我们一行到离遗址不远的托茂坟院去“上坟”。在坟前,松子开老人及孙儿掏出《古兰经》,跪倒在亲人的坟前,念诵并为之祈祷。笔者并跪在他们的旁边,静静地听完《古兰经》的诵读,并一起为亡人作了“堵哇”。或许这一行为一下子拉近了笔者与松子开等人的距离。此后,松子开老人带我去了 30 里之外的开开子老人家。开开子老人是托茂家中最年长的男性,刚开始访谈时,开开子老人时有“语焉不详”的情况,松子开老人就说:“你覅(不要)绕来绕去了,小杨是正宗的宁夏回民!”也许是出于宗教的认同和人格的信任,开开子等人从此对笔者不再怀有戒心,有什么说什么。

民俗学访谈可分为结构式访谈和无结构式访谈,结构式访谈按照预先设定的问题依次提出,请本地人逐个回答;无结构式访谈,又称开放式访谈,首先讨论被访者感兴趣或较熟悉的问题,被访者可以畅所欲言,从而得到大量的、详细的和未经扭曲的资料。野牛村托茂家都会使用地方汉语(青海方言),所以笔者在调查中语言障碍不大,为了本地人能听懂我的问题,通常用通俗的话语提问,甚至运用宁夏方言。在访谈时,笔者通常先根据老人、妇女等不同特点,通常就一些熟悉的话题开始,当被访者说得轻松兴奋时,再问一些预定的具体问题,这样,访谈进行得较为顺利。影像记录是田野作业记录方法的一种,对托茂家显性的民俗、文化的拍照,可以为影像资料辅助文本的论证。

(二)有关“托茂家”的研究现状和述评

“托茂家”族群及其文化虽然特殊,然而由于交通、地理等原因,并没有引起学术界应有的重视,迄今为止,国外学术界未有人涉足托茂家社区,这一领域处于空白状态。国内关于托茂家的专著为零,公开发表的有关托茂的家学术论文,包括直接或间接的共计 10 余篇,下面是有关文章的述评:

1.《青海地区的托茂人及其与伊斯兰教的关系》,发表于《世界宗教研究》1983年第1期,作者李耕砚、徐立奎。这篇文章是新中国成立以来有关托茂家最早的一篇论文,作者利用身在青海的便利条件,深入托茂社区作了较严格的田野调查,获取了一些第一手的田野资料。全文对托茂的名称,托茂家的由来与现状,托茂家的宗教信仰以及托茂家的生产和生活方式等方面进行了论述。此文的调查是在改革开放初进行的,此阶段托茂家传统民俗文化还保留较多,许多还有历史记忆的老人也在,所以这篇文章对后来的研究有弥足珍贵的资料价值,也引起了学界部分学者的注意。然而作者没有继续深入,未作有关"托茂家"生活与民俗文化的记录与研究,不能不说是个遗憾,实属可惜。但是迄今为止,这篇文章还是托茂家研究中最有分量的一篇论文。

2.《托茂考》,发表于《宁夏社会科学》1986年第6期,作者秦惠彬。《托茂考》是对《青海地区托茂人及其与伊斯兰教的关系》一文的回应之作。文章就何谓"托茂"发表见解,并对托茂家的渊源作了考证。由于李耕砚、徐立奎关于"托茂"一词举证了几种说法,没有给出定论,所以秦惠彬先生根据清人陶保廉《辛卯侍行记》中一段关于"托茂"的记载——"陕西人因其语言衣服皆与我同,呼曰汉回,亦称小教。间有逃回入汉者,彼族谓之反教。由改从青海蒙古者,谓之驮毛达子。"所以认为陶保廉所说的"驮毛达子"就是民间俗称的"托茂鞑子",托茂(驮毛)鞑子是回回改从青海蒙古者,托茂只能是"驮毛"、"托毛"伪雅的结果。① 无论是从语言学还是命名文化等各方面来看,秦先生的这种解释都显得有些轻率。

3.《阿拉善左旗信仰伊斯兰教的蒙古人之由来》,发表于《西北民族学院学报》1990年第2期,作者嘎尔迪。其主题是以阿拉善的"蒙古回回"为主,但是从大的蒙古族历史背景出发,间接地论及了"托茂"称谓及托茂家族源。

4.《关于托茂人》一文发表于《西域研究》1993年第3期,作者冯锡时、M·乌兰。从史学角度对"托茂"一词和托茂家族渊源发表了自己的观点。

---

① 秦惠彬:《托茂考》,载《宁夏社会科学》,1986年第6期。

5.《也说托茂人》发表于《西域研究》1995 年第 2 期,作者王野苹,文章有 1000 余字,旨在对《关于托茂人》一文做出补充,对“托茂”一词及托茂家的渊源考证颇为精详。

6.《青海回族源流考》,发表于《回族研究》1999 年第 4 期,作者孙滔。文章虽然立足回族支流来考证托茂家,但作者曾到青海、新疆两处托茂家社区进行了调查,关于“托茂”一词、托茂家历史和渊源的考证精详周至。

7.《托茂人及其信仰》发表于《西北民族研究》2002 年第 4 期,作者马生林。文章对“托茂”之名称、托茂家的源流与现状、托茂家的宗教信仰和生活习俗等问题综合学术界一些观点进行了探讨。

8.《青海托茂人族源与族群关系探析》,发表于《宁夏社会科学》2005 年第 6 期,作者丁明俊。本文是最新的有关托茂家的学术论文,作者曾进入托茂家获取了一些新资料。作者从“回回”的历史表述和“蒙回”历史等方面为基点,对“托茂”一词的起源和托茂家的历史来源发表了自己的观点,对前人的研究进行了综合和回应,文章中还论及了现今托茂人的族属问题,并关于 1958 年后托茂家的有关历史文化作了简单论述。

不难看出,关于托茂家的学术文章大多将着眼点放在“托茂”一词和托茂家历史由来等方面的考证上,虽然有个别论文涉及生产生活方式的部分内容,但也都是文章的附带内容。托茂家民俗生活和民俗文化是怎样的,它们发生了怎样的变迁,托茂家在生活生存中又经历了哪些历史演变等问题未有文章涉及。

(三)托茂家·边缘·社区

“托茂家”族群、社区和历史等情况较为复杂,在论述之前,对“托茂家”、“边缘”、“社区”等概念做出解释是必要的。

1. 托茂家

托茂家，民间称为“托茂鞑子”、“托茂回回”、“蒙古回回”，“托茂”①、“托茂家”是自称，而今学术界已有的论文几乎清一色称之为“托茂人”。笔者认为这种通行的“托茂人”称谓并不妥帖，明显表现出学人先入为主、高高在上的价值倾向和政治话语意味。新中国成立以后，出于国家政权构建的需要进行的大规模的民族识别工作使国内大多数族群有了政治实体地位。因为族群情况的复杂性，许多族群未被细化，出现了尴尬的局面。之后学者通常将那些有争议的独特族群避“族”就“人”，如“白马人”等，在此背景和话语语境下，给自称“托茂”或“托茂家”的群体称以“托茂人”属于情理之中。

理解了“托茂人”称谓的历史背景之后，笔者还要“固执”地还原其“托茂家”称谓，是因为学人在进入“异文化”时是要以“文化持有者的内部眼界”来观察和认知，学人不是冷冰冰的局外人，不是强势文化的使者，而是要通过移情等方式看待和认知本地人及其文化，进而用地方性知识来阐释本地人群和文化。在青海方言中，“家”同“族”、“民”、“人”一样表示一个群体概念，如“红帽(毛)家”——青海历史上红毛鞑子、红毛回后裔的称谓，“托茂公家”——托茂公部落蒙古与托茂的总称。从对本地人主体性的尊重出发，学人用自称“托茂家”实属理所当然。当然这也是一家之言，还待商榷。

2. 边缘

自雷彻尔(Ratzel)初用“边缘区”概念起，伯克特－史密斯(Birket－smith)、库伯(Cooper)都对之有所阐释。边缘作为一种存在方式，是相对主流而言的。《云五社会科学大辞典》认为：“边缘”一词一直都是

① 关于“托茂”一词及其意义，托茂家自己也说不清楚，以下是几种主要说法：一、“托茂”是藏语“托日木”的转音，意为流散人员。二、托茂人聚居在阿克苏托哈乃，因地名而称“托茂”或“托蒙”(王野苹，《也说托茂人》)。三、托茂，与蒙元时期的“秃马惕”人的伊斯兰化或明代漠南蒙古土默特部，移居青海之事有关。青海地区的蒙古人把“托茂”称之为 tuhmud，这无疑是蒙古语土默特 tuhmut 一词演变而来(嘎尔迪，《阿拉善左旗信仰伊斯兰教的蒙古人之由来》)。四、托茂均为“土麻”、“秃马”、“土蛮”、“秃马惕”的汉文不同音译，原为蒙古草原突厥语部落(孙滔，《回族源流考》)。

用于地理分布为基础的文化史(culture - history)的研究上,这个概念有着许多不同的用法。从地域上看,边缘是非中心的、过度边际的,人类学意义上的被访频率很低甚至等于零的,或者说被访内容和方式单一的;从政治上看,边缘是弱势的、劣势的、甚至是近乎失败的;从经济上看,边缘是滞后的、不发达的;从文化上看,边缘是少数的、单一的、贫乏的、封闭传统的等等。①

从上述条件看,称"托茂家"为边缘性群体是适宜的,是 cultural minority and social minority。它是远在青藏高原从事非主流的畜牧业生产、学科意义上被访频率低而且被访内容和方式单一的群体。在现代背景下,它明显处于政治、经济、文化的劣势,不仅相对于国家社会的主流是弱势,而且相对于蒙古、回、藏等少数民族及其文化也是弱势。

在边缘理论的视野中,托茂家具有多重边缘身份,边缘群体和文化在受动之外,它并不完全是被动的。正因身处边缘,所以有较强的兼容性,尤其在与中华文化圈(汉文化圈)、蒙古草原文化圈、回族—伊斯兰文化圈、藏文化圈相遇、接触、交汇中,通过采借(Culture adoption)、互化(Transculturation)、传播(Diffusion)、涵化(Acculturation),衍生而成一种特殊的文化现象。由于历史等复杂原因,每一种文化圈对托茂家的影响方式和程度会有所不同,因为蒙古草原文化和回族—伊斯兰文化在托茂家文化中的固有分量,所以应该说,托茂家及其文化是这两种文化互相采借、互化过程中添加(Addition)汉、藏文化因子而成的一个特殊的边际群体和边缘文化。

3. 社区

滕尼斯将社区分为三种类型,第一种是地区社区,亦称地理的或空间的社区,它以共同的居住区及对周围或附近财产的共同所有权为基础。邻里、乡庄、城镇等等都是这种社区。第二种是非地区社区,亦称精神社区。这种社区含着为了一个共同的目标而进行的使用和协调行动,同地理区位没有联系。这种社区包括宗教团体和某种职业群体等。

---

① 芮逸夫:《云五社会科学大辞典·人类学》,台湾商务印书馆股份有限公司,1975 年版,32 页。

第三种是亲属社区，亦称血缘社区，即由具有共同血缘关系的成员构成的社区。随着社区概念的不断被重新定义，学人通常在第一种意义上使用社区。

1958年迁徙以前“托茂家”游牧于海北藏族自治州海晏县一带，后几经调配，分散于海晏县的托勒乡、湟中县上五庄乡、祁连县的央隆乡(原海北藏族自治州属托勒牧场)、祁连县默勒乡(合镇前的多隆乡)、野牛沟乡等地。据2004年最新人口统计，青海托茂家有276户，1422人，其中祁连县央隆乡有105户，564人，其中男性291人，女性273人；祁连县默勒镇有60户，270人，其中男性140人，女性130人；祁连县野牛沟乡有63户，333人，其中男性156人，女性177人；海晏县托勒乡有36户，190人，其中男性97人，女性93人；湟中县上五庄乡有12户，65人，其中男性37人，女性28人。① 吴文藻先生认为社会是指集合生活的抽象概念，是一切复杂社会关系的全面体系的指称，而社区乃是一地人民实际生活的具体表词，有实质的基础，自然容易加以观察和叙述。② 要研究一个群体的民俗与文化，应该置于一个特定的空间环境中进行，所以笔者田野调查的地点具体到了野牛村，这种有特定地理空间的社区便于参与观察和深度访谈以及直接地感知与认知，也有利于田野民俗志的记录和阐释。然而在野牛村的调查中我们发现，托茂家社区还具有跨地区的精神社区和血缘社区重叠现象存在。由于历史和境遇缘故，散居各地的托茂家有着一定的认同意识，在有关托茂家群体的重大事情上他们能够协调行动，如在前不久修葺上五庄原托茂坟院时，青海托茂就群体出资出力。另外，历史上托茂家为了族群特性和文化特质，在群体人数很小的情况下实行了以族内婚为主的婚姻制度，所以托茂家都是亲戚，有明显的血缘关系。鉴于此，笔者在写作中主要以野牛村地理社区为基点，兼顾其精神社区和血缘社区固有的关联性，并将其置于大的背景和视野中。

---

① 托茂家的人口数据系托茂家韩占龙提供，其可信度很高，据韩占龙讲，这个数据是托茂家为了申请成为单独民族而专门统计的。

② 费孝通:《费孝通文集》第一卷，群言出版社，1999年版，485页。

(四)野牛村概况

文章没有直接使用田野之地的原村名,称之为"野牛村"。"野牛村"一词缘于历史上该村是野牦牛的栖息之地,曾有大量野牦牛在这里生存。由于 1960 年前后遭轮番滥杀,现今牧民们说再也没看到过野牦牛。三年前,由于气温升高,一牧民在"八一"冰川(地图和书文资料称之为"七一"冰川)消融的河水中捞到一野牦牛冻尸,据说牦牛肉质还保存很好。

野牛村在祁连县境,"祁连"为匈奴语,是"天山"的意思,祁连县以地处祁连山麓而得名①。野牛村位于祁连县西北部,在托勒山和祁连山之间的河谷地带,依山势呈西北—东南延伸,海拔随之次第升高,全村海拔 3300~4800 米,为寒温半干旱牧业气候区。年平均温度零下 3.3℃,县内最低气温零下 39℃就出现在该村。年均降水量 393.8 毫米,祁连县著名河流黑湖(又称黑河)发源于此。气候特征是冷季长、暖季短,仅能生长天然牧草,适宜畜牧业。

野牛村草场面积 55 万亩,其中分冬圈(即冬季草场)、夏圈、秋圈三部分,2000 年人口统计有 157 户,968 人,有藏、蒙古、撒拉、土、回、汉 6 个民族,野牛村托茂人口有 41 户,207 人,在第五次人口普查中按回族统计。野牛村"托茂家"社区的形成过程为:1958 年由于国防建设的需要,海北州将海晏哈勒景地区蒙古(包括托茂)、藏等民族 397 户 1752 人迁往州属托勒牧场。② 历时 48 天后他们到达托勒牧场,那时托茂家人口共计 31 户,175 人。据老人回忆,托勒牧场(管理者)从这批迁移者中选出一些放牧放得好的人,成为了工人。其他的 100 多户,在 1959 年 8 月迁往野牛村一带,其中有托茂家 9 户。1960 年,野牛村的 7 户人家迁出野牛村,其中 3 户人家迁到阿柔乡,4 户人家迁到多隆乡。1962 年,阿柔乡的 3 户托茂人家又迁到了多隆乡。1963 年,为了将托勒牧场纯公营化,牧场将一部分有自己牛羊财产的工人分出(当地牧民

---

① 祁连县志编纂委员会《祁连县志》,甘肃人民出版社,1993 年版,5 页。

② 祁连县志编纂委员会《祁连县志》,甘肃人民出版社,1993 年版,25 页。

俗称之为“场社分家”运动),分出的牧场工人大都迁到了野牛村。这次迁徙到野牛村的托茂家有4户,加上1958年迁来的2户,繁衍了今天野牛村的托茂家。野牛村社区就是在上述的不断迁徙中形成的。

(五)“托茂家”的语言与姓名

1. 语言

历史上,托茂家隶属于蒙古部落,从事畜牧业生产,主要使用的语言为蒙古语。又由于宗教信仰的缘故,他们常与临近从事农业生产的回民保持日常的来往,所以他们也会一些日常的汉语。

环境的变化往往对语言产生很大的影响。1958年海晏县哈勒景地区建立“二一一工厂”使得托茂家在几经迁徙之后,由聚居逐渐分散开来。托茂家迁到托勒牧场后,有一部分迁到了多隆乡,多隆一带以藏民居多,托茂家在与藏民交际中多用藏语交流。因为迁徙工作组的工作人员大多为汉族,他们使用的汉语代表一种强势文化,会说汉语是一种可以与“上面”沟通的技能,故托茂家与藏民都在尽可能学习用汉语沟通,长期使用的蒙语由于缺少语用环境迅速淡出。野牛沟的托茂家因为与部分蒙民同时迁入野牛村,所以野牛村的托茂家现今还有中年人会操流利的蒙语。但由于不断迁徙和政府人员的影响,加上他们与回族通婚的普遍化趋势,说蒙语失去了语用的环境,汉语现今已成为托茂家主要的交际和生活用语。

易卜拉,男,46岁,未上过学,是托茂家青壮年里唯一会说一口流利蒙语的。在对他进行访谈时,笔者跟他学了几句蒙语,他感觉很自豪,笔者给他拍照后,他感叹地说:“现在的年轻人,都不再学说蒙话了!”言辞之间一副“怒其不争”的表情。

松子开,男,68岁,至今见了会说蒙语的人,无论是托茂家还是蒙古,他都习惯用蒙语与之交流。松子开老人的蒙古朋友比较多,这些朋友为了照顾穆斯林朋友的饮食禁忌和便于日常来往,经常请他去宰杀牛羊,他那一口流利的蒙语获得了蒙民的赞赏和认同。

再奶拜,女,59岁,她说:“我现在已不会说蒙语了,我的父母(以前)说的是蒙古话,很少说汉语,我小的时候在家里也说的是蒙古话。

现在(别人说的时候)我只能听懂,而我的儿女们,最大的已40岁,不但不会说,也听不懂了。"

哈则热,女,67岁,据她说,从海晏哈勒景迁出时,她正值19岁。19岁以前她一直说蒙话,迁徙后,她母亲第二年就"无常"了,阿大(父亲)在迁徙前就以"反革命罪"为名被抓了①,而工作组的人和托勒牧场的工人都说汉语,她就学说汉语了,蒙语也就忘掉了,现在她已不会说一句完整的蒙语了,只是在别人说时能听懂和勉强交谈。有时,文化变迁的速度之快令人咋舌,在短短几十年内,千百年来一直使用的语言都会迅速消亡。野牛村的托茂家现已通用汉语,语言已与当地回族基本一致,汉语方言中常掺杂一些阿语、波斯语词汇。

2. 姓名

光绪二十一年,是托茂家经常提及的一个历史时间,正是这一年受回民反清起义即"河湟事件"的影响,托茂家几乎遭受灭顶之灾。在起义被镇压后,托茂家与一股回民义军逃往新疆,几经战争沿途折损无数,加上自然天灾,一少部分到达新疆。而八九户老弱妇孺在柴达木地区被蒙古王爷堵截,被迫投降于可鲁沟贝子。今天青海托茂家也就是这几户人家繁衍下来的。这几户人名字为:由拉(男),托娃(女),新乡老(男),托茂三哥(男),者哥(男),大帐(女),嘎七(男)等。其中由拉、嘎七是明显的伊斯兰经名,托娃听起来不像经名,但据韩占龙(60岁)讲,他曾问过他奶奶托娃,他奶奶说,她本名叫法图麦(经名),托娃是亲昵叫法。可以确定在光绪二十一年前,托茂家就已经在用伊斯兰教经名命名了,之后也是如此,如由拉之子叫"舍巴",托娃之子叫"而尤布",者哥之子叫"尔斯么"等。

当然,新乡老、托茂三哥等名字明显的不是经名,而是接近外号似的俗称。笔者注意到,在1958年以前,无姓的托茂家的部分人的名字有一个特点:在名字前常缀以"托茂",含带有姓的功能。如托茂三哥、托茂尔布杜、托茂阿嘎等。这些名前缀有"托茂"称呼的人,一般都是托

① 在调查中,很多60岁以上的托茂、蒙古老人讲到有关1958年父亲、兄长被捕的事情。

茂家中的精英或权威人物，因为他们与外族群和异地的人接触较多，这种称呼更多是外族群的人的他称，久而久之成了自称。

当下的托茂家，除个别年龄大的老人外，普遍有了姓，而且有了“官名”，他们的姓氏主要有：马、韩、杨、丁、李等。在托茂家普遍有姓之前，极少部分人是有姓氏的，他们主要是托茂家招赘“中原人”① 当女婿后生的子女，跟父亲自带了姓。如托茂尔布杜，叫丁生福，因为他父亲是“中原人”姓丁。大多数无姓的托茂家有姓的过程并不这样便捷，而是在经历了1958的“找姓运动”以后获得的。下面是韩、马、杨三姓的来历个案：

韩姓来历的讲述人：韩占龙，60岁，未上学，但识汉字，作过村干部。

“1958年，我们还住在海晏地区，当地政府要做人口统计，调查统计工作的人多是内地来青海的，因为他们对托茂的经名不熟，感觉写起来不方便，所以要叫我们想办法找个姓，起个‘官名’。加上当时又搞‘破四旧’、‘立四新’运动，运动工作组说我们托茂的经名是牛鬼蛇神。我哥等家人想呀想，也找到了好多姓，像马、王、杨等。但是我们总觉着不好。一家人思来想去，记起了一件事。我有个叔叔尔斯玛曾在邻近县的一个姓韩的大地主家打过长工。由于勤快能干，所以韩掌柜很欣赏，让他当了‘二拿’，也就是二拿事、二掌柜的。因为尔斯玛一直没有姓，所以韩掌柜给他‘赐’了韩姓。我叔叔63岁去世，韩家给他的韩姓他从来没有用过，也没有起韩姓的官名，但当时我们需要姓，所以我们改了当时使用的马姓，姓韩了。当家的几位给家族内部大小都起了韩姓名字，我哥叫韩占麟，我叫韩占龙，我弟叫韩占凤。”

杨姓来历的讲述人：杨青寿，68岁，不识字。

“在‘面上运动’时②，运动工作组的人，说我们托茂是回民，回民都有姓名。人家藏蒙民可以没有姓，但我们是回民，必须有姓，说过几天

① 解放前，托茂家将从事农业生产的回民称为“中原人”。

② “破四旧、立四新”运动在青海海北地区分“面上运动”和“点上运动”两次进行。

再过来看我们有没有姓。我跟我哥想来想去,想我们一直以来都是挡羊的,就姓杨吧。过了几天工作组的人来问,我们说我们有姓,姓杨。工作组的人笑着说:'对嘛,你们就是有姓嘛,那你的名字是什么?'我哥说:'没起呢,你给我起个。'工作组的人就给我哥起名杨青福。我一听我哥叫杨青福,我就告诉工作组的人说我叫杨青寿。他们给我大儿子伊布拉黑麦起名叫杨国君,二儿子伊斯哈格起名叫杨国清,三儿子胡赛尼起名杨国明,四儿子依斯玛依起名杨国忠。"

马姓来历的讲述人;开开子,78岁。

"当时工作组的人来了以后,要统计人口,我说我叫开开子,工作组说这不行,问我姓什么,我说:'我们家没有姓,你们工作组的人给起个姓。'工作组的人说:'你们是回民,十回九马嘛,你们就姓马,你的大儿子就叫马鸿伟,二娃叫马鸿武,三儿子叫马鸿成。'从那以后我们家就姓马了。"

实际上,开开子家与韩占龙家是本家,开开子是韩占龙的隔代堂叔,开开子的父亲大托茂三哥是韩占龙父亲托茂三哥的亲堂叔。所以在托茂家存在的一种情况是:同属一个家族的人可能拥有两种或两种以上的姓氏。

二、"托茂家"的生产生活方式

历史上青海托茂家一直与托茂公部落蒙古生活在一起,从事畜牧业生产,逐水草而居。到了现在,托茂家虽已散居青海海北各地,但生产方式没有发生根本改变。

(一)游牧生产周期

逐水草而居的生产生活,一般是牲畜走到哪里,人跟随到哪里;反之,人走到哪里,牲畜也被驱赶到哪里。历史上,蒙古部落在蒙古大草原、中亚西亚以及青海等地区进行大范围游牧,哪里水草丰美,他们就迁徙到哪里。蒙元时期,蒙古军人占领和统一了青海地区;明清时代,蒙古部落多次游牧青海地区。

清雍正元年(1723年),青海罗卜藏丹津反清失败后,清廷将青海蒙古各部落收为内藩,仿照内蒙古的扎萨克制度,统一分编为旗,共编二十九旗。托茂家居左翼盟和硕特部南右后旗,其扎萨克辅公俗称托茂公。托茂公原定放牧地界为:东临贺尔,南达哈达图,西至哈拉索鲁布汉,北抵青海湖。① 到1961年青海省志编纂委员会编纂《青海历史纪要》时,托茂公部落游牧区域缩小到海晏县的班马河一带。现今托茂家散居在海北各地,与当地的蒙古、藏、撒拉、裕固等民族同属一个牧民委员会。草原牧地和牛羊马已承包到户,牧民委员会也给每一户牧民划分了固定草场。野牛村草场分冬、夏、秋季三个草场,每户牧放都是在自已的固定草场上,来回移动。大范围内"逐水草而居",在青海以及全国其它牧区已成为历史记忆,小范围季节性游牧是现在托茂家及其他青海游牧民族的主要放牧方式。

野牛村海拔较高,村庄周围山势高峻,春季升温慢,秋季降温快,冷空气维持时间长,造成冬季漫长寒冷,夏天短促凉爽的气候。野牛村日平均气温高于5℃的日子有80天左右,低于0℃的日子有250天左右,0℃~5℃的日子在30天左右。所以野牛村一般有冬夏秋三季,草场也就随季节分为冬圈(冬季草场)、夏圈(夏季草场)和秋圈(秋季草场)。什么时候在三个草场进行放牧,由野牛村牧民委员会决定,一般6月中旬从海拔最低的冬圈开始搬至海拔最高的夏圈,大概过上两个月左右时间,开始向次海拔的秋圈转移,放牧40天后,天气寒冷下来,所有野牛村牧民又集体返回到各自的冬圈。2005年野牛村的夏圈放牧时间从6月20日至8月25日,秋圈放牧时间从8月25日至10月5日,冬圈放牧时间从10月5日至2006年6月中旬。② 在野牛村,一年的生产生活周期大致如下:

1月初至2月,是主要的接羊羔期。接羔前,要提前加固畜圈,一般用牛粪和草坯筑圈。这样做方便、省工,可以根据风向降低或加高围

① 青海省志编纂委员会:《青海历史纪要·青海蒙古二十九旗表》,青海人民出版社1980版(1961成稿),266页。

② 采访野牛村村支书马海林的笔记。

墙的背风面和迎风面,还可以在羊圈底部垫羊粪以隔寒气。而今野牛村大多数牧民在冬窝子(冬天的定居点)旁边搭建暖棚,在暖棚里进行接羔。本地藏绵羊母羊受孕到产羔的时间间隔通常为5个月零5天,产羔都是一年一羔,一胎一羔。而今野牛村也引进外地的种羊品种,一胎可以产二三羔,但是这种种羊退化特别快,好像并不适应青藏高原的高寒气候,所以引进种羊三年后的今天,牧民已对种羊不感兴趣了。

产羔期间,放牧要特别注意,放牧不宜距离房子太远,公羊、母羊要尽可能分开放,细心的牧民甚至要在母羊腹部松松地裹条宽带子,这样即使母羊产羔,也会产在带子里,而不会被羊群踩踏。

夜间男人负责起来照看几次。牧民说,一般情况下夜间产羔的多,如果一个晚上产羔多,全家人都要在圈旁守候。羊临产的先兆是叫唤、时起时卧、不吃草、乱跑。羊羔出生后,牧民用搓细的干羊粪擦干小羔的胎水,因为羊粪干燥、软和、吸湿,不会擦伤小羊。羊羔刚生下时,要把母羊的初奶即黄奶挤掉,不让小羊吃,据说吃了这种初奶,小羊会拉肚子,容易死。十五六天后,羊羔可以跟着母羊在冬窝子附近吃草。

3月至4月,一般是接牛犊期。牦牛一般两年一产,一胎一犊。如果草场草质好,母牛身体壮,也可以一年一产。牦牛的怀胎期通常是八个月。牦牛难产的情况多,多需要人工帮助。小牛犊出生后,用毡、毛或者牛粪灰擦干身上的胎水,用毡包好,或者抱进房里,防止受冻。母牛第一次生小牛时,小牛嘴上有一层浆膜,接犊人要用手将其除去。为保证牛犊的成活,刚生牛犊的母牛不挤牛奶,给牛犊留有足够的奶水。十四五天后,牛犊就可以跟着母牛去吃草。牛犊喜欢往远处跑,这期间牧民特别注意防狼。

4月至5月,是向夏圈迁移的准备期。重点工作是照料幼畜及体质弱的母羊,这一般由妇女承担。如果天气温和并且少风或无风时,就开始将羊赶到离冬窝子较远的山坡一带放牧,但不能赶得太远,此时冬季并未过去,在背风面的山坡和平川中放牧较为适宜。

5月底至6月初,是由冬圈向夏圈的转移时期。这段时期,野牛村的天气慢慢暖和了,冬圈的草已基本被牛羊吃完,而夏圈的草,经过近八个月的休养已恢复起来了。牲畜和人都可以在高海拔的夏圈过不寒不热的生活了。由于幼畜走不快,这一时期的搬迁和放牧要注意速度,慢走慢赶。在牛羊赶到夏圈之前,要把帐房和日常生活用具先搬到夏圈处选好地点进行置建。

6月底到7月中旬,主要工作是剪羊毛。由于这时天气越来越暖和,牛羊的旧毛长得较长,新毛也已生出,剪了旧毛牛羊也不会太冷。剪羊毛的工作由男性来做,不论20岁的青年,还是60岁的老人,都可以独自一人完成剪毛全部程序:提羊、捆羊、倒羊、剪毛。剪羊毛的行家剪刀一般比家用的剪刀大三倍多,剪毛的里手可以在十分钟内完成剪毛的所有程序。由于羊只较多,剪羊毛不宜单军作战,一般野牛村剪羊毛时,各家时间会错开,或者亲戚、兄弟,或者相邻的牧民集中在一起,一家一家轮着剪。这段时间,青草丰美,牛羊吃得身体逐渐强壮,生活稍微悠闲了一些,对男人来说,是可以频繁外出的时候。放牧可以由女人或孩子进行,男人可以到其它地区亲戚家中串亲戚了。一来联络感情,放松一下,二来获取一些羊毛、牛羊价格等信息。

8月中旬到10月,天气慢慢凉下来了,夏圈的绿草已不能满足牛羊的啃食之需,牧民们开始向海拔较低的秋圈迁移。秋圈的草场面积比夏圈的草场面积要小得多,但草质好于夏圈。秋圈是夏圈和冬圈的过渡阶段,这段时间若牛羊长不上膘的话,那么这一年也就壮不起来了。而那些没有长上膘的牛羊,因为体质太弱,有可能度不过寒冷的冬天,将是牧民出售的主要对象。这项收入,是每年牧区家庭最主要的经济来源。

20世纪50年代以前的这段时间,托茂每年出人组成帮伙到邻近湟中、门源等地的农业地区进行一次大的交换,出售牛羊、羊毛、酥油、羊皮、牛皮等牧区特产,换回粮食等农副产品以及一些日常用品。现今"二道贩子"已直接到牧区收购牛羊、羊毛。今年的一只羊的价钱约在200~350元之间不等,一只牛的价钱约在1800~2200元之间不等。现今野牛村所在的乡上的粮油部、商店也逐渐多了起来,甚至在夏、秋圈高海拔的地方也可以间隔一段距离就见到帐房门前挂着小红旗的景象,它们便是草原上的"超市"。牧民可以就近购买一些日常用品和副食品。

10月初,家家户户开始向冬圈迁移,将在冬窝子呆到来年的6月中旬左右,近8个月。冬圈的草场面积比秋圈还要小,但是经夏、秋两季的休养、生长,草质最好,牛羊等在漫长的8个月里就靠它们了。10月入冬前,托茂家妇女着手准备全家人过冬衣物,男人则要加固羊圈用以防风防寒。

11月、12月是一年中牛羊最肥壮的时候,经过夏秋水草的滋养和初冬的草籽的补充,积蓄了足够的肉脂,正是肉质浓香时。托茂家牧民说,今年的开斋节和古尔邦节(宰牲节)正在此段时间,这两个节日宰杀足够的牛羊,可以高高兴兴地过严冬。宰牛羊一般由阿訇、满拉等完成,有时因为到寺里请阿訇路途太远,或阿訇太忙,所以一部分念过经的教门好的老人也常被请去宰牲。宰杀牛羊之后,一个重要的程序便是剥皮。这是一道麻烦而对技术要求很高的工序,托茂家男子好像个个都是剥皮高手,一边动刀一边动手,手刀齐用,其娴熟的技能让人不能不敬佩,一只羊可以在七八分钟内解决。

(二)一天的主要生产活动

在托茂家的生产工作中,男女分工是比较明确的。男性一般承担的任务是在外放牧,剪羊毛,以及与社会、政府、来牧区贩卖的“二道贩子”接触。女性多以主内的形象出现,如挤牛奶、打酥油、做饭、制作收集牛粪饼等。搭建帐房、搬迁、接羔、夜间防狼等则是男女共同合作。游牧的工作量要比我们想象的大得多,相比之下,草场的女性为生产生活付出的更多。她们既要负责家务的一切,还要跟男性一起应对一些紧急情况。家庭生产生活几乎离不开她们,一些通常是男性承担的工作,女性可以暂时替代,所以男性一般会有短暂的时间去串串亲戚,而女性则不然,除非有长女长大能够替代。托茂家的妇女勤劳、贤淑,而且非常敏捷和刚毅。笔者一行到野牛村夏圈买苏木大哥(托茂家,30岁)家时,他的妻子韩秀珍(托茂家,29岁)及10岁的长女从夏窝子来接我们。她们接过我们的一些包裹,在夏圈纵横的坑水间一蹦一跃,矫健如飞,对门前那不小的河也是轻车熟路,不以为碍,留下我们在后一面吃力挪步、一面暗暗吃惊……

1. 挤牛奶

清晨,年轻的媳妇一般得早早给丈夫、公婆、孩子冲一碗“豆玛”,[①]然后自己去挤牛奶。挤奶一般一天挤两次,清早一次,快要天黑时一次。牧民一般在距窝子或帐房500米左右,打上一圈2米一间隔的木桩,在木桩上拴好粗绳子,夜间在靠近帐房的一侧一般会拴好小牛,而大牛、母牛一般都不会被拴着。它们会在附近一带吃草,夜间不会走得太远,而小牛不能被放开,小牛爱往远处跑,而这样很容易被狼“叼走”。天亮了,先把附近吃草的母牛赶回来,拴到木圈的另一侧,将小牛放开,小牛犊会非常快地跑到母牛跟前来吃奶,等小牛咂几口时,挤奶人便赶走小牛,将母牛两后腿绑住,开始挤奶。被小牛咂过的母牛奶很容易挤。每头牛的奶不能全部挤完,要给小牛留下一部分。奶水好的牛一次能挤1公斤牛奶。

挤完奶,待小牛吃完剩下的部分,就把小牛又拴到木桩的绳上,而大牛会与羊群一起被赶到较远的地方去放牧。待夕阳西下时,牛羊已经吃得很饱时,赶回帐窝子,可以再挤一次牛奶。挤奶是有时限的,一般只在夏季进行,即阴历五月下旬至八月底。这段时间母牛奶水充足,还有青草,即使小牛吃不上足够的奶,也可以吃些青草。之后,一般很少挤奶,因为天气变凉,青草不多,要给牛犊足够的奶吃,否则小牛身体瘦弱,缺乏御寒能力,极易被冻死。

2. 放牧

放牧一般是男性承担的活儿,早晨男性喝上一碗“豆玛”后,就骑着马,将牛羊赶到离家较远的草场上去放牧。放牧并不是一件非常轻松惬意的事,一般会比较孤单,而且还要用心,一是要防狼叼羊,要细细观察畜群的情况,不能让羊分开掉队或跑得太远,二是要保证不能让羊群拥挤在一起导致吃不饱。等到中午时分,因为狼叼羊的危险性减小,放牧人就把畜群赶到一个安全的地方,自己骑着马赶回去吃午餐了,吃完午餐又返回。一位老阿奶说,在过去,牧人一般是不会在中午的时候回来吃饭的,要等到天快黑时,才能将吃饱喝足的牛羊赶回。

---

① 野牛村牧民喜食的一种早餐,是炒面的一种。

3. 打酥油

打酥油是妇女在挤完牛奶后的另一件重要的工作,由于牛奶分离机的引进,现今的打酥油方式与过去的打酥油方式不同了。

传统的打酥油第一道工序先是过滤。在铁锅上先绑一块纱布,将"拉拉"① 里的鲜牛奶舀到纱布上过滤,把牛毛、青草渣等澄出。松子开老人说,蒙民一般没有这个程序。澄好后,便在锅底点火加温,等牛奶滚开后,灭火,凉一会儿,至牛奶有些微酸,然后倒入"扫扫"② 里,便可以开始击打了。击打酥油是有节奏的,妇女会一边喊着号子,一边有节奏地击打。号子一般为:zao ni zao ni hao you ,zao ni zao ni guo lu。这些劳动号子是蒙语,即"一下、两下、三下"等意思。打酥油是一个非常耗体力的活动,一般要历时四五个小时才能完成。击打好的"扫扫"里的牛奶会分为两部分,下面凝固成固体的部分就是酥油,而上面的液体是被剥离后的牛奶。

20 世纪 80 年代初,牛奶分离机引进了野牛村牧区。分离机打酥油省工省时,所以不久便在牧区普及起来了,现今,野牛村的牧民已很少用纯人工方式打酥油了。无论清晨还是晚上,现在只要把挤回的牛奶放在火上加温后,便可以一边手摇分离机把柄,一边手舀牛奶进行打制了。分离机有两个流口,一个口流出酥油,一个口流出剥离的牛奶。两"拉拉"的牛奶可在半小时内做完。一般 10～12 公斤的牛奶打 1 公斤的酥油。

无论"扫扫"打制出来的酥油,还是分离机分离出来的酥油,都带有少量的奶液,还是半成品,须最后一道工序。用手搅拌,一直搅到里面的牛奶与酥油彻底分离,然后把酥油放入盛有冷水的盆里,用手拍打成四方形状,凝固后从水中将其取出,积攒到木箱。大概积攒到三十斤左右,从木箱中取出捏碎成粉状,放在石头上晒干,放入干净的阴干后的羊肚里,将羊肚口用针缝好,放在阴凉处,可保一年之久不变质。

打制和分离出来的奶液部分,放上半天左右,便基本发酵,将其倒

① "拉拉",蒙语,小奶桶的意思。

② "扫扫",蒙语,是打酥油的大奶桶,一般要比"拉拉"大四倍多。

在铁锅里煮,边煮边搅拌,直至液体被蒸发,留下块状的白色固体,就成了草原上著名的“曲拉”(奶渣)。

(三)庄头代耕

因为宗教信仰等原因,游牧的托茂家与邻近的农业区的回民保持一定的联系。从光绪二十一年(公元1895年)到1958年期间,他们与湟中上五庄一带的回民一直保持一种若即若离的邻居状态。据口传,光绪二十一年前,湟中上五庄一带还是牧区,托茂家就在这一带从事畜牧业生产。之后,托茂家举族逃往新疆,上五庄一带被邻近地区的回汉民众开垦为农田,至今上五庄一带还保留有“托茂鞑子湾”的地名。

隶属蒙古游牧部落,又与临近农耕回民保持联系,使得历史上托茂家的生产方式除主导的畜牧业之外,还存在一种“庄头代耕”的生产方式。据韩占龙讲,在民国期间,尤其是在托茂家的头人托茂阿嘎于1943年的瘟疫中“无常”后,他父亲托茂三哥成为托茂家中有权威的精英。托茂三哥勤快好干又深谋远虑,所以在1945～1951年期间,与胡塞老人将盈余的收入拿出来,在湟中上五庄三湾村买下了一百多亩的田地。一小部分用于置建托茂家新坟院,大部分转为农业生产用地。由于托茂三哥等人长期从事牧业,不会农业耕作经营,加上没有多余的劳动力,所以他们请当地有娴熟农业技术的“中原人”代为耕作,他们将这些人称为“庄头”。庄头负责全年的粮食种植和农业安排。托茂三哥等人不管中间的种植程序,只是到了粮食成熟的季节,派家里的小辈去田地数一下收割好的“麦捆”(种植物多为青稞),根据麦捆估算出当年的收成,留够来年的生产种子,将剩下的分成。这种请庄头代耕的生产方式,称之为“庄头代耕”。庄头代耕的生产方式一方面增加了畜牧业生产之外的农业收入,更重要的是托茂家获得了日常面食所需的粮食。

“庄头代耕”的生产方式始于何时?在托茂三哥等人之前有没有存在?托茂家老人也说不清楚。但是有条线索值得注意,在托茂三哥等人在湟中买地之前,托茂家就在这一代有几处农田坟院,而且与回民一直保持着联系,所以这种互助形式可能一直存在。另外,“中原人”也常常将自己的羊只代牧给托茂家,年后将繁衍的小羊羔按契约分成,通过这种方式满足农区日常生活的肉食所需。但是笔者必须指出,"庄头代耕"作为民俗事项的存在,它不具有普遍意义,并不在所有托茂家中存在。草原畜牧业是托茂家主要的生产方式。但是,随着牧区逐渐实现定居,从2003年开始,牧民在冬窝子里养起农家常养的家禽——鸡。

三、"托茂家"的衣食住行

物质生活民俗最先只是以满足生理需要为目的,如以饮食满足生活的需要;以服饰满足遮身蔽体、防寒取暖的需要;以巢穴房屋满足抵御风雨侵袭、防御野兽的需要;以器物用具扩展延伸人体器官功能、实现增强生活能力的需要。随着社会的发展和社会分工的复杂化,以及重大历史事件的作用等,生活民俗也日趋多样化、复杂化,它所满足的不仅是生理需要,同时也包含了安全需要、归属需要、自尊需要和自我实现需要等较高层次的需要。①

(一)托茂家的服饰及其变迁

1. 传统托茂家服饰的特征

在新中国成立以前,甚至1954年以前,托茂家的服饰特征明显是蒙古式的。确切地说,是受藏服影响的青海蒙古式的。冬季托茂家习惯穿叫"瑞奇"(蒙语)的一种宽大的长袖袍子,然后用色彩鲜艳的长布、绸缎带束腰。"瑞奇"不同于普遍流行于蒙古地区的蒙古袍,与当地藏式皮袄基本相似。如男袍长至膝盖以下,腰身的宽度要比体围大一倍以上,袍前面的摆有107~127厘米,袖长要比手指长10厘米左右寸,领子是好皮子,镶上花边,大襟下摆和袖口边缘也都镶上3~10厘米宽的红色或黑色的绒布、呢子或彩色的氆氇。女袍长度拖到脚面,腰身比较窄,袖口的镶边多用红绿蓝等较鲜艳的衣料,领比男服短,用皮子或氆氇等作领,向外翻出呈平面形,不同于一般蒙古袍的立领。"瑞奇"与藏袍的区别是,其领子比藏袍短,向外翻出,藏袍女服没有领,藏袍袖子

① 钟敬文:《民俗学概论》,上海文艺出版社1998年版,73页。

宽而长,"瑞奇"袖口短而窄呈马蹄形。除"瑞奇"外,托茂家喜戴狐皮帽等皮式帽,脚蹬"满三楞"长筒马靴或长筒毡靴,脚绑马巾。

夏秋季男性一般穿长短袍,蒙语叫"柴木"。"瑞奇"与"柴木"的区别是:"瑞奇"是用羊皮手工制成,而"柴木"则是用布缝制而成的。与冬季不同的是,夏秋季换下皮式帽子,带大礼帽。女性不论长短,皆开斜襟,胸前附有辫牌,脚穿"奥次"(蒙语,短腰皮鞋)。喜戴羔皮帽或礼帽。与现在的服饰相较而言,传统的托茂家妇女与蒙古妇女都非常讲究头饰,发型是从额顶分开,梳成双辫或若干个小辫,装入精致的辫套中,放在胸前。富裕的家庭妇女还喜戴大串珊瑚、玛瑙、翡翠等。

2.1954 年后托茂家服饰的演变

光绪二十一年至 1954 年,青海托茂家历经马仲英事件① 和 1943 年瘟疫等不幸遭遇后,元气稍微得到恢复。加上扎萨克旗部部落影响的式微和新中国政府对旗部的取消,托茂家群体在经济上取得了一定发展,他们开始聘请阿訇到牧区主持宗教活动,并在 1954 年修建了一座土木结构的固定清真寺。

松子开老人回忆说:当时清真寺里的阿訇是从西宁请来的,阿訇也带了几个满拉,也有托茂家送子到清真寺当满拉的。阿訇与满拉一般都头戴白帽,身着"仲白",② 一般人照穿蒙古服饰,阿訇也没有对托茂家的服饰说什么。阿訇说托茂是回民中的一个少数,不知是哪个民族来的,本来就不一样,服饰可以照穿,但女性的头发在教门上说是"羞体",是不能外露的,年纪大的阿奶最好把头发遮盖起来。从此好多阿奶开始戴上了白帽或者盖头。

之后,大多成婚的托茂女性都开始佩戴帽子和盖头,除头部外,其

① 民国 18 年,马仲英部队在海晏哈勒景地区与冯玉祥的国民军一部作战,一些地方汉族武装人员及平民因帮助国民军而被杀,马部战败撤逃。托茂老人回忆说:当时国民军队到哈勒景的时候,马仲英已经撤走了,因为国民军说要惩治凶手,那些被马仲英杀害的家人就指着一些托茂青壮年说是凶手,使得一大批托茂家被杀。马仲英的回族身份,使得信回教的托茂家受到牵连。

② 仲白,阿语,伊斯兰教宗教人士经常穿的一种长袍。

它服饰基本未变。男性也开始在一些特殊场合身着蒙服头戴白帽,如他们去清真寺时,一般头戴白帽,而回到家后又重新戴上礼帽或狐皮帽。

1958年是托茂家及当地各民族服饰发生大变迁的年份。"破四旧"等各种形式的运动过度地开展。运动工作组将藏民、蒙民、托茂等民族服饰要么以"有白银辫牌是富人的东西"、要么以"这种服饰是旧时代的东西"的名义全部没收,而在他们迁往祁连时发给清一色的蓝布衣服。当然托茂家的白帽、盖头等亦被视为四旧和落后纷纷摘下。

1978年以后,青海海北地区服饰逐渐改变了原来的清一色。藏蒙等民族部分人穿起了民族服饰,托茂家也恢复了原着装。马海林(49岁,野牛村村书记)说,在1980年左右的时候,身着蒙古服饰头戴盖头的姐姐再力麦去了一趟西宁,引起了西宁城人的好奇,都议论着说这是哪个民族?是藏民、蒙民还是回民?然而这只是短暂的昙花一现,20世纪50年代至70年代,整整20年的时间的行政统一管制对藏、蒙、托茂家等群体的影响很大,加上改革开放后现代社会提供了"更文明"的衣服样式,民族服饰的历史一去不复返了。现今,在野牛村无论蒙古、藏、裕固、土、撒拉、汉、回族等男性青年都喜戴有沿的黄帽,梳着分头,或者穿上休闲夹克,脚蹬现代的运动鞋,从着装和形象上已很难一眼分清是哪个民族。现今托茂家妇女都戴上了盖头,老年男性头顶白帽,喜穿仲白,服饰已与回族、撒拉族无异。

3. 托茂家的食物及饮食民俗

托茂家待人极为热情,到了托茂家的窝子或帐房,一般主人不会问吃过没有,而是热情地让座,然后来一杯青海特色的熬茶。一杯熬茶之后,换上一杯奶茶,再端上饼馍让客人吃喝。如果来客拘谨或客气,他们会双手拿上两块饼馍躬腰递至来客手中。不一会儿,他们的妇女就会出现在炉灶旁边,为客人生火做饭。

主人与客人一边聊天,还一边看茶,时时为客人添茶水,在这种好客的场景下,客人会情不自禁地喝上一杯又一杯。茶浓情切之时,托茂家妇女已将饭菜悄然做好。做好的饭菜会由家中的小辈男性端至饭桌旁,腰部前躬,双臂平行前伸至来客面前,其姿势是标准的献哈达式的。

这时,长辈男性会将食物一手递上,一手做客气的请状,浑然之间那种草原礼仪或蒙古遗风昭显无遗。

在托茂家热忱的待客礼仪中,一般忌讳客人在主人百般让请中不吃不喝。这样主人会自责自家的饭菜不好,没使客人动食欲,或者觉得客人太贵气,不给主人面子,场面就会冷漠下来。而来客喝得越多吃得越多,主人就越高兴。即使茶足饭饱之后,放下刀筷,主人也会一再为你拿起刀筷双手递上,请再吃一些,知道客人实在吃不下时,主人的让客方可告罢。

托茂家的饮食品种既有回族饮食的种类和特点,又有蒙古游牧饮食的种类和特点。日常常见的揪面片、面条、油炸的馓子、油香、果果子、麻花、包子、冰糖盖碗茶之类,明显是从邻近的回族人那里学来的,而酥油、曲拉、炒面("糌粑"与"豆玛")、手抓等则保留蒙藏游牧饮食特色。饮食中的馓子、油香等油炸的大多在宗教节日中制作和食用,在此不做详述,有关草原的食品主要有:

豆玛。蒙古语,炒面的一种,是牧民喜食的早餐。食用的方法是,在碗底先放一些炒面(青稞炒熟后磨成的面粉),再加一定量的曲拉和酥油,手持过滤用的小滤勺,将熬茶冲入碗中,用手或筷子搅拌成糊状,可用茶水反复冲饮,也可加些饼馍和着吃。"豆玛"吃起来味道鲜美,因为蛋白质含量较高,所以在食用后很长时间内不感觉到饿。

蕨麻稀饭,可在早餐中食用,亦可作为午后的副食。将淘好的大米与切好的小肉丁一起放入开水锅中,放盐,加葱蒜等调料,等到肉熟米烂时,加入早前煮好的蕨麻,熬一小会即好。蕨麻稀饭其实不稀,一般成粥,吃起来浓香可口,别具风味。

砂糖米饭。是牧民重要的待客食物之一。将淘洗干净的大米放入水锅中,加盐、蕨麻、干果等物。煮熟盛在小碗里,撒上白砂糖,浇上烧热的酥油,用勺子或筷子边拌边吃,吃到一半时可再添上砂糖或酥油,很可口。

油搅团。蒙古语中叫"也各列",藏语中叫"新帖",是一种酥油搅面。在烧热的平底锅中倒入少量茶水,加较多的新鲜牛奶和酥油,锅开后,均匀地洒上面粉,用筷子或勺子搅拌,加红糖,最终搅拌成面团形,盖住锅盖,用温火慢慢烤,边烤边翻面,水干面熟,盛入碟中用手抓(传统)或用勺子(现代)食用,气味香甜可口,肥而不腻。

水油饼。重要的待客食物之一。将面和好,擀成饼状,在圆饼中间用手指戳几个小洞,叠五六个放入水中煮,煮熟后,捞出放在小碗中,加曲拉、砂糖、酥油,用手捏拌,使曲拉、酥油等与面和匀成面团,手抓食之。油搅团因放较多曲拉,吃起来坚硬有劲,须反复咀嚼。现在年轻人已不习惯自己用手搅拌而食,要靠年长的主妇在大盆里搅拌好,分在小碗里,用筷子食用。

手抓。牧民喜食牛羊肉,吃时一手抓肉,一手持刀,故称手抓。将牛羊肉放入水中撒盐,开锅后放入调料,煮到半生半熟即可,所谓肉熟而不烂,鲜嫩可口。托茂家吃肉备有刀具,用刀时,讲究刀锋朝里,忌朝外。现在的年轻人大多不讲究用刀了,喜欢直接用手抓着吃,用手抓待客时,一般用盘盛着。手抓肉顶层是羊尾巴,羊尾巴朝客人,一般由长辈和尊贵的客人吃,这是一种极大的尊敬。因为托茂家认为羊肉里羊尾巴最好,次为胸叉,再次为肋骨和羊腰油等。

肉肠、面肠、肝肠。是草原肉食中的上上品。草原上与之相关的闻名遐迩的一种肉食叫"血肠"。野牛村的蒙藏民非常喜欢制作和食用血肠。血肠是在宰杀牛羊后,用容器接好鲜血,搅匀去渣,和碎肉,放盐葱等调料,灌入小肠内,与牛羊肉一起煮。因为伊斯兰教禁忌食用血液,所以血肠不会在托茂家出现。避开禁忌,托茂家喜于制作和食用与血肠相关的肉肠、面肠和肝肠。

肉肠的主料是牛羊的肠子,切碎,和些碎肉,放盐葱蒜香油等调料,撒些面,倒装入洗净的大肠内,用针线缝住肠口即可煮食。肝肠与之基本一致,主料为肝。面肠与肉肠、肝肠相较而言,其制作更为精心,因为肉肠和肝肠所用肠为大肠,面肠则为小肠,在洗肠的过程中,要轻洗搓以免弄破。面粉、羊肉汤、羊肚油等和拌好灌入小肠,煮熟即食。面肠、肉肠、肝肠吃起来鲜美无比,回味无穷。据说可益气补血、滋养肝肺、强身明目。

糌粑。藏语,是炒面的一种,俗称酥油炒面,是肉食之外传统的主食。在一小碗里盛上茶水和酥油,放入炒面,用食指轻轻地将炒面按下,使之与茶水和酥油混合,用四手指在碗中搅拌,直至搅拌成馒头状。糌粑吃法简单而不易饿。

饺子。蒙语叫“扁西”,实是汉语饺子俗称“扁食”的借用。饺子是托茂家待客中非常重要的食品。游牧生活非常繁忙,忙里抽闲做很花时间的饺子,那可把客人最当人(尊敬)了。在牧区,尤其在夏圈处,牧民的饺子与农业区的饺子不同,其馅是纯肉,而没有萝卜、土豆、白菜等。

随着现代生活的不断渗透,野牛村的饮食正发生着巨大的变迁,大众化的面片、拉面、米饭、炒菜等农区所谓“现代的食品”在牧家已很常见,乡镇上蔬菜店、果铺、饭馆也纷纷开了起来。

托茂家饮食虽受农区回民较大影响,但主要还是草原游牧式的。野牛村有这样一个笑话故事或许说明问题:不知道这是什么年代的事了,说有一个托茂与中原人(回民)交成了朋友。有一天,中原人到托茂朋友家去做客,托茂牧民给回民朋友做的是水油饼,托茂朋友将煮好的水油饼用手捏拌成两个圆形的“玛路”,把“玛路”放在面饼边沿的两个小孔上,请中原人吃。中原人从一头抓时,抓不稳,从另一头捏时,捏不住,搞得没法吃,失了脸面丢了人。过了一段时间,托茂去了他的中原朋友家做客,朋友家给他做的是长面。当一碗长面端到跟前时,托茂不知怎么吃,看他的朋友挑起长面绕脖子一圈后放到嘴里吃了,这个托茂学着朋友的样子,用筷子绕到后脖时,筷子松了,面条掉到后脖子里,烫得乱跳乱叫。①

(二)托茂家的民居及其演变

青海的蒙古和托茂主要是在明清从蒙古高原、新疆一带游牧而来,由于部落战争或逐水草而居的游牧习惯,在大范围内的游牧是经常之事。清雍正年间,罗卜藏丹津反清被镇压后,青海蒙古设扎萨克制,统一分编为旗。每一旗都有界定的放牧区域,但是游牧范围相对而言还是比较大的。到解放前,托茂公部落游牧范围已经缩小到海晏的部分

① 讲述人:韩占龙,托茂家,60岁,会识(汉)字。

地区。新中国成立后取消了蒙古地区的扎萨克制,设县乡(公社)村(生产大队)建制。1985 年野牛村等改生产大队为牧民委员会,之后实行家庭承包责任制,草场牛羊按户分配,草场分冬、夏、秋圈,每户根据人口获得自己的草原牧地,实现定居放牧。

1. 托茂家的民居形式及其演变

蒙古包,是海北地区蒙民传统的民居形式。据松子开老人(68 岁)和蒙古老人塔色(67 岁)共同回忆说,直到 1958 年迁徙以前,他们一直以居住蒙古包为主。蒙古包以枝条作骨架,骨架枝条节点上用皮条帮扎,做成一个网架,覆盖上羊皮和毛毡,用绳索束紧就好了。1958 年,哈勒景的蒙、藏、托茂在政府安排下迁徙到祁连的托勒牧场。一是因为 1958 年"平叛"问题扩大化,好多蒙、藏、托茂男性被逮捕,成了"反革命",财产被没收;二是迁移工作组的人催得很紧,时间紧迫;三是由于物资短缺,工作组只拨给每户人家两头牦牛,两头牦牛只能驮全家的被褥和最紧要的生活用具,甚至有的人家孩子太小,分出一头驮孩子了。所以蒙古包就因较大、较重、工作组不让拿等原因而被丢弃,到了托勒牧场之后,黑帐篷成为主要居住形式。

黑帐房,又叫"牦牛帐房",因其制料是牦牛毛为黑色,故称"黑帐房",早期主要是海北藏民的主要居住用房。黑帐房是由牦牛身上的毛根最粗的那部分毛剪下来捻成的粗褐子,拼缝成面积 20～40 平方米不等的毛毯。帐房内部用两根木杆支撑,帐顶分上下两层用十余条粗绳用力向四周拉,粗绳牢牢地固定在帐房四周的木橛子上,为防止冷风或雨水浸入帐房,房内底部四周用石头和草坯砌成高位 30～40 厘米的矮墙。在帐房正中的两个柱之间,传统上有一座狭长的土灶,现今大多数用的是从外地购买的铁火炉。帐房的中间留有一个长方形的空间来透气,烟筒就从中支出。

白帐房,是搭建成"人"字形镶以黑边的白帆布的小帐房。作为一种附属居房,在托茂家居家中较为常用。它平时搭建在主帐房一侧,用于小孩居住或充当库房使用,也因为小巧轻便,常用于跟群放牧或临时外出之用。

活动帐房,因其多以白色为主,当地人俗称为"白活动"。活动帐房是20世纪90年代引入野牛村的,从“活动”两字来看,带有明显的现代话语的痕迹。其“现代”的表现就在于其骨架由多根钢管搭拼组织而成,较黑帐房来说易于搭建,易于搬迁,外部样式美观,内部帆布印有彩色的花纹。而且黑帐房制作需要大量的精力,其成本价格高于活动帐房。一系列因素促成了黑帐房正在淡出,现今“白活动”为夏圈主要居房形式。

茅庵(音“茅暖”),是2003年开始在野牛村出现的一种主要用草坯砌垒而成的帐房。在选好要安家的地点后,将旁边的草皮划成15厘米长、5厘米高的正方形草坯,砌垒成前高后低的四面土墙,前墙留有一门,在上压盖上塑料帆布即可。虽然住起来常有闷头的感觉,因其制作简单、成本极低,近两年在当地受到青睐。

上述几种居住形式,除蒙古包和黑帐房在定居放牧之前也曾普遍在冬季牧场使用(蒙古包自1958年就不再使用),其它的包括黑帐房、白帐房、“白活动”、茅庵主要成为夏、秋圈的居家形式,因为定居后,野牛村牧民在冬圈上都建造了土木结构的平房及其院落,这种平房和院落与邻县的农业区已基本一致。

2. 托茂家民居习俗特征及其趋势

逐水草而居,择水草丰美而迁徙是传统大范围游牧生产生活的特征。当下托茂家的生活方式虽发生了很大变迁,但逐水草而居还留有遗风。牧民不论在冬圈定居点,还是在移牧的秋、夏圈都习惯择河流溪水旁建立院落和搭建帐房。河溪之旁、湖泊之边都是他们的居家首选,因为河水周围往往有着丰富的良田好草。

在野牛村夏、秋圈,时常看到两个帐房紧邻置建在一起,这可以肯定这一家有两代人居住,年龄稍大的孩子是与父母分开住的,一般情况下,年届50岁以上的父母不会到夏、秋圈去放牧居住。一是因为夏、秋圈海拔较高,老人身体会略显不适,二是因为冬圈还有部分牛羊需要老人看守。老人一年四季主要生活在冬圈,在冬圈的定居点院落中,父母一般居正中的房或主房。

定居放牧后,由于人口、交通、教育等因素的影响作用,野牛村的定居化聚落越来越明显,其主要表现在聚落生成的趋势和城镇化趋势。

20世纪80年代承包草地时,松子开一家以户为单位分得了冬、夏、秋圈的草地,随着松子开老人的6个儿子慢慢长大,他将草地再分配给他的6个儿子。现今松子开老人已经有了两个儿子分家,在他的院落旁建置了各自的院落,其他的几个也都结婚生子,随着孙子辈的逐渐增多和长大,他们分家建置院落已经是迟早的问题了。松子开与其相邻的冬圈邻居的院落慢慢连成一片已经不是遥不可及的事了。

在院落成片的聚落化趋势之外,城镇化是现今牧区的另一个趋势,野牛村所在的乡是正在急速城镇化的典型。湟源—嘉峪关公路目前还是沙土路,由于该地区的石棉资源和邻乡的煤矿的发现和开采,旅店、饭馆、蔬菜水果店、浴室等商业店铺已立于公路两旁,这种趋势正在加剧。另外随着野牛村牧民对孩子教育越来越重视,为减少路途、方便孩子吃饭,加上托茂、撒拉、回族老人要跟随乡上清真寺履行宗教功课,他们每家除在冬圈建有自己定居之外,还在乡上修置了自己的院落。哈则热老人(托茂,女,67岁)说,在6年前,她家搬到乡上时,只有乡政府和学校等几个单位,几乎没有牧民居住,近几年人们都纷纷在乡上盖了房子。这种趋势还在继续,各种新式房屋正在修建,为满足砖瓦的需要,草原上的砖瓦厂也开始积极筹建。

(四)托茂家交通工具及其演变

茫茫大草原,绿草之外就是牧人、牛羊马以及野生动物。牛羊是生产资料也是生活资料,既能繁殖增长,又能便利生活,正是它们维系着高原牧民的生存。马对高海拔、高寒缺氧的环境适应性强,持久力好,以前是牧民的主要交通工具,一般为出行和放牧所用,偶尔也用于驮运东西。牦牛四肢粗壮坚实,蹄子灵活有力,有超常攀登高山峻峰的能力,它既能食低矮的小草,又能吃具有毒性的各种杂草,习性特别坚韧,是几千年来高原地区少数生存下来的物种之一。牧民短距离的出行中,偶尔骑着它,另外主要用来驮运。在过去,将成年的阉牛用于驮运,俗称"驮牛",素有"高原之舟"的美称。牦牛在过去是搬迁转场、驮运物件的主要劳力。可以说,传统的托茂家交通运输以马、牛为主,没有木制的马车等其它交通运输工具。

随着现代化在牧区的步步深入，改革开放以来，马在野牛村托茂家的交通出行中已呈淡出趋势，现主要用来放牧牛羊。代替以前出行功能的是现代的摩托车，代替驮牛的则是北京吉普、东风卡车等机动车辆。在季节转场时，摩托、吉普、东风小卡车常轰隆隆地载着牧民和他们的家当向另一片草场驶去。骑着马、跟着牛羊、驮牛驮着家什物件要费三四天的转场在野牛村已很少再见。

托茂家的骑手是让人叹服的。骏马、摩托都是骑手所拿手的，骑上马他们便英姿飒爽。骑手的骑马技术自不可言，每年草原运动会都会有托茂骑手捧奖挂红、摘桂而归。现今新型的骑手——摩托骑手，其技艺更是超绝卓越。他们在凸凹不平、高低起伏的草地及河流溪间常跋山涉水、行车如飞，见了他们在草原上的驾车情形，就会立马想到古代草原骑士策马驰飞的壮观。

初到野牛村，笔者便领教了草原骑手的驾车风范。一个清晨，刚刚下完雨，凹地处积水犹在。18 岁的托茂小伙子达吾德(母亲是撒拉族，初中学历)骑着摩托驮着笔者去一个废弃的清真寺遗址上照相。在积水的草地，布满石头的泥泞土路上，那行驰如飞的驾车速度——70 公里/小时，真是让人心惊肉跳。那往返仅短短 1 个小时的时间，却是笔者田野调查中感觉时间最长的一段经历：在草原颠上倒下的行驶过程中，几次险些掉下车身，途中坐在摩托车后，笔者在心里一直埋怨自己为何产生如此狂热的调查念头。

四、"托茂家"的人生礼仪

"人生礼仪是指人在一生中几个重要环节上所经过的具有一些仪式的行为过程，主要包括诞生礼、成人礼、婚礼和葬礼。"① 仪式研究是民俗学的传统内容之一，它作为最能体现人类文化特征的行为表达，备受历代民俗学者的关注。法国民俗学家范盖普将地理学过渡空间的研究推及到人一生的过渡礼仪研究，关注人的出生、成丁、结婚、生子、生

① 钟敬文:《民俗学概论》上海文艺出版社 1998 年，156 页。

病等事件中发生的仪式及年度节庆,并将所有这些定义为“过渡仪式”。范盖普认为,人从一个年龄阶段进入另一个年龄阶段,从一种社会角色进入另一种角色或地位,经常是将人的生物性事件如降生、成年、结婚、繁殖后代或死亡与人类的文化尽力统一起来。绝大多数民族或部落都要为个人在经历这些人生关口时举行仪式。①

(一)“托茂家”诞生礼仪

求子嗣是中国农业社会的一个重要仪式。但托茂家诞生礼仪没有这一环节,很少有托茂家进行求子活动的。他们认为生儿育女是安拉意欲的事,是自然而然的。长期在草原上从事畜牧业生产的托茂家,不像受汉族或农业文化的影响较深的回族,没有浓重的重男轻女的思想。

托茂家妇女怀孕后,一般仍然参加体力劳动,和平常一样生产生活直至生产期即临。忙碌的畜牧业生产生活塑造了她们的坚韧。与托茂家邻近农区的回民妇女怀孕后,一般到快临产的几个月不从事太重的活儿,禁忌孕妇晚上外出,因为晚上外出可能会撞上“不干净”的东西,对孕妇和胎儿不利。托茂家无此禁忌。

迁徙游牧的生产习惯和牧民与牧民间居住分散的环境使然,托茂家孕妇生产时习惯于在家生孩子,而接生的任务也主要由婆婆或长辈妇女完成,在遇到无人在身旁等紧张情况时,托茂家妇女会独自完成生产。现在虽然乡镇设有卫生院,但除非出现孕妇难产的情况会找车去医院生产外,托茂家妇女感觉还是不习惯在医院生孩子。托茂家老年妇女说以前她们不“坐月子”,也不知道要“坐月子”,她们一般生下孩子后,休息一天左右,就开始在帐房内进行力所能及的劳动,如做饭、做曲拉、酸奶等。几天后就可以与往常一样劳作了。

再奶拜(女,67岁)说:“1958年从海晏哈勒景向托勒牧场迁移的路上,我(身孕)刚够时间。当时正好是晚上,天下着雪,我跟丈夫赶忙在雪地上搭了个帐篷,不一会儿在帐篷里生下了大儿子伊不拉黑麦。迁

① Arnold Van Gennep:《The rite of passage》(《通过与礼仪》),University of press,1960。

徙工作组的人因为我养了娃娃就给我一匹马，第一天早上我就骑着马抱着孩子跟着众人走了。”

另外，与农区回族不同的是，托茂家产妇生了孩子后一般不回避来人。农区回族妇女一般在“坐月子”期间会有自己的产房，禁忌陌生的外人进去，认为可能会影响产妇奶水。草原人稀，产妇无此禁忌。

婴儿降生后，接生人一般会立刻给孩子进行清洗，即从头到脚用水轻轻的稍作清洗。在孩子生下 7 天之内，要请来会念《古兰经》的老人或阿訇给孩子起经名。起经名时，阿訇一手摸着孩子的耳朵，一手持经念诵，然后向小孩的耳朵轻轻吹口气，最后经文中出现的第一个名字就是小孩的经名，因其名以“经”为本，故称“经名”。孩子命名的这一仪式与邻近的其它穆斯林民族是相同的。

托茂家妇女生子一个月后，有小孩“认外家”的习俗，即产妇抱着孩子到娘家去转上一圈。娘家当然好吃好喝的款待几天，以示慰问。孩子的母亲让众娘家人看看婴儿，娘家人即给一些衣服钱物之类，意即给孩子认了“外家”。通常，如果产妇娘家路途遥远，此习俗能免则免。如若有要好的邻居，知道产妇娘家太远不能“认外家”，那么就会到产妇家来主动邀请母子到他家“认外家”，款待一顿。

托茂家小孩满百日、周岁时很少有庆祝活动，也没有把它当成特别的日子来对待，也没有过生日的习俗。与农业民族不同，托茂家老人不注重寿礼，年纪再大的老人也不做寿。

实际上，托茂家没有所谓的成年礼和成年仪式。但是托茂人家按伊斯兰教义，在孩子会说话时，就开始教清真言，一般在孩子 7 岁到 12 岁期间要给男孩做“逊奈提”，即割礼。按伊斯兰教的要求，男孩满 12 岁、女孩满 9 岁后就自动参加封斋、礼拜等宗教活动，即他们从此被视为有责任有义务的人了。

（二）“托茂家”的葬礼

托茂家的葬礼仪式严格遵守伊斯兰教义，又由于托茂家特殊的历史地理原因，其葬礼有着明显的托茂特色。

1. 念“讨白”：弥留之际

老人病重时,托茂家亲属首先要给病危者洗“乌素礼”、“阿布代子”——即大小净。之后,请阿訇给其念“讨白”——代他(她)忏悔一生过失,祈求安拉赦免他(她)的一切罪恶。当此之时要求帐房内外绝对肃静,不得大声说话喧吵。如果病危者是男性,其帐房禁忌妇女入内,如果病危者是女性,其帐房禁忌男子入内,当然其夫(妇)及亲生子女例外。

在托茂家看来,弥留之际至关重要,是人生关键的时刻,关系到亡者“伊玛尼”——信仰的得失,一刻千金,稍纵即逝,错过会追悔莫及。所以此时病危者前要有近亲守候,反复叮嘱病危者念诵“开利麦”——清真言,意即“万物非主,唯有真主,穆罕默德是真主的使者”。以作最后的诚信。

2. 停尸:气绝之初

气绝之后,亲属要给亡者瞑其目,闭其颔,顺手足。然后找来一木板,铺上细白沙,将亡者面部朝西放在上面,用洁净的布单覆盖。此时,家人要派人将亡人“毛惕”(阿语,“死亡”之意)的事告诉能告知的所有托茂家及亡者生前好友亲戚,以便众人前来探望。

3. 牛马担架百里送亡人:速葬

伊斯兰教讲究速葬,埋送亡人以越快越好,如头天“毛惕”,第二天就送葬。有“三日必葬,葬不择时日”的原则。另外,穆斯林一般建置自己的公墓,要求在大的集体坟园中埋葬,不愿单独置坟。

在1958年托茂家迁徙之前,因为流动放牧的原因,托茂家并没有在自己的放牧草原上置建托茂坟院,而是与邻近的、联系比较紧密的从事农业生产的湟中上五庄回族共用集体坟院或置建托茂家自己的坟院。

托茂家有人“毛惕”之后,其家人会立刻找来两头牦牛或两匹马,在其中间搭好担架,将亡人置于其上,星夜赶赴几十里或百里外的坟院。送亡人的队伍一般由会念经的两三位老人在最前边走边念诵《古兰经》,之后一个人牵着送亡人的牛(马),其后跟的是所有参加送亡人的众人。

迁徙后,野牛村等处的托茂家仍有着牛马担架送亡人的惯例,当然因为距湟中上五庄太远，托茂会选择在祁连县城附近的回族坟院中埋送亡人。20 世纪 80 年代以后，草原上出现了机动车，此后开始用车来替代牛马。2000 年野牛村与附近其它穆斯林民族置建清真寺时，置建了专用的坟地，托茂家开始在自己的坟地上埋送亡人了。

4. 洗“埋体”和穿“克凡”:浴礼

当地其他的穆斯林民族，如回族，浴礼一般是在家中进行的，而托茂家因为坟地离帐房较远，所以浴礼是在坟院前进行的，牛马担架将亡人抬到坟院前时，托茂家会搭建上一个帐房，将亡人抬移入其内，开始浴礼。浴礼是穆斯林送葬前必须举行的一项仪式。洗浴亡人的人必须是同性，男性亡者由阿訇代浴，女性亡者则由年长的女性代浴。

洗“埋体”(阿语，“尸体”之意)一般由三人承担，除阿訇主持洗浴之外，还有一个人负责灌水，一人负责辅助洗浴工作。洗浴的这三人，俗称“捉水的”。“捉水的”在给亡人洗“埋体”之前，必须要洗大小净。把“埋体”移于俗称“水床”的木板上，褪去亡者的衣服，用白布遮其下身(自脐至膝)。一人持瓶浇水，阿訇戴上白手套(禁忌以手指直接接触)以自上而下先左后右的顺序洗，即先洗面，后洗臂，再洗上身，最后用毛巾拭干。之后掀起遮布洗浴下身，以毛巾拭干，如此连洗三遍。浴毕，仍用干净的白布遮盖“埋体”。洗埋体时忌使水流到亡人的口鼻耳目中。

穿“克凡”也叫“穿布”，“克凡”即殓衣，就是包裹遗体的单衾，用白色布料粗缝而成，忌用绫罗绸缎和其它颜色的布。成年男性亡人用三件，即大卧单、小卧单和“皮拉罕”(形似无领长衣)；成年女性五件，除了上述男性所用的三件外，加有盖头和围裙。亡人若是男童用一件大卧单，若是女童则用大小卧单两件。

5. 站“者那则”:殡礼

站“者那则”是葬礼仪式最庄严的一环节，站“者那则”意在众人代亡人在埋葬之前拜主。站“者那则”时，将浴礼后的“埋体”抬放在参加殡礼的众人之前，主持殡礼的“伊玛目”(阿訇)，面朝西方，立于亡人跟前，参加殡礼者列队于其后，“伊玛目”开始念祈祷词，求安拉饶恕和怜悯亡人，众人静听，念毕，众人接“堵哇”(替亡人祈祷)。

6. 落叶归根:土葬

托茂家认为人是安拉用土造的,"从土来,又回原成土"是最好的归宿。托茂家的坟坑与当地的回族是一致的,即先挖坟坑,深 2 米,长 1.5 米,宽 1 米左右。在坟坑底部西边挖一个偏洞洞口,一般长 1 米,洞高 0.6 米左右,洞内长 1.5 米左右,上圆下平。北端为亡人削一个土枕。殡礼完毕,由 6 人负责把"埋体"放入坑内,进而置于偏洞中,按头北脚南的方向放好,用土坯砌好偏洞口后,用土开始填坟坑,阿訇等开始念诵《古兰经》,送葬众人静听。其间,亡人家属要给送埋体的众人舍散"索德格"(钱物),坟坑填好,阿訇念毕,众人齐接"堵哇",葬礼结束。

7. 慎终追远:葬礼之后

托茂家有纪念亡人的习俗,从埋葬之夜算起的第 4 天要念"海提麦"搭救亡人,在第 7 天过"头七",第 14 天进行"念下土"。"念下土"较为隆重,要宰杀牛羊,宴请四邻好朋,之后要过周年和十周年,进行一系列的追悼仪式。

另外,在亡者葬后的一个月内,亡者男性亲属要每日上坟念诵《古兰经》进行祈祷。即使离自己的放牧区较远,托茂家也会在附近的村落找到住处进行追念,此后逢节庆日子,托茂家就会去坟院追念,为亡人祈祷悔罪。

五、"托茂家"的婚姻与礼仪

婚姻礼仪是人生"过渡仪式"中重要的一项,无论农业社会还是牧业社会,人们通过婚姻转换社会角色,承担责任与义务。婚姻同时具有繁衍后代的意义,使人类绵延相继,民俗文化得以传袭承接。

1."托茂家"的通婚圈及其演变

通婚圈是人们从文化、地理、经济等不同角度选择通婚的范围。从文化的角度进行选择,可以形成通婚的文化圈;从地理的角度进行选择,可以形成通婚的地理圈。除此之外,社会关系、网络、宗教信仰、生产生活方式、地理分布和现代观念等因素也影响通婚圈及其演变。

光绪二十一年(公元 1895 年)在托茂历史上是一个耳熟能详的年

代，也是托茂历史记忆的分水岭，可以说，之前托茂的历史记忆是相对模糊和呈零碎片断的，之后托茂的历史记忆的轮廓是相对清晰完整的。以光绪二十一年为起点，根据人口消长和环境变化，可以将托茂的通婚圈分为三个时期。

2. 娶进与招赘间的抉择：人口极少阶段

今天的青海托茂家是光绪二十一年举族逃往新疆时留散下来的八九户人家繁衍下来的。这八九户人家分属于托茂家下的三个小家族，即“盖斯盖”、“郭皮亥”、“麻叶亥”。① 当时留下的托娃、托茂三哥、者哥三户为“盖斯盖”，其中托茂三哥与者哥为堂兄弟，者哥是托娃（女性）的小叔子。由拉和六十九二户为“郭皮亥”，新乡老、大汗七哥、大帐（女性）三户为“麻叶亥”。托茂有同骨系，即小家族（部落）内严禁血缘通婚的传统。当时托茂人口极少，群体内部通婚肯定是不现实的，与同属一部落的蒙民或邻近的回民通婚是情理使然。应该说当时托茂与外群体的通婚是有秩序或带有理性的。他们在娶进与招赘之间作了巧妙的安排。在托茂男性择偶上，即娶进的婚姻方式上，他们大多选择了与自己在生产生活方式上有共同点的蒙古女性。他们娶进蒙古女性，一是因为草原蒙民不食猪肉，喜食牛羊肉，与托茂饮食基本相同。二是由于托茂与当地蒙民多年的邻里相处，有相扶相守的传统，尤其有交友来往的亲密关系。虽然蒙民并不信仰伊斯兰教，但为了在节日以及平日互相来往做客，好多蒙民还是愿请托茂会念经的人去宰杀牛羊，吃“清真肉”，所以双方有关饮食的禁忌和隔阂并不深。三是草原托茂与蒙民都是传统以男性为中心的社会，男性在家庭中有较多权威，故托茂家在娶进婚中喜于与蒙民女性配偶，这样最大可能地消解了与外群体通婚对族群及其文化的冲击。比如在“盖斯盖”家族中，托娃的小叔子者哥娶进的就是蒙古女性，托娃的儿子尔由布（1901～1979）、托茂三哥（1904～1960）（与其堂叔托茂三哥同名称，为了区别，托茂常以大三哥、小三哥相称）都娶了蒙古女性为妻。

---

① 开开子认为托茂是个大部落，盖斯盖、郭皮亥、麻叶亥是尕（小）部落的名字，是托茂部落下的尕（小）部落。

在托茂女性择偶上,首选还是嫁给非骨系的托茂家,如“盖斯盖”托娃的女儿海底彻(1899~1983)嫁给了属于“麻叶亥”的大汉七哥。在托茂家中没有适龄相配的男性时,他们选择了到邻近的湟中上五庄一带招赘回民青年为婿。他们没有首选招赘回民,是考虑到回民长期从事农业生产,并不是游牧的行家里手,生产生活方式上存有差异;而之所以最终采取招赘回民为婿,是考虑到回民在宗教信仰上与其一致,而且招赘在草原从事畜牧业,对托茂族群及其文化没有大的冲击。

3. 姑表婚为主的族内婚的取向:人口繁衍到一定程度时

历史上许多族群,尤其一些人口数量较少的群体,为了避免被异群体同化的遭遇,总是非常注意群体的自守问题。他们不但在文化传统上小心翼翼地注意免受异族文化的侵染与侵蚀,而且在族群繁衍、血缘的“纯正”方面,更格外注意避免其他民族的渗透。为达此目的,这些群体喜欢“在适宜的婚姻中设置外层界限”①,保持群体特征。等到光绪二十一年后的托茂家繁衍到第三代时,即以托娃的孙子辈起,托茂人口已有三四十户了,这为他们进行内部通婚创造了条件。现今的托茂老人大多是光绪二十一年后的第三代人,他们的观念中认为,姑表婚是最好的婚姻形式,他们本身就是姑表婚的践行者。托茂的这种姑表婚具有明显的“婚姻对流”现象,例如“盖斯盖”的 A 户从“郭皮亥”或“麻叶亥”B 户娶进女子时,也将本 A 户的女子嫁到 B 户家中,如果 A 户有两三个女儿,往往存在至少两个女儿嫁给 B 户兄弟的情况。所以托茂家都是亲戚,存在着盘根错节的亲属关系网。每当人们向笔者介绍某人时,通常先说他(她)的名字,然后赘上一句“是我的××亲戚”。

相对于娶进蒙民女性和招赘回民男性而言,托茂家的姑表对流式婚姻没有前者那样会遭遇或大或小的文化冲突,更能增强他们之间的联系和认同感。但是必须指出,姑表婚只是托茂人口增多后的一种主要婚姻取向,不是托茂婚姻的全部,在以姑表婚为主的情况下娶进蒙古女性和招赘回民男性的婚姻还大量存在,而且随着社会交往圈的扩大,

① F·普洛格著,吴爱民等译:《文化演进与人类行为》,辽宁人民出版社,1988 年版,424 页。

托茂家也开始娶进回民女性。

4. 向回族婚亲的一边倒:迁徙分散后

1958年,由于国防建设的需要,海晏哈勒景地区聚居的托茂家几经迁徙,最后散居在海北各地。这些散居托茂家在国家人口统计时,时而按蒙古族、时而按回族统计,2000年人口统计时绝大部分按回族统计,还有一极少部分按蒙古族统计。新中国成立后,民族实体的识别政策对托茂家这一边缘性的群体的影响也是显而易见的。在回回、回民、回族混用的语境下,他们常被主流社会视为回民,在"回民=回族"的公式下,他们的身份在尴尬中被多方位认同。虽然在迁徙分散的初期,托茂内部还在乐此不疲地苦苦看守着姑表婚,但是由于路途、代价、成本等因素,尤其是改革开放后,他们不再认为姑表婚是一种好的婚姻形式,托茂家无论是婚姻制度还是族群认同都迅速地倒向了回族化。现在托茂家都有回族亲戚,而几乎不再与蒙古有姻亲关系。回族的婚姻文化大量入主托茂家,托茂家的婚姻礼仪发生了根本变迁。

(二)"托茂家"传统的婚姻礼仪

人类社会中不同的族群,因为环境、生态、文化、经济等各种因素作用,会生成不同的婚俗特征。

1. 说媒与提亲

传统的托茂家婚姻主要是父母或长辈包办的。当然,包办的婚姻,男方家庭处于明显的主动地位。等到儿子到了谈婚论嫁的年龄,父母会开始注意与儿子相配的适龄姑娘,甚至在儿子较小时父母就早早开始为儿子物色姑娘了。

父母看中姑娘后一般先告诉儿子,如果儿子没有见过,他们会让儿子以"找丢失了的羊"为借口,到女方帐房中去见见姑娘。如果儿子看中,父母就开始邀请德高望重的老人去女方家提亲。提亲时,媒人会提20个馍馍和两箱酸奶以及一块布料到女方家,说明来意。如若女方父母同意这门亲事,会将媒人提来的酸奶打开,盛上一碗给媒人食用,那么这门亲事就算定下来了。过上一两周后,男方父母及青年会邀请媒人一起去女方家,双方互相见面认识,并商量有关婚姻的事,这算是定亲。婚礼一般在定亲的一年或两年后举行。

2. 婚礼

是日早晨,媒人、新郎、新郎的兄长、新郎的父亲以及娶亲的① 骑着马前去女方家。通常男方一行带着枣、核桃、糖等礼包,娶亲的要拿上给新娘准备的全身新衣,负责给新娘全部换上。

到了新娘家帐房,媒人领着新郎及娶亲众人给岳父母和新娘家族中的长辈一一道"色俩目"问好,然后到帐房入座。

(1)念"尼卡哈"。入坐后,一番寒暄客套,便进入婚礼最重要的一项仪式——念"尼卡哈"②。男方将准备好的一只羊送给女方。阿訇坐在帐房的上座,新郎对面而坐,新娘不在念"尼卡哈"的帐房,所以阿訇念诵证词声音一定要洪亮清楚,以使在隔邻帐房里的新娘能够听到。最后阿訇征询是否愿意结合婚配时,新郎、新娘的代答者都回答"盖比勒土"(阿语,"愿意")。这桩婚事就得到了教内认可。阿訇便将放在桌子上的红枣和核桃从帐房门口向帐房外的人群撒去,帐房外参加婚礼和看热闹的众人与小孩们你推我搡,争抢这象征爱情和幸福的红枣和核桃,场面热闹非凡。

(2)"叼帽子"习俗。念毕"尼卡哈",男方一行离开后,换好新衣的新娘头戴上红盖头,由兄长抱到给新娘准备好的马匹上(当地蒙古族要求给新娘的马必须是白马,托茂不作要求),并在新娘的后面放一个八九岁的小男孩(一般是新娘的弟弟或侄子),把新娘抱扶住,以免摔倒。送亲的伴娘骑马在前,牵着新娘的马,其他送亲的骑马在后,向新郎家进发。到离新郎家1公里左右时,新郎一方会派两个女性骑马而来,换掉从新娘家带上的红盖头,自此新娘的上上下下的穿戴都是新郎家的了,其社会角色发生了变化,她从此是新郎家的人了。等换好红盖头之后,男方家一般会派八、九个骑术高超、精悍麻利的男女青年,到送亲队伍前,道声"色俩目"转身就跑。送亲队伍中准备好的男女青年,见此立

① "娶亲的"是男方的女性伴娘,相对女方伴娘"送亲的"而言。

② 穆斯林认为,由阿訇念尼卡哈,加上四个以上作证人在场,婚礼才算是合法的。

即策马急追，直取对方头顶上的皮帽或礼帽，当然男方的人马也不谦让，反退为进，反抢对方帽子。这就是托茂家婚礼中的“叼帽子”习俗。从此可以看出，传统的托茂家服饰是蒙古式的，而且宗教信仰限制并不严格，女性的帽子也可互相“叼夺”，并不把头发当“羞体”①。而蒙古婚礼与之不同，“叼帽子”习俗中，一般不叼女性的帽子，认为“叼”了女性的帽子这一年都很霉气。托茂家无霉气之说，而且叼帽子的双方青年男女中未婚的较多，正是“不打不相识”的机会，所以你争我抢，男女互抢，人喧马叫，煞是热闹。

等到新娘到达男方帐房前时，“叼帽子”过程方告完毕。当此时，送亲的人取出备好的核桃、红枣之类，在男方帐房门前抛撒，参加婚礼的青年男女、老老少少又是一番争抢。而男方将帐房前预备好的几桶略加牛奶的清水向送亲者泼去，往往使送亲人全身水湿。这时送亲者赶快拿出一块红布送给男方，男方将红布撕成碎片扔掉。新娘的兄长将新娘从马上抱到新房。再乃哈（女，59 岁）说，过去新房的布置与蒙古族基本相同，新房内并不像现在的年轻人结婚要贴红喜字，当时如果新郎家条件好，就在父母的帐房边搭建一个新的帐房，条件不好，只置一个帐房就行。

新娘进入帐房后，接亲的男方排成不规则的队列，向送亲的队伍道“色俩目”，送亲的回应后，就被请入帐房就座。在饭菜上来的空当，参加“叼帽子”的骑手们要进行“赎帽子”。被叼去帽子的人要用争抢来的核桃、红枣换回被叼去的帽子。谁叼的帽子越多，谁就得到的核桃、红枣越多，相应他（她）的骑术等技能就会得到称赞和认可，如果总体上一方叼的帽子明显较多，那么这一方会感到非常光彩。

青年男女“赎帽子”期间，宴席的第一道饮食已上好。松子开老人（男，68 岁）说，1958 年以前，宴席上除了不上酒以外，托茂家宴席基本与蒙古相同，第一道饭就是泡馍馍茶。馍馍茶就是将馍馍揉碎，放在小碗里，然后倒上滚热的熬茶，边食边饮，能消除送亲途中的寒气，所以这一道饮食也叫“打冷”。

---

① 伊斯兰教规定，成年女性除面部和手以外全部为羞体，都应遮掩起来。

(3)摆针线。"打冷"完毕,就进入了摆针线的程序。摆针线时在两个帐房中间搭一条绳子,把双方父母给新人送陪的东西摆在绳上。新娘的母亲在摆好送陪品前要进行演说式的"说针线"。一般内容为:"男方在这次婚礼中送了多少东西,我们家赔了多少东西,双方父母为了新人幸福已经尽了力,希望新人和和睦睦。"尤其要对女儿说:"既然成了人家的人,新郎的父母就是你的父母,你们好好孝顺他们。"通常也对公公婆婆说:"我的女儿还小,不太懂事,好多活儿做得不好,你们要多多宽待"等等。

摆完针线后,众人重入宴席帐房,倒上奶茶,然后端上牛羊肉手抓、砂糖米饭、水油饼、肉肠、面肠等重要的待客食物。众人边饮边食,等到已有九分饱时,最后给每人上一小碗水饺,作宴席的压轴美餐。吃饱喝足也聊了个畅快,宴席结束。

宴席结束,女方除送亲的伴娘留下,其他人一概返回。这时一般已是夕阳西下,送亲的伴娘带着新郎进入新房,新郎将新娘的红盖头取下来,一起吃"初床饭"。邻居、朋友、亲戚们便来到帐房闹洞房,新郎新娘给闹洞房的人一些核桃、红枣、糖类。

3. 回娘家

在新婚的第二天,新郎与新娘要回到娘家住上一晚。因为结婚那天丈人没有参加婚礼,所以女婿要邀请丈人去看家和认亲家。丈人与新人来到男方家,男方家将亲家好好款待一顿。在之后的七八天内,新娘不会干包括做饭在内的任何活,直到"下炕"。即在结婚的十天左右,新娘要给公婆做上一顿好饭菜,亲自端到公婆面前,算是对公婆的孝敬,自此也开始了家庭正常生产。在新娘"下炕"的四五天后,新郎又要与新娘一起回到娘家,新娘家的直系亲戚要一家一家地认,被认的亲戚一般要送给新人一对碗(禁送有裂口的)。认完亲戚后,新郎就赶回家,而新娘在娘家住上半个月后方回到婆家。至此,整个婚姻全程结束。

(三)现今托茂家的婚姻礼仪

现今托茂家的婚姻已逐渐褪去了草原特色,与当地回族的婚姻礼仪已基本一致。

1."问宝"与"占宝"

"问宝"与"占宝"是现今托茂家婚礼前期的重要工作。男家看中一家姑娘后(现今已有部分男女已不再全由父母包办,虽然日常与异性交际的机会不多,但在仅有的生产过程或几次交往中他们也会喜欢上对方,然后告知父母),先请亲友中的一位长辈携带茯茶、四包礼和两件衣料去女家提亲,俗称"问宝"或"送说茶"。女家若同意这门亲事,即留下礼物,否则当场退还。有时女方家无法当场回话,双方就商定延期回答。男方定亲心切而久等无言时,会再次请人携带礼物上门催问,叫"送催包。"

女家同意后,男方就要准备"送茶宝"或"下占茶"。送茶宝时,女婿、男方媒人、父亲、哥哥、舅舅等长辈男性,拿着八宝茶、肉方、衣料和一些化妆品以及500~1000元钱送到女方家。女方回敬以鞋、绣花袜子等全身衣服给女婿,这叫"回盘子"。"送茶宝"后,男方一般要求女方在下一个星期五"回果子",如果女方按期回礼,表示这门亲事已定,"宝"就占下了。"回果子"时女方回送干果(核桃、红枣等)一盘,湿果(将蕨麻、杏仁、核桃仁等煮熟,拌上果脯、冰糖渣、蜂蜜)两盘,又叫"倒果子茶"。男方将果盘打开,让重要客人尝尝。然后把送来的果盘分成小包,分送给儿子的舅舅、姑父、大伯等各位亲戚分享,等于将儿子已经定了终身大事的信息告诉了他们。在订婚到结婚前一段时间里,若遇到斋月、古尔邦节,男方要按时送礼、拜访,女方家则送时新果子回礼。

在距婚礼的半个月内,还有一个主要的程序就是定彩礼,这时男女方两家的媒人开始往来忙活了。他们要在两方之间周旋,商定彩礼的数字、衣料的多少、金银首饰的克数等相关的一些事情,顺便定好结婚日子,讨论娶亲的车辆数目。他们一般忌讳接亲的车是"桑塔纳"① 牌子,喜欢"巡洋舰"和"三菱"等牌子的车。

2.婚礼

婚礼一般在冬季的冬圈举行仪式,由于这时节正逢牲畜膘肥体壮,而且刚出售一些牛羊以及羊毛,经济上较为宽裕,还有在冬窝子的固定

① "桑"与"丧"同音,故忌之。

房屋便于接待来客,以及在冬圈居住时间相对较长,有充裕的时间来筹备。

现在托茂家的婚礼一般选在主麻日① 举行,一般在"榜布达"②之后。新郎、新郎的父亲、阿舅、叔伯等亲戚在媒人的带领下,用大盘子端上核桃、红枣、肉方、大米等礼物,驱车去女方家举行婚礼仪式——念"尼卡哈",主客按规矩在大炕上就座后,跪坐在上座的主婚人阿訇向跪(或坐)在地下的新郎考问有关"伊玛尼"(信仰)、"开利麦"(信仰箴言)等常识,如果答得上即行下一项,开始念"尼卡哈";如果答不上,要受到指教,直到当场学会为止。第二项是由阿訇询问新人及其双方父母亲是否同意这桩婚事,在得到肯定回答后即宣布这一婚姻合教法,并说定"麦亥日"钱(一种宗教聘礼)。第三项,全体肃然跪坐,由阿訇用阿拉伯文念诵婚姻证词,念毕,众人作"堵哇"祈祷。阿訇撒核桃、枣儿,女方设宴席招待客人。

席散客走,女方各位长辈、兄嫂等直系亲戚组成送亲队伍,坐着娶亲的车辆驶向男方家。车辆到达男方家时,向送亲的人泼清水的习俗在部分家庭用放鞭炮代替,而新娘在人们的呼唤簇拥下头盖红巾进入洞房。现今的托茂新房里也开始帖红喜字了。新郎、新娘不再穿蒙古服,新郎也一般是西装皮鞋,新娘也是现代的衣饰裹身,而且都开始佩戴写有"新郎"、"新娘"的红胸花。在婚礼过程中也有当地的回汉群众婚礼时戏耍公婆的恶作剧。在结婚的第二天,新郎新娘一大早起床沐浴后,新郎在伴郎的陪同下去女家向岳父岳母及有关长辈说"色俩目"请安,娘家以饺子款待女婿,表示婚姻圆满成功。新娘则由娶亲的人陪伴走出洞房,一边听娶亲人的介绍,一边向公婆及所有婆家长辈一一施礼说"色俩目",说一个"色俩目",受礼的人就将"见面礼"送给新娘。

3."瞧冬月"与"送冬月"(音"洞游")

在新婚后一周左右,新娘的婆婆、嫂子、大小姑等一些女性直系亲属带着新娘去娘家回门,俗称"瞧冬月"。"瞧冬月"在最早的时候是西

① 星期五,是穆斯林聚居里的礼拜日,他们一般认为这一天是个好日子。

② 穆斯林的晨礼。

宁、海北地区回族有身孕的青年妇女在快要生孩子的两三个月前到娘家吃住一个月的习俗,后来把这一习俗挪移到婚姻习俗中来。“瞧冬月”的一行来到娘家后会受到娘家的热情欢迎。一顿宴席款待后,婆家诸女性返回,新娘要留在娘家住上几天。大概过上 10 天左右后,新娘的母亲、嫂子、姐妹等近亲女性带着新娘把新娘送回婆家,俗称“送冬月”。相应,新娘的娘家一行将会受到婆家的热情接待。一顿丰盛的宴席款待之后,双方女性就轻松地喝茶聊聊家常。下午时分,娘家人要走的时候,新娘开始了她在婆家的家务劳作,俗称“下厨房”。下厨房时婆婆要将新娘领到厨房,一般人家要给新娘用牛奶洗手,据说这样就不会打碎家里的碗碟。讲究的婆婆还专门要把衣服(或围裙)下襟给新娘擦手,这样据说媳妇以后做起活来就很麻利。然后新媳妇就和面给婆家、娘家众亲戚作一顿长面,旨在展示茶饭手艺。如果面做得好,那么婆家高兴,娘家也脸上有光,大家高高兴兴地吃毕散席。

六、托茂家的宗教信仰

宗教信仰作为托茂家生活和精神民俗中的一个重要的文化现象,它与托茂家的人文历史和人文性格紧密相关,值得调查与研究。

(一)宗教信仰与人文历史

1. 河湟事变

清光绪二十一年(公元 1895 年),青海循化地区伊斯兰教花寺门宦新、老教派之间发生教派争执,清廷派官员调查,捕杀老派头目十余人,并“枭首城头”。清廷处理失当再加分化和屠杀,激怒了教民。老派教民联合新教派及循化、河州一带的其它门宦教民,爆发了声震西北的河湟回族起义,史称“河湟事变”。清兵压境并勒令青海蒙古军队参加镇压起义。① 回民军起义节节失利,海晏一带的托茂家枕戈待旦。“在这时候,托茂与蒙族之间也起了矛盾,时时不断的谣言乱传一阵。在此恶劣的情况下,托茂不敢留恋在本部中,因为不像过去那样团结友好,而产生了隔阂,怕外面不远的农村汉民想抢夺托茂的牲畜财产。尤其是内中起了矛盾,一旦内外遭到攻击的话,那就要遭受当年老人们反抗清朝失败后受过的屠杀灾难了。在这紧要关头,好汉巴特力出头号召动员‘托茂’人离开这个部落,全体伊教群众听从巴特力的号召,将每家的笨重物件一火烧尽后,星夜搬家到三角城(现海晏)暂住下来,准备就要迁往别处安身。可当地的蒙族盟长听到这个消息后,马上带领临近的王爷以及上层人士前来劝阻他们。”②蒙古王爷提出“放下武器,不要跟着叛乱,不要当回回,信仰喇嘛教”即可得到王爷的保护。托茂家没有接受这些条件,拒绝了王爷的劝说,聚族投入阵地前沿多巴(今湟中上五庄)。时年陕甘总督陶模在奏疏中提及:“臣查湟回自月初水峡出窜,共七八万人,皆刘四伏兄弟领亡,刘三专注念经,刘四伏最强悍,主战争,马吉等助之。在青海会合驼毛茶根二千余人……悉听刘四伏调遣,由青海柴达木窜王子营,为蒙古兵所阻,三月大雪封山,无处掠食,冻死饿死,以数万计”。③ 笔者认为“茶根”系前文提及的“巴特力”,作为托茂家的领袖,他英勇过人,力大无比。托茂家后人用蒙语“巴特力”代称英雄的名字是情理之中的事。柴达木王子营即现今托茂家经常提及的“柴旦王爷”处。“柴旦王爷”是扎萨克固山贝子,俗称可鲁沟贝子,是顾

---

① 德高光绪皇帝实录(卷387,17~18页):又谕:电寄奎顺等。据奏贼窜青海台吉洛地方,并称湘军惶恐,马队无多,不敷调遣所用等语。逸匪西奔,正恐蔓延关外,魏光焘所部较多,何得任汤秀齐逗留不进?奎顺于青海蒙番是其专辖,着妥为调遣;(卷392,2页):谕军机大臣等:电寄董福祥等。青海已无贼踪,各军久住无益,所有官兵及蒙番各兵著酌量撤回。打仗吃力之蒙古王、公、贝勒等,准其请奖。

② 才仁加,原海晏县“托茂”伊教群众的历史重新更正参考资料(油印本),1988年,9页

③ 陶模:《陶勤肃公奏议·光绪二十二年奏折》,转引自高文远著:《清末西北回民之反清运动》,宁夏人民出版社,1998年版,336页。

实汗第八子桑戈尔扎之次子索诺木达什受封的称号[1] 据胡晒老人(已故)说,当时托茂经水峡、海晏、刚察、天峻等地,日以继夜到了柴旦王爷管辖的地区。人饥马渴,老人由拉(胡晒的祖父)打发自己的两个儿子——一叫六二,一叫亥必,前去蒙民居处偷粮食,被当地的蒙古人发现给捉了,经过拷问两兄弟供出实情,说:我们是原托茂公王爷下的托茂家,后面的人明天又路过这个地方。第二天大队人马赶到,蒙古人从远处高叫着由拉说:你若归顺就好,不然你的两个儿子非杀不可。由拉大爷一听捉了儿子,又惊又痛,为了救儿子他归顺了,同时几户老弱病寡实在无力逃亡者也归顺了过去。

2. 赎回教门

途经柴达木,几经战亡和天灾,逃往新疆托茂家与回民、撒拉沿途折损严重,到罗布卓尔(即罗布泊)后义军与清军谈判投降。刘四伏[2]与茶根把所有罪名都揽在自己的身上,后被解往迪化(现乌鲁木齐)受刑而死。当时托茂家只剩下 40 多户,先被安置在伊犁,后迁居焉耆。托茂因为讲蒙语过放牧生活,当地和硕特蒙古贝子得到信息,出面与官府交涉,被安置在博斯腾湖西部的宝拉苏木,为蒙古王公放牧牲畜,这部人便是今天新疆巴音郭楞蒙古自治州博湖县查干罗尔乡及焉耆县永宁乡托茂家的来源。[3]。

投诚可鲁沟贝子的八、九户托茂家,在柴达木一带为柴旦王爷放牧了四五年后,被托茂公王爷的继任拉布正获得信息。经过交涉,被要回托茂公部落。战乱、流徙、屠杀、死亡、为奴接连的不幸遭遇后,留下的这几户托茂又回到了托茂公部落。这段历史是托茂家一直不愿提及的事,有关的历史记忆正在淡出,托茂家年轻人已完全不知此事,而年岁很高的老人也很难启齿。时过境迁,忠于自己传统信仰的托茂人,又恢复了自己的原来的信仰。当然恢复过程是辛酸的,代价是惨重的。传

---

① 青海省志编纂委员会:《青海历史纪要·青海蒙古族二十九旗表》,1980 年版,265 页。

② 刘四伏,实为刘师傅,师傅是门宦中人对教中有威望的掌教的称呼。

③ 王野苹:《也说托茂人》,载《西域研究》,1995 年第 2 期。

说,他们曾向王爷提出赎回自己原来的信仰,贪婪成性的王爷听见"赎回"二字,不禁利欲熏心,把这看成自己肆意诈取财物的大好时机,欣然同意。托茂人当即筹凑了大量的钱和毛蓝布等物,赎回了自己的伊斯兰教信仰。这就是托茂人所谓的"买回了教门"的传说。①

(二)"托茂家"及其教派的历史演变

Ja mā'at,阿拉伯语,即"者麻提",是寺坊的意思,即一种宗教社区,是中国穆斯林对自己以清真寺为中心的聚集区的称谓。

1.1895~1950 年托茂家的 Ja mā'at 及其教派

光绪二十一年前,托茂家主要跟随虎夫耶花寺门宦,"虎夫耶"系阿拉伯语意为"低念"或称为"低念派"。"花寺门宦"即以其门宦清真寺拱北注重雕刻绘画和色彩装饰得名。② 河湟事变的源起即以花寺门宦内部发生教派斗争,官府处理不当最后导致事情的扩大化。脱离蒙古部落后,托茂挥戈响应起义,除受当时严峻政治形势遭牵连而起义的必然因素之外,还有一个重要的催化因素,就是他们本身身为花寺门宦教众,他们的门宦领袖被杀了。

由于当时"哲赫忍耶门宦"在青海一带传播并产生影响,所以托茂家中可能有一小部托茂跟随了"哲赫忍耶"。据韩占龙讲,在民国时多数托茂信仰虎夫耶花寺门宦时,他父亲托茂三哥就是"哲赫忍耶"。河湟回民起义时,托茂家脱离蒙古部落,与之并肩作战的马骥、刘四伏(师傅)领导的回民义军本身就是以"哲赫忍耶"教民为主的队伍。李耕砚、徐立奎在《青海地区的托茂人及其与伊斯兰教的关系》一文中提及,对托茂家宗教生活有着长期支配影响的"三师傅",就是马骥。他其实不是虎夫耶"老人家",而是哲赫忍耶在青海地区的一位"热依斯"。③ 托

---

① 李耕砚、徐立奎:《青海地区的托茂人及其与伊斯兰教的关系》,载《世界宗教研究》,1983(1)。

② 马通:《中国伊斯兰教派与门宦制度史略》,宁夏人民出版社,2000 年版,160 页。

③ 《新疆宗教研究资料第十一辑·马鸿武谈话》,1985 年版,37 页。

茂家与马骥、刘四伏率领的回族起义军由湟中一带转战到柴达木一带有一年多长的时间，他们作为有威望的宗教领袖其对托茂家留下影响是可能的。“哲赫忍耶”一词，系阿拉伯语，意为“公开”，故又称为“高念派”或“高赞派”。①

光绪二十年前，人数众多的托茂有没有自己的清真寺和 Ja $\overline{\text{ma}}$‘at，经过柴旦王爷处的几年滞留直到“赎回教门”已有十年的历史，有关的历史记忆已被淡忘而没有传承下来，所以也就无法考证。自从“赎回教门”以后，托茂家与临近湟中上五庄的回民组成一个 Ja $\overline{\text{ma}}$‘at，共享一个清真寺。据老人讲，在 1943 年海晏发生瘟疫和托茂头人托茂阿嘎去世之前，头人常在自己帐房附近，另置一个蒙古包，从湟中大通一带请来阿訇，常常给托茂家的孩子教经文，但是这不是一个 Ja $\overline{\text{ma}}$‘at，他们大的宗教活动还是去上五庄清真寺。

2.1950～1958 年托茂家的清真寺及其 Ja $\overline{\text{ma}}$‘at

尤素福·韩生阴，男，77 岁，小时候念过经。因为他主持了在不同的地方修建了 3 个清真寺，在每个清真寺都当过学董，主持宗教事务，所以被野牛村托茂誉为“老革命”。据他讲，他 23 岁的时候(1950 年)，在海晏哈勒景地区，托茂家搭了个圆圆的帐房(即蒙古包，笔者注)，他们从西宁请了个阿訇，名字叫马占福。马占福是第一个留在托茂家的阿訇，因为在这前，托茂从湟中、大通请的好多阿訇，都是教几天就走了。当时的阿訇及帐篷清真寺按照冬夏不同的季节，遵循牧业生产的规律，随群众迁徙，阿訇饮食由托茂众人轮流供应。

可以说 1950 年蒙古包清真寺是光绪二十一年河湟事变后，在部落草原托茂家出现的第一个清真寺，一个流动的清真寺。托茂家有了自己 Ja $\overline{\text{ma}}$‘at 了。不再跑到百里以外跟回民共用 Ja $\overline{\text{ma}}$‘at 了。尤素福·韩生阴就是这个蒙古包清真寺的学董。

1954 年，托茂家于海晏地区本部落所在的草原上，破天荒地盖了一座自己的清真寺，规模是三间土木结构的平房。当时为了庆祝托茂

① 马通:《中国伊斯兰教派与门宦制度史略》，宁夏人民出版社，2000 年版，271 页。

家第一座清真寺的落成,他们还邀请了湟中上五庄、大通、西宁等地的宗教人士前来祝贺。1957 年,在三间平房的基础上又扩建了两间平房。1958 年,因国防建设,托茂家搬迁到祁连,清真寺废弃。

这一时期托茂所信奉的教派主要为虎夫耶,也有少数是哲赫忍耶,但是他们一直属于一个同 Ja mā'at,在同一个清真寺中过宗教活动,彼此的教派观念并不强烈。据松子开讲,在 1951 年 4 月份,当时他 13 岁,他跟他的阿大等 8 个人曾到西宁南山拱北上坟过"尔曼力",[①] 西宁南山拱北是虎夫耶花寺门宦,当时他们给拱北舍散了一头牦牛和好几只羊。1958 年以前托茂每年都会给南山拱北出"乜贴",散一些牛羊。民国时期马麒、马步芳曾利用政治军事力量在青海推行"伊赫瓦尼"教派,伊赫瓦尼在青海地区几乎是燎原一片,为什么托茂家保持了虎夫耶花寺门宦?李耕砚、徐立奎二人认为,民国以后,马麒父子统治青海地区时,对托茂人是歧视和蔑视的。因而,他们在利用政治势力推行新兴教派——伊赫瓦尼时,对托茂的教派信仰表现了不屑一顾的态度,这样使得他们原来的虎夫耶教派的信仰,能够得以保持下来。[②] 1958 年迁徙以后,"宗教改革活动"、"破四旧"、"点上运动"、"面上运动"以及"文化大革命"等运动的实施和进行,托茂家的宗教活动一度中断,直到 1978 年十一届三中全会以后。

3.1978 年以后托茂的 Ja mā'at 及其教派演变

1978～1984 年期间,野牛村托茂家老人因为没有清真寺,一般都在家里做礼拜。1984 年,托茂家老人尤素福·韩生阴在自己的冬圈草场建立了一座小清真寺,规模为三间土房。当时 Ja mā'at 有十八九户,不到一百人,全为托茂家。尤素福·韩生阴出任该寺的学董。两年后增建两间水房,1987 年盖了一个大殿和三间满拉睡房,他们从外地请了一个回民阿訇,叫马秀英。1993 年,尤素福·韩生阴与松子开等老人考虑到为了方便孩子在乡镇上上学,便和当地的回民、撒拉族人商量,提

① 宗教善功的活动。

② 李耕砚、徐立奎:《青海地区的托茂人及其与伊斯兰教的关系》,载《世界宗教研究》,1983 年第 1 期。

议在乡上共同建立一个大的清真寺,拆掉了旧寺。“老革命”尤素福等托茂家到其它各地托茂社区“化钱粮”,托勒牧场、多隆乡、海晏等地的托茂家都给新寺出了钱。1998 年 9 月 18 日野牛村回、撒拉、托茂合建的野牛沟乡清真寺正式竣工。开学教长马阿訇是循化回民,寺管会由 5 人组成,一个主任,一个会计,一个出纳,两个寺管会委员。其中托茂家韩海麦为出纳,易斯合格为会计。除野牛村托茂家与当地的回族、撒拉合建清真寺之外,托勒牧场、多隆乡、海晏等的托茂家都与当地回族穆斯林共同组成一个 Ja mā‘at,不存在托茂家单独筹建和享用的清真寺。

与清真寺的废置、拆建相对应,野牛村托茂家的教派也发生了变迁,在 1983 年李耕砚、徐立奎调查文章出来以前,托茂家还是保持着以前虎夫耶门宦为主的教派信仰,而今野牛村除了极少一部分托茂信仰虎夫耶门宦以外,大多数都已经跟随“伊赫瓦尼”① 教派。这主要跟托茂分散后,与当地主要信奉伊赫瓦尼的回族通婚有关。由于托茂家宗教知识经近 20 年的中断,回民相比较而言有关宗教知识相对较多,而且组建清真寺后请的是伊赫瓦尼派的阿訇,受其影响在情理之中。野牛村托茂家虽然一直笃信伊斯兰教,也曾选送自己的孩子入寺当满拉,但从未有过自己的阿訇、教长之类的宗教职业者。

七、谁是托茂:托茂家的族群认同

族群(Ethnic group)一词,在 20 世纪 80 年代初由国内民族学界引入并使用,起初译为“民族群体”,后来逐步采纳台湾学界已普遍使用的译法“族群”。马克斯·韦伯认为,某种群体由于体质类型、文化的相似,或者由于迁移中的共同记忆,而对他们共同的世系抱有一种主观的信念,这种信念对于非亲属社区关系的延续相当重要,这个群体就被称之

① 伊赫瓦尼,阿拉伯语,“兄弟”之意;伊赫瓦尼派又叫“遵经”派。

为族群。[1] 在当今中国学术界,"族群"是一个争议较大的概念。笔者将其大胆而谨慎地运用在托茂家这样一个边缘性群体研究中,基于如此考虑:其一,族群相对于"民族"等其它群体概念,淡化了政治色彩,具有文化性。其二,"族群"一词形容群体时,宽泛而灵活。族群可能是一个民族,也可能不是一个民族,而民族不仅可以称为族群,而还可以包括若干不同的族群。[2]

(一)蒙回边缘的族群认同

族群认同包括自我认同和他人归类识别,即自识和他识。托茂家有一种他称叫"托茂鞑子"(驼毛鞑子),在解放前,与托茂家保持宗教联系的回民一般这样称谓这一与他们同样信仰伊斯兰教(回教)的特殊群体。"托茂鞑子"一词本身的思维逻辑就是:虽然托茂与我们从事农业的回民都是信仰伊斯兰的穆斯林,但还是有区别的,与狭义的回民(从事农业的回民)群体是不同的群体。"鞑子"一词,显而易见,是过去对蒙古人带有文化歧视性的俗称。把托茂归属于"鞑子"种类群体,就把"回回"这个大的族群内的回民与托茂两个亚族群区分开来,即以汉文化与蒙古文化或农业文化与牧业文化作为边界将他们区分开来。

托茂家的另一种他称叫"托茂回回",在过去与托茂家一起放牧从事牧业生产的蒙古一般这样称谓这一与他们同说蒙语同穿蒙服的特殊群体。"托茂回回"一词的思维逻辑是:虽然托茂与我们蒙古穿同样的衣服,说同样的话,喝着牦牛奶,吃着牛羊肉,同是王爷的属民,在草场上逐水草而居,但还是有区别的,是两个不同的群体。"回回"一词是民间对穆斯林的俗称。把托茂归属于"回回"这样一个大的群体,就把草原蒙古中的蒙古与托茂两个亚群体区分开来,即以信仰伊斯兰教与藏传佛教为文化边界将他们区分开来。

与他识相对应,"托茂"、"托茂家"是自称。即这一群体,一般说他

---

① 蒋立松:《略论"族群"概念的西方文化背景》,载《黑龙江民族丛刊》,2002年第1期。

② 徐杰舜:《论族群与民族》,载《民族研究》,2002年第1期。

们是回民，他们不同意，说他们是“鞑子”，他们也不同意，他们说自己既不是回民，也不是“鞑子”，是“托茂”。①“托茂”一词到底何意，托茂家们自己也说不清楚，但他们将“托茂”作为一个心理归属，是群体区分的边界符号。当一个群体的成员都设想他们不同于其它群体的文化体系和心理归属时，族群就得以存在。这个族群过程可以描述为：当一个群体被认为是A，相对于另一个类型B，他们情愿被当作A，并把他们的行为解释为A而非B，换句话说，他们宣布忠于A所共享的文化。②

按一般常识来看，作为一个处在几个大的群体之间人口较少的边缘性群体，如果太过于强调自己的族群特质，往往会使自己处于孤立的窘境，不利于与族群外的人沟通和互动，使群体处于不利的生存状况。事实上，族群认同是非常灵活和有弹性的。“在生态性的资源竞争中，一个人群强调特定的文化特征，来限定‘我群’的边界以排除他人。这种族群边界不是硬性的，而是可变的，即具有场景的拆合性与伸缩性，也就是说族群认同具有多重性和随形势变化的特质，族群边界是可选择的，是视境遇而决定的。原则上是，当我们与他人交往时，我们会宣称最小的族群认同，来增进彼此最大的凝聚。”③ 在日常的生活中，托茂家与托茂公部落的蒙古，在托茂公部落内是两个亚族群群体，托茂家把信仰藏传佛教的部落属民称为“蒙古”，而这部分蒙古也习惯于把群体内信仰伊斯兰教的牧民称为“托茂”。但当他们与另外一个旗或部落的蒙古互动接触时，习惯于用一个大的族群称谓——托茂公家，不论蒙古还是托茂都自称属于托茂公家，用以区别草原其它蒙古部落和群体之外的人。1958年迁徙后，托茂公部落聚居放牧的格局被打破了，分散在海北的几个县。但他们彼此还很认同，蒙古与托茂之间常有一家人的亲切感，对外称他们都是托茂公家。托茂公家是托茂认同的一个群体范畴。笔者必须指出的是，托茂公家本是托茂公部落蒙古与托茂两个亚族群的大的族群认同，它不仅仅限于托茂家。托茂公家与托茂

① 李耕砚、徐立奎：《青海地区的托茂人及其与伊斯兰教的关系》。

② 马戎：《使论族群意识》，载《西北民族研究》，2003年第3期。

③ 王明珂：《华夏边缘》，荣晨文化实业股份有限公司（台湾），1997年版。

家不是一个概念,如果不深入田野做仔细区分,很容易从托茂公家的族群出发,产生这样的错误观点:托茂里除有信仰伊斯兰的人外还有信仰藏传佛教的人。

托茂家常把跟自己有联系的从事农业生产的回民称为"中原人"。"中原人"是解放前的海北当地的蒙古、藏族、裕固等民族对从事农业生产的汉、回群众的称谓。而在托茂家中,由于与回民长期紧密的生活联系,"中原人"一词成了农区尤其是与托茂邻近农区回民的特指。"中原人"一词,笔者认为最大可能的是一种自称,一种汉、回群众的文化优越感的隐喻,是一种代表"华族"先进文化的自恋,而相对的"非中原人"则是草原"夷族"的标签。虽然历史上有部分汉、回族人的确是从中原迁移过去的,但这只是极少一部分,大部分应是汉化或农业化的本地人。不过这种"华夷"之别、农业与牧业生产方式的不同,并没有阻碍托茂与"中原人"的族群认同。他们通过相同的宗教信仰,共建一个 Ja $\overline{\text{ma}}$ʻat,进行一致的宗教活动,都是"回回"。

无论托茂与蒙古"托茂公家"的族群认同,还是托茂与中原人的"回回"族群认同,都基于这样的族群认同公式:当 A 群体与 B 群体相遇时,他们以 A 和 B 相互区分,同时也会发现彼此之间存在着共性;当他们遇到这个共性方面与 A 和 B 都不同的 D 群体时,A 群体便和 B 群体组成 C 群体,以便和这个差异较大的 D 群体相区别。①

(二)回回的历史表述与民族识别后的认同尴尬

按照马克思主义民族理论,二十世纪五十年代我国开始了民族识别工作,许多族群有了民族实体的地位。在海北藏族自治州海晏县的哈勒景地区,包括托茂家在内的蒙古牧民于 1953 年成立了北山蒙古族自治乡,托茂家按蒙古族统计。1958 年初,青海蒙藏地区的极小部分蒙藏牧民参加了"叛乱活动",北山地区蒙古与托茂家受此事件影响,使得一些年长男性被捕。1958 年 10 月,由于国防建设需要,哈勒景地区

---

① 费里德里克·巴斯著,高崇译:《族群与边界》,载《广西民族学院学报》,1999 年第 1 期。

蒙、藏、托茂等群众迁往祁连。紧接着是“点上运动”和“面上运动”以及十年文化大革命。起初托茂家对“民族识别”政策不了解,不断的迁徙和接二连三的社会运动又使得他们无暇顾及这一点。等到国内局势逐渐稳定和国家社会政治经济逐渐走上正轨,20 世纪 80 年代托茂家有了明确的族属意识时,国家的民族识别工作基本已告完毕。在 20 世纪 50 年代到 20 世纪 80 年代期间,托茂家时而被视为蒙古族,时而被当作回族,他们被动地在蒙—回之间流转。即使有时托茂人口按蒙古统计(如 1958 年),也存在许多工作人员“灵活”对待托茂民族属性的现象。就托茂的姓名而言,工作人员就认为托茂应该有姓,因为托茂是回回,回族人是有姓的。而托茂强调自己是“托茂”,一直以来就没有姓。当工作人员加重语气反问,托茂是不是回回?托茂就无从辩解。

这里牵扯到一个“回回”概念界定和历史表述的问题。李松茂教授认为:1.“回回”一词最早出现是回纥的转音,和伊斯兰教无关;2.“回回”一词在南宋时多次出现,有的和伊斯兰教有关,有的无关;3. 元朝时,“回回”一词成为伊斯兰教的通称,在多数情况下与“穆斯林”同义;4.“回回”一词和“教”联系在一起,称“回回教门”、“回回教”,是到元末明初。5. 清代,泛称我国信仰伊斯兰教的民族为“回”,以宗教为民族标志。6.1965 年,国务院发出通知,确定不要称“伊斯兰”为“回教”,一律称“伊斯兰教”,“回族”和“伊斯兰教”的关系被重新确定。① “回回”是传统意义诸多信仰伊斯兰教的族群的总称,回族是建国后那些受汉文化影响较深、以汉语为共同语的群体,予以民族实体地位认可的“回回”之一部分。相应,其它一些群体也获得了同等的民族实体,如保安回——保安族,东乡回——东乡族,撒拉回——撒拉族,缠头回——维吾尔族、哈萨克族等。显而易见,传统上说的“回回”是一个族群集合体,它包括当时国内所有信仰伊斯兰教的群体,不等于我们今天的回族。因为至今在保安、东乡等民族民间,民众仍习惯以“回回”、“回民”自称。访谈托茂家老人们可以得知,1949 年甚至 1958 年以前的托茂

① 李松茂:《“回回”一词和伊斯兰教》,载于李松茂《回族伊斯兰教研究》,宁夏人民出版社,1993 年版,45 页。

家并不清楚“民族”是什么,为什么把人们区分为不同的民族。民族的概念是随着解放军和工作组的到来才出现的。所以在工作组的“回回＝回族”的逻辑符号和理直气壮的强势话语下,被动的托茂家无从辩解和表述其中的区别。当时的情境就是非此即彼,要么因为生产生活的游牧性选择蒙古民族属性,要么因为“回回”的信仰身份倒向回族,无其它选择。

(三)“托茂家”族群的再认同努力与边缘的终结

1984 年,开开子老人收到新疆托茂家的一封来信,信中除谈到有关一些托茂家的历史说法和新疆托茂的现状外,提到一点重要信息就是新疆托茂家正在申请成立单独民族的努力,并提议与青海托茂家“互通情报以便于积极主动地促使我们的民族重生”。①1985 年,青海托茂家向中央统战部等有关部门递去了“为恢复被遗忘的民族的申请”,要求成为单独的民族。此时我国 56 个民族的界定已基本固定成型,所以托茂家申请单独民族并未引起有关方面的注意。面对日益明显的托茂回族化,托茂家的一些精英有感于族群特质的逐渐消失,想到了通过将自己的民族属性改为蒙古族,以便与回族区分开来。1988 年,部分托茂家向多隆乡党委、乡人民政府递上了“关于更改民族的申请”,在申请中他们极力强调与蒙古的渊源,从语言、血统、民俗以及历史等方面讲述了托茂家的蒙古文化特质,恳请改回族属性为蒙古族。为了与回族区别而选择蒙古族认同,是托茂家精英申请单独民族不成的情况下,退而求其次的一种无奈选择。这次更改民族属性的发起人之一韩占龙说:“再没啥办法,我们当了蒙古族,是信仰伊斯兰的蒙古族,是有那么一点特色的,当了回族,大家都信伊斯兰,我们就啥都不是”。很明显,他们选择蒙古作民族属性,并不是以“蒙古”置换“托茂”的族群认同,而是以蒙古族作为自己的一种族群边界,使他们在与回族同质性极高的情况下保持某种程度的特质,其隐喻为“虽然我们是回回,但是蒙古回回”。

---

① 田野调查中收集到的“新疆托茂家的来信”

其实,并不是所有的托茂家都响应更改民族的提议。韩占龙说:“当时我给托茂家做思想工作时,我的一位老姑姑表示强烈反对,虽然我一再强调民族与宗教是两回事,蒙古族也可以信仰伊斯兰。但我姑姑仍然不理解并反问,回民当得好好的为啥硬要去当蒙古族,认为我不想信教了,在胡闹哩。”

现在的事实是,托茂家年轻人已习惯以回族人自居,交友会客、择偶取向都以回族为边界。而这些现象被具有托茂情节的老人和精英称为回化或被回族同化了。在海北藏族自治州,回族并不是主体民族,即使在野牛村,托茂家也要比非托茂的回族人口多一点。回化只能作为一种表象,回化的背后实质是现代化。中国回族的形成过程实际上是西亚、中亚西亚等各地穆斯林进入中国后逐渐“华化”或汉化的过程。回族文化就是以伊斯兰文化为内核,大量采借和吸收传统儒家文化而成的一种复合性文化,甚至现代还有人认为回族就是信仰伊斯兰教的汉人而已。[①] 回族除保持宗教特质外,与中华的主体民族——汉人保持统一的历史进程。汉人蓄发,回族人也就蓄发,汉族人脱下长袍短褂穿上西服,回族人也基本如此。当然,在过去一些汉文化辐射较弱的地区,尤其是自成体系的游牧文化区域,穆斯林保留了较多的原有习俗,如撒拉回、东乡回、蒙古回等。

1949年,新中国政权的建立可视为现代民族国家的真正确立,现代民族国家就是把“人”从地方性传统的规约中解放出来,直接面对国家支配下的大传统、全民性的规范、工业管理、意识形态的影响和制约。“中国的现代民族国家的确立完全不同于安东尼所说的以西方为蓝本的现代民族国家,即以工业化为连轴的配置性资源与权威性资源的增长而导致国家转型即现代民族国家的确立。中国现代民族国家的确立都是在‘工业化’缺席的条件下完全依赖权威性资源的扩张而建立起来

① 民国时宁夏省主席马鸿逵就是一例。范长江的《中国的西北角》一书1980年版188页记载:马鸿逵及其大多数干部,皆为回教徒,但是他们认为中国的回教徒,是一种宗教,不是一个民族,认为和汉人皆是“黄帝子孙”,而信奉的宗教不同而已。

的，这种国家转型的成本代价就是社会资源总量的不足，在这种情况下国家要推动现代化就必须实现社会整合、调控方式的再造。因此，高度计划经济体制、户籍制、单位制就成为社会整合与调控机制的必然选择。”①

国家基层建设在中国历史上第一次在村级单位实行直接管理。传统的游牧部落制、盟旗制纷纷被县、乡（公社）、村委会（生产大队）等制度取代。无论前期的社会主义改造，还是20世纪80年代后的经济建设为中心，都是与国家现代化大背景保持一致的。经济上的标准化和一致化以及通过行政动员对一致化的强调，不可避免地导致其它方面的一致化现象。现代化的强势状态就是通过均质的国民文化而把地方文化、民俗文化不断边缘化。适应现代化的过程必有众多不适。由于回族基本上保持着与国家主流发展的一致性，在适应问题上有着较强的自我调适方式，这无疑为托茂家提供了一个适应路径。托茂家在此过程中不可避免地越来越回族化，边缘之边缘状态渐渐终结也就显得自然而然了。

（杨德亮：西北民族大学民族学专业硕士研究生毕业；西北第二民族学院学报编辑、硕士）

① 刘建军：《单位中国》，天津人民出版社，2000年版，59页。

“家西番”：一个独特的文化现象

卢兰花

一、导言

（一）“家西番”概念阐释

“家西番”是对居住在青海省东部农业区的湟源、湟中、大通等地区（主要在湟源地区）的农牧兼营、讲汉语、使用汉文的藏族群众的称呼。“西番”一词是宋以来对甘青一带各少数民族的泛称，自明朝以后专指藏族。“家”因藏语中“Jia”指汉族，所以有人认为“家西番”即“假西番”，是汉族或别的民族。而对于主要居住于湟源县南乡（现日月藏族乡与和平乡）一带的“家西番”，成书于清道光年间的《丹噶尔厅志》记载：“惟南乡一带克素尔、兔尔干（现属日月藏族乡）各庄，有西番住屋耕田者，名曰东科寺佃户，与汉族杂居，间有读书者，土人称为‘家西番’，即熟番也。”①“境内南乡一带东科尔佃户，原系西番种类，其婚多属招赘女家，男家反受聘礼……”②《湟源县风土调查录》（民国十五年）记载：“南乡东科尔佃户多系番族，服装近似西番男子……”《湟源县志》在民族来源中记载：“藏族：宋元时称‘吐蕃’，驻牧湟源，明末，渐次开垦，牧而兼耕，清代多数为东科寺佃户，称‘家西番’”。可见这部分藏族的民族成份是确定无疑的。周边牧区的藏族和他们自己也绝对认同于藏

---

① 《丹噶尔厅志·卷六》，铅印本，29页。

② 《丹噶尔厅志·卷五》，铅印本，26页。

族,因而,说他们是“假西番”,这是不准确的,也是他们自己无法接受的。在肯定了“家西番”这个名称的前提下,对于“家”的具体含义,有学者认为它“形象地反映了这些藏族部落的村落家院的居住形式,以及农业生产特征,显示着与牧区藏族人民野外游牧生产生活方式的一种概括性区别。”① 即“家”表达了家园村落的居住形式。笔者认为“家”除了这层含义外,还含有另外一层更重要的意思。在清代,固实汗将湟源、共和、海晏县的大片土地划归东科寺以后,原来在这片土地上游牧的西番成为东科寺的佃户。当时他们并没有立即转牧为耕,而是继续游牧。《青海省湟源县风土概况调查大纲》(民国二十一年)记载:“汉回两族,住县境属地,其蒙番两族多系游牧口外,时来时往,常年居住内地者极形寥寥”,可见在当时以及以后的很长一段时间内,“家西番”定居的特征并不明显。而正如当地人现在以“藏民家的”、“汉民家的”区别身份一样,这部分西番成为佃户以后以“东科尔家的”来跟别处的西番相区别,久而久之,“东科尔家的”西番演化为“家西番”。因此“家”表明了他们是“东科尔家的百姓”,表明了他们与东科尔寺的从属关系。同样,湟中县和大通县的“家西番”也居住在寺院周围,与寺院曾经有过隶属关系。被称为“家西番”的这部分藏族群众居住区域处于农业区与牧业区、汉族聚居区与纯藏区的交界地带,由于当地的自然地理环境,以及长期与汉、蒙民族的社会交往和文化交流,他们的生产生活方式逐渐发生了变化,由游牧变为农牧兼营。文化也随之发生变化,在原来藏民族传统文化的基础上,又选择吸收了汉、蒙等民族文化,使原有文化发生了变异。这种变异有些是在原来文化基础上直接吸收其它民族的文化,如在称谓上,“家西番”对奶奶、爷爷、爸爸、妈妈、叔叔、婶婶、哥哥、姐姐的称谓均用藏语,分别为:阿一(yi)或阿丫(ya)、阿媒、阿爸、阿妈、阿克、阿奶、阿我、阿姐,但对舅舅、舅妈、姑姑、姑父、伯伯、伯母的称谓用汉语,与当地汉族称谓一致。这是因为藏语中阿克代表所有跟父亲平辈的人的称呼,阿奶代表了所有母亲辈的女性,而“家西番”为了详细

① 马彪:《浅述“家西番”的社会文化特征》,载《教学参考》,1995年5、6合刊。

区别,直接引进了汉族的称谓。此外,“家西番”妇女有佩戴辫套的习俗。辫套是一种装头发的套子,两个为一副,宽约四寸,长约五尺,佩戴时垂于脑后,穿过腰带,将下端拉至小腿部,多余的部分搭在腰带上。“家西番”佩戴的这种辫套在其它藏区很少见,却与当地蒙古族的辫套极为相似,这是在原有文化基础上直接吸收了外来文化的一个方面。另外,还有一个方面是吸收外文化以后,与本民族文化揉合,使本民族文化发生变异。如“家西番”妇女服饰中的“半长”,是一种长至臀部的单衣,但样式为高立领、囫囵袖、右衽,极其肥大,它既保持了藏袍的样式,又吸收汉装短小、轻便的特点,成为独具一格的“家西番”服饰。如此种种的选择变异不仅存在于服饰中,而且还存在于其物质文化和精神文化的很多方面,形成了独特的“家西番”文化。

(二)“家西番”的研究状况和研究意义

“家西番”人口在青海藏族人口中只占很少的一部分,这部分藏族在政治、经济、文化方面对整个青海藏族社会的影响并不大,所以,在以往对青海藏族的研究中,对这部分藏族的专门、详细、科学的研究是凤毛麟角。目前作者所看到的只有马彪先生在《教学参考》(青海省委党校内刊,1996 年 5、6 合刊)上发表的一篇论文《浅述“家西番”的文化特征》,这篇论文从“民族心理”、“家族文化”、“宗教信仰”、“语言”、“风俗习惯”、“姓氏称谓”六个方面泛泛地描述和概括了“家西番”的社会文化特征,论述简单,浅尝辄止,没有进行深入系统的研究。因此,将“家西番”独特的文化加以整理,并进行深入的研究成了作为土生土长的“家西番”一员的笔者责无旁贷的任务。研究它,从学术上讲,不仅可以拓宽藏文化研究的领域,而且可以丰富杂居区少数民族文化发展的理论;从实践上说,将“家西番”文化加以系统地梳理、介绍,可以引起更多学者的关注和研究,在西部大开发的浪潮中,促进他们更快、更好地发展。因而,研究“家西番”文化不仅具有学术价值,而且具有一定的现实意义。

(三)本课题的研究方法

"家西番"主要居住在青海东部地区的湟源、湟中和大通县,大通县的"家西番"由于历史演变,其文化特征已不十分明显,所以在新修《湟中县志》和《大通县志》中没有提及。湟源县共有10个乡,"家西番"主要居住在唯一的一个藏族乡——日月藏族乡,也是笔者的家乡,"家西番"人口占当地人口总数的41%,笔者在成长的过程中对"家西番"文化耳濡目染,对于"家西番"社会生活的熟悉以及心理上的贴近,为我进行深入调查、获取珍贵的第一手资料提供了便利条件。"家西番"文化是一种发展的文化。笔者主要运用文献法和田野调查法。对于"家西番"的族源、族属以及"家西番"的传统文化,我们必须从文献中获取,而对于"家西番"文化现状的研究,其资料的获取必须通过田野调查。为此,在1999年夏,笔者在湟源县日月藏族乡进行了为期两个月的实地考察,访谈了大量的"家西番"人、当地的汉族、蒙古族及寺院的喇嘛等,进行了详细的记录并拍了照片,获得了有关"家西番"文化翔实的资料,为我进一步研究打下了坚实的基础。

二、"家西番"形成的历史地理环境

任何一种文化类型的产生,都离不开特定的自然环境条件和社会历史条件,"家西番"地处纯藏区和汉族地区的交界地带,其悠久的历史文化传统和杂居的现状,为"家西番"文化的产生创造了条件。

(一)湟源县地理环境的基本特征

湟源县地处青藏高原与黄土高原、农业区与牧业区的交界处,"扼唐蕃古道险塞",据"丝绸辅道"要冲,是通往牧区的门户,向有"海藏咽喉"之称,被誉为"青藏高原的东大门"。因而在历史上,湟源成为兵家必争之地,吐谷浑、吐蕃和蒙古相继统治过该地区。

1. 地形与地貌

湟源县位于北纬36°20′～36°52′,东经100°54′～101°25′。地处青

海省东部农业区西端的日月山麓，湟水上游。县境东与湟中县为邻，西与海南藏族自治州共和县相接，南与贵德县毗连，北与海北藏族自治州海晏县接壤。东西宽41公里，南北长62公里，总面积为1509平方公里。湟水自西北向东南斜贯县境北部，其最大支流——药水自南而北注入湟水，两条河将湟源分成三大块。中间形成一个狭长的“丁”字形河谷盆地。河谷两岸一般有3～4级阶地，其中河谷阶地自然条件较好，农业发达，人口稠密；低山丘陵（浅山）地带，土层深厚，耕地多，但较干旱，植被稀少，水土流失严重；中高山地（脑山）土层深厚，植被较好，气候寒冷，适于耕种青稞、油菜和放牧。“家西番”多居住于中高山地，海拔3000米以上的地区。

2. 政区的沿革

湟源县汉以来为西羌地。“密迩塞处，昆连青海，苦寒难耕种，历代无居民。”① 西汉始置临羌县（治今县城东南郊），王莽即位后，设西海郡。“徙天下犯禁者处之，周海亭燧相望”。② 地皇四年（公元23年）新莽政权崩溃，西海郡随之废弃。此后政权不断更替，至北魏孝昌二年，吐谷浑强盛，今县境成为吐谷浑牧地。唐时，吐蕃兴起，肃宗至德二年（公元757年）后今县境为吐蕃属地，北宋时，今县境为唃嘶罗辖地，有一些藏族部落在此游牧，今湟源县申中乡就曾是藏族部落申中族游牧的地方。明正德五年（公元1510年），东蒙古亦不刺，阿秃斯率部徙牧青海一带，牧地东及今县境。此时“番人多远徙，留者反为役属”③，番人与蒙古人在此共同游牧。明崇祯十年（公元1637年），卫拉特蒙古和硕特首领固实汗率部徙牧青海，今县境为其子领地。清道光九年（公元1829年）西宁县地置丹噶尔厅（厅为清代特殊地区或少数民族杂居地区设置的一种相当于县级建制），民国二年（公元1913年），改丹噶尔厅为湟源县。

3. 民族与人口

① 《丹噶尔厅志·卷一》，铅印本，6页。

② 《丹噶尔厅志·卷一》，铅印本，6页。

③ 《丹噶尔厅志·卷一》，铅印本，7页。

历史上湟源县的主要民族有汉、回、蒙、番四族。汉族多系外地迁来,少数为本地藏族、蒙古族融合而来。外地迁来的汉族很多自认为祖出南京,而且他们的“家谱”也可以证明这一点,现居住在日月藏族乡兔尔干村的王氏族谱中写道:“王氏祖出南京地方,世为耕读,嗣迁移……人非一人,业非一业,然农务之本犹存旦,祖宗数传。因后迁移兔尔干村务农。”另外还有哈城蒲氏家族于光绪十三年(公元 1888 年)所撰写的家谱载:“祖居南京,昔移西宁迨至手艺木匠始基焉,其后充伍,由湟源居哈拉库图,其高曾祖俱入伍从戎或出征,远派喀城勤劳王事”。另外还有一些人在清初至民国时期由山西、河南、陕西等地移民到湟源经商或做工,逐渐定居,繁衍后代,成为当地居民。回族何时迁居湟源,尚无确切史料记载。据称,清雍正年间,其先祖即已居住湟源。《丹噶尔厅志·卷六》载:“道、咸年间,丹地已有回族数千户”,(《丹噶尔厅志·卷一》铅印本,第 13 页。)“同治十三年(1874 年)丹噶尔回户尽数拔于西纳川一带安插……至今(1907 年——编者)丹地并无回籍。”(《丹噶尔厅志·卷一》铅印本,第 14 页。)以后从西宁、河州、兰州、四川等地,陆续迁来一些回民。蒙古族于明末从新疆北部移牧青海,其中有右翼盟和硕特左翼末旗(俗称群科扎萨克),右翼盟辉特部南旗(俗称端达哈公扎萨克),游牧于湟源与海晏、共和一带。后来右翼盟和硕特部北右旗(俗称贝勒扎萨克)、左翼盟和硕特南右后旗(俗称阿哈公扎萨克)、左翼盟和硕特南左后旗(俗称托毛公扎萨克)、左翼和硕特地右末旗(俗称足力盖扎萨克)及左翼盟土尔扈特部西旗(俗称托里和扎萨克)等部落先后游牧湟源。清末以后,湟源大量开垦,牧地渐少,一部分蒙古旗部先后移牧他地,其余定居湟源。番族即藏族,唐时即在今县境游牧,宋时,唃嘶罗政权统治过该地区,明朝蒙古族占领该地方后,藏族人多迁到别处游牧,其余的和蒙古族一起游牧,清代多数成为东科寺佃户,称“家西番”。民国时期先后从西宁、湟中、乐都、大通等地迁来数十户,其间也有人迁到别处游牧。调查中,据一位海南藏族自治州共和县倒淌河乡的 90 多岁的老人回忆说,他曾在日月乡兔尔干村游牧过。到 1985 年,湟源县共有 13 个民族,其中汉族 109136 人,占总人口的 89.35%;藏族 9894 人,占 8.1%;回族 1928 人,占 1.58%;蒙古族 942 人,占

0.8%;其他民族239人,占0.2%。

(二)“家西番”形成的历史条件

湟源县藏族清代成为东科寺的佃户,因而也从游牧的“西番”变为“东科尔家的百姓”即“家西番”。“家西番”的形成是当地耕牧兼营的环境和寺院规模发展的产物。

1.耕牧兼营的特殊环境

湟源境内“地名命意,十之八九皆从蒙番旧称”。① 如日月藏族乡境内的大茶石浪村和小茶石浪村,其藏文原意为“大黄草湾”和“小黄草湾”,巴燕乡的莫合尔村,其蒙语原意为“放牧的地方”,波航乡的哈夏兔村其蒙语原义为“垒下的羊圈”等等。湟源旧地名没有一处与农业有关,佐证了湟源地区原来为纯牧区。直到清末民国年间,才开始开垦土地,民国年间,甘肃省教育厅厅长马鹤天在《西北考察记》(民国十六年)中记载:“行山岭上,一望软草如茵,牛羊成群,山坡山根,尽为麦田,熟割未久,麦秆丛积田中。继据同行人云:系青稞,非小麦。每年四月中冰解后下种,八九月收获,其面为黑色,但禾穗外形,望之全如麦也。一路农业畜牧均为甚盛,山中开田颇多,据马使(即马麒)云:‘该地数年前全为畜牧,辟地甚少,年因连岁丰收,且人民知识渐启,故进步甚速。’然依然荒田遍野,所开不过百分之一。”由此可知,此时依然以畜牧业为主,农业所占比例很小。民国二十年左右,全县纯牧业户以及以牧业为主兼营农业的户数,约占当地总户数的二分之一。二十世纪七十年代“大会战”时期,各地兴修梯田,耕地面积大量增加,但是由于当地地势高,气候寒冷,夏季短促凉爽,冬季漫长干燥,加上霜冻、干旱、冰雹、大风等自然灾害频繁,农业生产往往受到很大的影响。比如,1999年日月藏族乡的几个自然村受到两次冰雹袭击,2000年又大面积干旱,农业减产严重,所以必须大量发展畜牧业来作为农业经济的补充。其次,湟源县境内多山,海拔在2700～4898米之间。海拔3600米以上的地区种植业发展异常艰难,在高寒地区垦荒种植大多以失败告终,所以发

① 湟源县志编纂委员会编:《湟源县志》,陕西人民出版社,397页。

展农牧业,既是对当地环境的适应,又能充分利用不同海拔高度的地理自然优势,顺其自然而利用,使人类经济活动与自然环境相适应、相配合。目前湟源县各乡镇除了耕地以外,草场广阔,日月藏族乡有草山451293亩,耕地44192亩;申中乡有草山9451亩;耕地33657亩;波航乡有草山53975亩,耕地26644亩;塔湾乡有草山74945亩,耕地23174亩。这些共同促使"家西番"形成了耕牧兼营的生活方式。

2. 寺院规模发展的产物

清顺治初,四世东科尔嘉木羊嘉木错(又译为多居嘉错)向固实汗建议在河湟地带,划出土地,修建寺院,弘扬佛法,固实汗允其所请,在顺治三年(1646年)将青海东南德木尔卡地区(今湟源、共和一带)赐给嘉木羊嘉木错,并给以金印卷书为凭。清顺治五年(1648年)嘉木羊嘉木错从西藏安多迁来德木卡尔修建寺院。四世东科尔请准之德木尔卡土地,包括现在湟源县西南大部分土地及海晏、共和、贵德等县的一部分土地。据清人许公武所著《青海纪略》记载,东科寺占有之土地,当在一万三千公顷(含非耕地)左右。同时《丹噶尔厅志》也记载:"东科寺则地土之广,田租之多,遍丹邑皆是也。"又丹噶尔厅幕僚朱文蔚在清宣统元年(1909年)勘查,东科寺有可耕地3229.2石,其中已垦地938.2石,待耕地2290石,如以每石30亩计,则折合土地96846亩。东科寺将所属的土地及土地上的百姓分为三"奚谷卡"(藏族在农区所设的基层组织),佃户租佃东科寺的土地、房屋、牲畜等,除承担政府营买粮、公粮差役外,寺院还收佃户租粮597石,其他人伕、牛马力以及房租杂费尚不在内,寺院实际上掌握了当地群众收入的二分之一以上。另外,湟源除东科寺以外,还有扎藏寺、金佛寺、上拉暮寺、下拉暮寺和新寺五大寺院。扎藏寺正式建成于明崇祯十年(1637年),是西蒙古和硕特首领固实汗率部自天山北部移居青海后,应五世达赖弟子扎藏曲结、央喜尧力之请,将原塔雁静房北迁建成的,它是一座蒙古族寺院,是安多十三大寺院之一。清代及民国时期,该寺占地70亩,寺产耕地2210亩,林木2万余株,金佛寺等小寺也有一些佃户,均租与当地农牧民。西番从游牧的牧民变成了寺院的佃户,成为了"家西番"。

二、“家西番”植根的经济基础

“家西番”是原游牧的西番土地划归寺院以后得名的,它是寺院经济发展的产物,因此其植根的经济基础也由寺院经济发展而来。

(一)寺院经济是“家西番”生存发展的基础

如前所述,湟源县主要有六座寺院,其中扎藏寺修建最早,早时属于萨迦派。后于明万历六年(公元 1578 年),三世达赖喇嘛索南嘉木错来青海夏拉号图(蒙语意为黄城,今共和县)时,扎藏寺的寺主邀请达赖喇嘛来寺讲经。此后,扎藏寺信奉格鲁派。扎藏寺作为安多蒙古族格鲁派重寺,与藏传佛教达赖喇嘛、班禅喇嘛有着密切的联系。崇祯十五年(公元 1642 年)五世达赖亲自派车臣诺门汗曲结罗桑嘉措来扎藏寺主持寺务。贝勒寺的法台由后藏扎什伦布寺的班禅喇嘛亲自派来,每三年一换。塔雁静房法台由静房的高僧充任。达赖喇嘛、班禅喇嘛多次来寺讲经布施。此时的土地田产没有记载。清雍正元年,罗布藏丹津反清,扎藏寺作为主要据点而被毁,乾隆年间一度复兴。同治年间,该寺再次毁于兵燹。光绪元年(公元 1875 年),由五世却藏罗桑图登雪珠尼玛主持重建,但规模不及以前。1958 年前,该寺共有房舍近 600 间,寺院占地 70 亩,寺院耕地 2210 亩。

东科寺是另外一座藏传佛教寺院,它被清朝赐名的时间虽略迟于扎藏寺,但在宗教、政治、经济、文化等方面的影响,却远远超过了扎藏寺。东科寺始建于清顺治五年,当时固实汗赐封给了大量的土地,雍正元年(公元 1723 年)罗布藏丹津反清事件中,东科寺僧众被杀戳,寺院化为灰烬,成为废墟。雍正十一年(公元 1733 年),由五世东科尔活佛索南嘉措主持于丹噶尔西南 25 公里的黑山之阳,选定新寺址,至乾隆二年(公元 1737 年)新建寺院完工。东科寺有很多属寺,本县境内有金佛寺、下拉暮寺,贵德县有曲乃亥寺,另外,在甘肃有天堂寺、马蹄寺,内蒙古有郭密寺等,甚至远至北京的雍和宫内的里瓦及附近的措布登尕里瓦,均系东科寺所管。

东科寺在清宣统元年(公元1909年),有可耕地3228.2石,其中已垦地938.2石,待耕地2290石。如以每石30亩计,则折合土地96846亩。另外还有奶牛300头,羊4000余只,马匹若干。其它几个小寺的建寺情况及土地占有情况因史料缺失,难以详述。但仅东科寺的土地就"遍丹邑皆是也",即几乎占领了湟源县全部土地,而且同时还占有邻近共和县、海晏县的大片土地,再加上扎藏寺等寺院占有的土地,湟源近乎全部土地都归寺院所有。寺院将土地、牲畜、房屋租佃给这块土地上的百姓,而百姓必须向寺院交纳一定的租费,另外还要交纳其他人伕、牛马役力及房租杂费等,这些租费占到租户收入的二分之一以上。因此,原西番的土地划归寺院以后,他们失去了生存的根基,有些到更远的地方游牧,有些成为"东科寺家的百姓",即"家西番"。他们租用寺院的土地、牲畜、房屋、还要向寺院纳税,寺院经济成为他们生存发展的基础。

(二)由寺院佃户走向土地主人

1958年实行宗教改革以后,寺院的土地等财产划归人民公社所有,"家西番"由寺院佃户成为土地主人;1981年实行家庭联产承包责任制以后,经济又有了更进一步发展。

1."人民公社化"时的经济

1958年实行宗教改革,即"打破迷信",寺院的主要建筑被毁,僧人被迫还俗。寺院所属的土地、房屋、牲畜等全部归社队所有,原来寺院的佃户也被规划到社队中。社队成员集体耕作土地,集体放牧。"家西番"由佃户成为土地的主人,过上了社会主义集体劳作的生活。当时生产队耕种的作物有青稞、油菜、马铃薯,有些地方还种植小麦等。另外生产大队中的每个小队还饲养牛、马、骡子、驴等牲畜。但是人民公社伴随着大跃进的高潮以及不断反右倾、批保守的运动,一味追求高速度、高指标、放卫星,在组织上实行军事化、行动实行战斗化、生产实行集体化,无偿调拨劳力、调用集体和社员个人的生活用品及其它物资。加之集体经济中长期存在的指挥"一刀切",劳动"一窝蜂",分配"大锅饭"等弊病,人民劳动积极性不高,往往出工不出力,生产效率极低,农业的总产量低，牲畜死亡严重，社员生活很困难。

2. 新时期“家西番”经济的发展

农村实行家庭联产承包责任制以后，农民拥有了土地经营自主权，积极性被充分调动起来，农业成为当地物质生产的基础，畜牧业成为重要的经济补充，此外商业、副业等也逐渐兴盛起来。

(1)农耕

湟源县地处内陆，属高原大陆性气候，冬季漫长干燥，夏季短暂凉爽，只适合于种植耐寒、早熟的作物，如青稞、油菜、燕麦等农作物。根据当地条件，人们研制出了“莫多吉一号”、“肚里黄”、“白青一号”等青稞品种，油菜的品种主要有“孟油一号”，此外人们还种植少量的马铃薯、萝卜、白菜、韭菜，用以满足自家生活的需要。农业的耕作方式，基本上是粗放式经营，缺乏精耕细作，农业生产程序如下：每年农历二月份运肥料，清明节以后播种，四、五月份锄草，八月份收割、打碾。化肥除了农家肥以外，还使用磷酸二铵、尿素等。农具主要有：铁犁、钗、铲、镰刀、架子车等。当地由于旱地多，水地少，农民基本上靠天吃饭。雨水多的年份收成较好，雨水少的年份收入少，而且冰雹、干旱等自然灾害频繁，针对这种情况，有些村安装了防雹台，一定程度上减轻了灾害损失。人们还在实际劳作中总结出了一些生产经验如“过了惊蛰节，犁地不能歇”、“人靠五谷养，田靠粪土长”等等。农业收入在当地经济收入中所占比重最大。1998 年，日月藏族乡兔尔干村总收入为 165.5 万元，农业收入占 108.4 万元，寺滩村总收入为 111.2 万元，农业收入占 83.8 万元。

(2)畜牧业

畜牧业一直是湟源的支柱产业。历史上湟源一度是游牧地，而且开垦的时间较晚，清末至民国年间，所开土地不到百分之一。而且人们注重牧业生产尤其是蒙番两族“游牧口外，时来时往，常年居住内地者极形寥寥。”① 民国二十年左右，全县纯牧业户以及以牧业为主兼营农业的户数，约占农村总户数的三分之一。现在畜牧业在日月藏族乡经

① 湟源县政府编：《湟源县风土概况调查大纲》，油印本。

济中的比重仅次于农业而占第二位。人们饲养的牲畜主要有牛、羊、马、骡、猪和鸡。当地人们饲养牛羊的规模从几头(只)到几百头(只)不等。近几年,由于牛、羊价格下跌,人们养牛、养羊的规模在逐渐缩小。"家西番"人虽在农耕上与当地汉族人没有差别,但却比汉族更钟爱畜牧业,他们并不因牛羊价格下跌而放弃畜牧业,"家西番"人家基本上都有牛、羊等牲畜,用他们的话说就是:"牲口多少年来都养习惯了,不养它,不为它忙,真不知道干什么。"这也是"家西番"的畜牧情结。牲畜的放牧方式有两种:一种是出钱请人代放,一种是自家放牧。在冬春季节,人们把牛、羊从牧场赶到家中,在村庄周围放牧;夏秋季节把牛羊赶到每个村固定的夏窝子"坐场"(野外放牧)。老年人一般留在家里,年轻人到场上放牧、挤奶、打酥油、剪羊毛。对于骡子和马等"大牲口",人们用橛子和绳子将其固定到山里,一天换几次地方就行了。1999年,国家实施了"退耕还牧"的政策,一部分农田重新种上了草。由于配套设施没有跟上,还未见效益,但在调查中,村民们对此充满信心。兔尔干村村委书记马占林说:"在当地,农业亩产量不会有多大提高,要想致富,必须发展畜牧业,现在畜牧业收入在兔尔干村经济收入中已占三分之一强,将来这个比重还会提高,畜牧业的前景将非常广阔。"

(3)商业

a. 湟源商业状况的历史回顾。湟源(旧称丹噶尔)地处青藏交通要道,历史上曾是重要的民族贸易市场。据《青海历史纪要》载:"唐开元十九年(公元731年)唐与吐蕃商定交马于赤岭(今日月山),互市于甘松岭(今四川松潘县境)"。自此,开始了史称"茶马贸易"的商业往来,以后时设时废。明末,今县城地区商贾渐集。清雍正朝直到解放前夕,湟源因其"海藏通衢"的地理位置,成为青海省重要的畜牧产品集散地。蒙番牧民赶着牛羊,带着羊毛、皮张到湟源与各商号、洋行进行交易,又买回烟、酒、粮、油等日用百货、手工艺品。此时的商号和洋行多是从外地来的客商,其中山西、陕西、四川、河北等地商人较多,洋行主要有英商天津帮和泰兴、美商怡和、俄商华北、土耳其商瓦利等洋行,"家西番"经商的极少。约在民国十年前后,西藏噶厦政府在湟源城关西南城壕购置房产,供藏商居住。藏货每年由西藏商上差噶尔倖(商上即西藏“商上堪布”,是西藏地方管理财政商务机关。噶尔倴,为西藏的经商头目)运至丹邑,共约千余包。由于藏商来湟经商,于湟源商人洽谈生意,往来日繁,交情日深,一些资金雄厚的湟源商人便生赴藏经商的念头,湟源藏客应运而生。藏客主要是湟源县富裕的客商、东科寺的僧人等。“家西番”人没有经济实力入藏经商。虽然藏族人比较鄙视经商,但“家西番”由于与汉族杂居,对经商持认同态度,他们被藏客雇用入藏时,有时自己也带一点货物到拉萨销售。藏客进藏时,采办的商品主要有骡马、湟源陈醋、威远烧酒及挂面、红枣、柿饼、龙碗等,从西藏运回的商品主要是氆氇、水獭皮、藏红花、藏香、金线、英印物资——有各类毛呲叽、斜布(俗称藏斜)、颜料、药品、手表、钢笔、皮鞋等。藏客货物驮在骡马、牦牛上,长途跋涉,千里迢迢,来回需八个多月,而且途中经常遇到劫匪,安全没有保障。1940 年前后,湟源藏客不过二十多户。人民公社化以后,商品由供销社统一购销,不允许个体经济存在,藏客就退出了历史舞台。

b. 近年来商业的发展。联产承包责任制以后,农户自行组织生产,家中有一定资本和剩余劳动力的人家,进行一些商业活动,主要包括以下几个方面:

第一,开小卖部:由于湟源地处交通要道,青藏公路在日月藏族乡穿越 24 公里,所以公路沿线开小卖部的人家很多。他们的经营范围包括服装、日用百货、烟酒副食等。日月藏族乡共有小卖部 52 家,“家西番”经营的有 17 家。其中龙生祥和贺生财家经营较好,下面以个案形式详述:

个案 1:龙生祥家。龙生祥,男,47 岁,家西番,日月藏族乡兔尔干村(乡政府所在地)人。赵玉英,龙生祥妻,43 岁,家西番,日月藏族乡小茶石浪村人。龙生祥夫妇有两个孩子,均在上学,家中有 13 亩地。由于家住在兔尔干集镇上,夫妇俩在 1985 年就开始经营玻璃,现已扩大到有十几万元的经营资本。夫妇俩在农忙时经营土地,农闲时做生意,日子过得很红火。

个案 2:贺生财家。贺生财,男,家西番,52 岁。杨汉花,贺生财妻,家西番,48 岁。贺生财夫妇有三个孩子,一个已成亲,一个在家待业,一个在当地当老师。夫妇二人均为日月藏族乡池汉素村人,于1986年到兔尔干集镇上开小卖部,至今已有十余年,由于经营较好,二人退掉土地专门做生意,他们从兰州、西宁等地进货,在当地销售。现已盖起二层小洋楼,经营资本也已达到十几万元。

第二,贩卖牛羊:由于当地草场面积广阔,有些人家从果洛、玉树等地农历四、五月贩运一些牛、羊,在家里饲养,在农历八、九月份膘肥体壮时出售,从中盈利。贩运牛羊的有一部分是"家西番",如寺滩村扈财武等。

第三,卖熟食:有些人在兔尔干集镇上临时用土坯砌成墙,上面搭上塑料,盖成塑料帐篷卖熟食,如杂碎、麻辣烫、酿皮、酸奶等。兔尔干集镇六家熟食摊中,有四家是"家西番"。

(4)副业

农闲时,一些青壮年劳力积极寻求出外"搞副业"的机会。他们的副业主要有淘金、打鱼等。近几年,出外打工的人数日渐增多,兔尔干村到广州、深圳等地方打工的人数达到10人次。另外,由兔尔干村牵头,成立了一个乡建筑队,承包本乡或外乡房屋建筑、维修等工程,吸收了一些闲散劳动力。

三、"家西番"依赖的思想体系

"家西番"文化是以藏文化为主、并包容汉蒙文化的一个独特的文化现象,因而其思想体系的形成,受到藏、汉、蒙等多种思想体系的影响。

(一)"家西番"的宗教信仰

"家西番"保留着典型的藏传佛教信仰,与整个藏族社会存在着较强的一致性。藏传佛教作为"家西番"社会文化的重要组成部分,长期统治着"家西番"的思想、经济、文化等各个领域。

1. 藏传佛教的深远影响

藏传佛教基本上是"家西番"唯一的宗教信仰,它对每个"家西番"

人的一生都有着深刻的影响。“家西番”人一出生就离不开宗教的气氛。许多人家请喇嘛给婴儿取名字,这些名字大多与佛教有关,如拉毛保、拉毛丹珠(拉毛是一位佛爷的名字)、扎西(吉祥)等。婚姻是人生的一个转折点,在未来的家庭生活中,配偶对人生将起着举足轻重的作用,所以他们对配偶的选择极其慎重。由于多数为包办婚姻,所以男方在“要媳妇”(结婚)之前,总要到寺院中算一下未来媳妇的方位,然后循着这个方向再去寻找。找到后男女双方的生辰八字还要拿到寺院中请喇嘛占卜,如果合适,再请喇嘛择定吉日结婚。

丧葬是人生的最后一站,它寓示着一个人人生旅途的终结。在这个转换过程中,喇嘛起着极其重要的作用。一个“家西番”人刚刚去世后,一般请喇嘛念经,超度亡灵。喇嘛诵经数日,以祈求去世的人平安到达如意境地。等下葬后,每逢三、五、七期请喇嘛诵经进行超度。“七期”换孝时,请喇嘛做圆满法事。有些富裕人家,从亡者去世以后便请几个喇嘛诵经,一直到七期,此后每逢周祭还请喇嘛诵经。“家西番”目前的生产生活方式以农业为主,因此农业收成的好坏,对他们有着重大的影响。对一些人力所不能及的天灾如旱灾、雹灾等,都求助于喇嘛。在调查中,笔者了解到在2000年干旱时,日月藏族乡许多村子请喇嘛诵经求雨,并且每年喇嘛都诵经阻挡当地最频繁的自然灾害——冰雹。藏传佛教影响着每个“家西番”人,他们的日常活动都与其有着密切的联系,对藏传佛教的信仰极其虔诚。在“家西番”中拜佛诵经的活动很普遍。

2.“家西番”的宗教活动

《丹噶尔厅志》记载:“东科尔寺僧皆以兔尔干、克素尔、药水、白水河各庄三奚谷卡佃户子弟充之”。现在,东科寺除一部分喇嘛来自于海南藏族自治州外,其余都来自日月、和平等乡的“家西番”,所以寺僧和信众的宗教活动共同组成了“家西番”的宗教活动。

(1)寺僧的宗教活动

东科寺是色拉寺系统的寺院,采用色拉寺吉宗的教程,寺院原设有显宗时轮学院,寺僧注重密宗修持,以供修胜乐、密集、大威德三大本尊的彩粉坛场最为出名。寺僧的主要日课为诵经、讲经、礼佛。每年的主

要佛事活动有:

a. 每年正月初三及初七日,举行“正木乔”,全体喇嘛集中一起活动,念“桑德”五天。

b. 正月初八至十五日,举行“莫利木”活动,念“莫利木”经。“莫利木”是纪念赎佛的日子,念经则表示对佛的虔诚和敬意。

c. 三月二十三日至二十九日,举行三月观经(观经是喇嘛集体念经的意思),念七天“更苏哈”经。四月十二日至十九日举行供养会、六月初四日举行转法轮会、六月初八日至初十日举行纪念东科尔一世圆寂会、六月二十六日至二十九日举行《甘珠尔》念诵会。

d. 七月十二日至十五日举行“倒炭会”。“倒炭”活动的目的是驱邪,保平安。七月十二至十五日夜里全体寺僧“全经堂”念经。十四和十五日白天进行“倒炭”。届时,远近群众前来煨桑磕头。家中有不幸者(如家人常年生病等)还要提前背着经书绕经堂转一百零八圈,谓之“背经”以祈求神佛保佑。“倒炭”活动正式开始后,一个喇嘛在火中边浇酥油,边烧青稞、糌粑、树枝等物,其他喇嘛在一位德高望重的喇嘛引领下诵经,信教的群众转嘛呢筒或向喇嘛们磕头。临走时,还要从火堆中拿一块烧剩的炭块,以期给家中带来幸福和吉祥。另外,小型的佛事活动还有八月二十四至二十九日的酬补会,九月二十一至二十三日的天降会,十月二十四至二十六日的五供会(纪念宝贝佛爷即宗喀巴成佛)以及腊月二十四至二十九日的年终施食供养会等。

1982 年东科寺重新开放至今,寺僧只有 18 人,所以许多佛事活动比以前简化了。在宗教改革以前,每年的正月十五举行盛大的晒佛活动。三月二十三日至二十九日,举行三月观经,同时还要跳“阿卡社火”。如今,这些盛大的佛事活动因人力、物力不足而暂停。

此外,喇嘛们的宗教活动还有每月的全经堂、替人占卜,到百姓家念经等。

(2)信众的宗教活动

“家西番”信仰藏传佛教,他们虔诚佛事,凡禳解灾害,超度亡魂,常延僧诵经。遇到七月十五“倒炭会”等盛大的节会更是不辞辛苦,远道而来,顶礼膜拜。同时以极力争取得到活佛或某高僧摸顶和赠一“家卡”(红布条)为大事，不论男女信徒，都认为佩戴它，即可免灾消难，永保平安。即便是在平日里，到寺上点灯磕头的人也络绎不绝，人们带着柏香到佛塔前煨桑磕头，然后到经堂的各个佛前一一磕头，对神佛虔诚膜拜。每逢初一、十五，很多人家都要点灯煨桑，空气中到处弥漫着青稞炒面和柏香的香味，老人们还要对着佛龛磕头，祈求全家的幸福平安。有些老人平日手持念珠，一遍遍地念六字真言。对于寺院的募捐，“家西番”更是毫不吝啬，《丹噶尔厅志·卷五》记载：“凡有创建庙宇及重新彩画之事，虽费至三四千金，无不慨施乐捐，踊跃输将。若劝令出资，奉行新政及有益地方之事，则必相率裹足而分厘不舍……湟邑边陲，风气晚开，往时迷信特盛，遇有建庙立祠之举，无不踊跃输将，又因接壤青海而信佛尤虔，故于喇嘛布施不惜多金。”东科寺修建之时，群众“一闻修建佛寺，无不踊跃输将，乐于赞助。故在数月之间，公私捐资，数已足用。”① 除了对寺院捐款之外，群众还对寺院进行大量布施。有些富裕人家在人去世以后或者“做经事”后要给寺院僧人滚“芒佳”——熬茶、做米饭(根据僧人人数，需要一定量的茶叶、大米、酥油、肉类以及红白糖等)。平时，人们还要给寺院送酥油以及青稞炒面等。家西番的宗教活动与邻近的牧区藏族相比少得多。在邻近的牧区，信众每天早晨的第一件事情，便是登上屋顶，屋顶插着五色经幡，还有一个土砌的焚香塔，他们在香塔里焚烧香枝柏叶，以祭祀家宅神，祈求保佑家宅平安，家人健康幸福。早饭以后或者更早的时间，人们络绎不绝地围绕寺庙、宫殿、神山、神树转经。无论男女老少凡力作稍暇，即持念珠口中喃喃诵六字真言。每逢宗教节日，或者每个月的初八、十五、三十，到附近的寺庙，给长明灯添酥油，向神佛祈祷。而“家西番”虽虔诚地信仰着藏传佛教，但他们只是偶尔在初一、十五煨桑磕头，并不是天天礼佛，也没有像牧区藏族那样全家花费巨资到宗教圣地朝拜。他们对佛的信仰程度与牧区藏族相比，已经有所逊色。但不论怎样，对藏传佛教的信仰依然是“家西番”唯一的信仰。

① 湟源县志编纂委员会编：《湟源县志》，陕西人民出版社，605页。

(二)"家西番"的伦理观念

如前所述,"家西番"是藏族的一个类群,他们脱离藏族群体,从事农耕的时间较晚,所以藏文化在"家西番"文化中占有很大的比重,但是定居从事农耕以后,他们的伦理观念又受到了汉文化极大的影响。

1. 以藏文化为主的思想体系

"家西番"人信仰藏传佛教,他们的生产方式是由游牧过渡到农耕,因此他们的伦理道德往往与宗教戒律、生产生活习俗、民族传统文化等融混掺杂,互相替补。下面从个人、家庭、社会三个层次分述之:

(1)个人

在"家西番"中有一些谚语广为流传,如"不怕事难办,就怕懦夫懒汉","勤人荒年打粮食,懒人丰收饿肚皮","勤人等不到鸡儿叫,懒人太阳照到屁股上"等等。在调查中,笔者还听到许多人在教育子女时,总离不了一句话"娃娃勤快人人爱,娃娃懒惰讨人嫌",可见勤劳是"家西番"人崇尚的一种美德,他们不仅以勤劳要求自己,而且用它去规范下一代的行为。"家西番"人还崇尚勇敢。清雍正年间日月山设立互市以后,日月藏族乡地区成为军事要冲。从戎卫边,便成了这里百姓的精神风尚,"千里尚武"也成为社会风气。如今日月藏族乡虽已不是军事要冲,人民也并不耍枪弄棒,但赞扬人们机智、勇敢的故事依然在民间流传。有一则传说是:以前有个小媳妇,她丈夫出远门去了,家中只有她一个人。有一天晚上,有个贼娃子来偷东西,小媳妇发现了贼娃子,但她不慌不忙,不露声色地坐在炕上搓麻绳,她搓呀搓,搓了一根好几丈长的麻绳,然后她开始用这根麻绳纳鞋底,她在鞋底上缝了一针以后开始往外拉麻绳,她拉呀拉,当她拉到头的时候,外面传来阵阵鸡叫声,小偷一看天亮了,也就跑了。这种崇尚勇敢的故事,在当地广为流传,举不胜举。

(2)家庭

在"家西番"家庭中,子女对父母非常孝敬。但是子女跟父母的关系并不像汉族一样遵从"三纲五常"、子女绝对顺从父母,而是比较亲合。子女对父母必须尽赡养的义务,一般情况下,父母跟独生子或者小儿子一直生活到老,和父母分家是被当地人所耻笑的行为。

“家西番”还非常尊重舅舅,认为“阿舅打外甥,毡窝里抹臭虫”,是理所当然的,而“外甥打舅舅,十二个羯羊赔不够”,赔礼道歉都是没用的。在一个姑娘出嫁时,舅舅总是坐在上席。到婆家送姑娘,婆家向娘家泼水时,必须等到舅舅进去后再向其他人泼水,人们认为“舅舅是姑娘骨头的主儿”,对舅舅必须要倍加尊敬。在夫妻生活中,妻子必须对丈夫忠贞,“好男不吃分家饭,好女不嫁二夫男”,而且要贤惠,“妻贤夫祸少,子孝父心宽”。丈夫对妻子有很大的权利,甚至施以拳脚也被人们所认可,“打到的媳妇揉到的面,指教的媳妇人好看”。但是丈夫对妻子并不具有绝对的权利,当地有句俗语说“妻不由夫,业不由主”,妻子在生活中可以不完全听从丈夫,具有一定的自主权。

3. 社会:在社会生活中,“家西番”注重友爱、和善、诚实。认为“远亲不如近邻”,对生活在周围的人们要尊重,要和睦地和他们相处。而且为人要忠厚、老实、正直、公正,不要滑头。

总之,“家西番”的伦理道德以藏文化为主体,他们崇尚的孝敬父母、做人勇敢、善良、正直、公正、忠厚等基本上继承了藏族的伦理观念。

2. 汉文化的影响

“家西番”由游牧的生产方式转化为农耕以后,开始了以家为单位的生产劳动。这时他们的家族观念就逐渐增强了。家族是由若干具有亲近的血缘关系的家庭组成的。在调查中,笔者听许多老人回忆,在民国年间,政府由于普查人口的需要,让“家西番”取姓,同一家族的人拥有相同的姓。政府的这一举措在一定程度上强化了他们的家族观念。有了同一姓氏以后,许多人家仿效当地汉族取名字的方式,每一辈名字中有一字是相同的,如当地扈氏家族老一辈名字中间一个字是“文”字,而年轻一辈的名字中间一个字是“添”字,无论他们走到哪里,都能凭名字认出自己同一家族的人,如扈添忠、扈添孝等,“忠、孝”纯粹是因为受了汉族伦理规范的影响。有了家族的观念以后,辈分之间的区别也随之严格起来。在称谓方面,跟牧区藏族相比,除了爷爷、奶奶、叔叔、婶婶、哥哥、嫂子的称谓仍沿藏语,为阿一(yi)或阿丫(ya),阿媒、阿克、阿奶、阿我、石毛外,还引入了汉语中的舅舅、舅母、姑姑、姑父、伯伯等称呼,称谓更加细化,亲疏、尊卑也更加明显。在家族观念的影响下,族谱的修订也成为当务之急。在调查中笔者注意到虽然绝大多数“家西番”没有家谱,但是同辈用同一个字为中心取名字的现象非常普遍。现在,也有人打算开始修订家谱。

对祖先的祭祀是同一家族的人在一年中举行的最隆重的活动,虽然“家西番”不像汉族一样供奉神位神主,但每年天社日(即春分)全族人都要上祖坟祭祀,仪式相当隆重。家族中每户人家都要蒸上十二个馒头,称为“献子”,还要拿上献茶、烧纸等。家族大一些的还要宰一头猪拿到坟上祭祀。据老人们回忆,“家西番”在民国年间没有给祖先烧纸、同族祭祀的习俗,直到解放以后“家西番”才在除夕时用糌粑、酥油、柏香等物品祭祀祖,现在除清明节、七月十五不举行祭祀活动,其它在祭祀时间和供品上均与当地汉族相同。

“家西番”在定居以后,为了向汉族学习农业耕作技术,必须学说汉语,如今“家西番”受汉族文化影响最突出最典型的部分也是语言上的“汉化”。笔者将“家西番”人分 50 岁以上、30～40 岁、30 岁以下三个年龄层次来调查他们掌握藏语的程度时发现,这三个年龄段中掌握藏语的程度逐渐降低——50 岁以上的老人能用藏语对话,30～40 岁的中年人会一些简单的诸如“家通”(喝茶)“却刚阿角吉”(到哪儿去)等藏语词汇,30 岁以下的年轻人基本不懂藏语。日月藏族乡中学曾在 1996～1998 年间在初中年级对藏族学生开设过藏文课,但因学生基础太差、课程太繁重、学生兴趣很低等原因而中途停止。目前他们开设的课程主要有语文、数学、英语、政治、物理、化学、历史、地理等,与当地汉族学生相同。汉文化逐渐成为“家西番”群体文化教育的全部内容。“家西番”学生学习汉文化,学习了儒家文化待人处世的方式和原则。儒家的伦理道德,慢慢成为他们处世的指导原则。

民族通婚是反映民族融合程度的一个标准。“家西番”基本实行族内婚,也有跟牧区藏族和当地汉族通婚的现象。在调查中,“家西番”有 96％以上的人愿意跟本民族通婚,由于在农村自由恋爱的现象较少,所以父母在替儿女选亲时,首先考虑民族问题,据说是民族风俗习惯不同容易造成冲突。但是子女自由恋爱的情况下,他们也不坚决反对,因为村里因父母坚决反对造成的私奔或另行嫁娶、以后夫妻不和的事情很多,所以对这种现象采取比较宽容的态度。近年来,民族间通婚的数量在逐年增加。民族通婚意味着民族偏见和民族歧视行为的减弱,从而也为"家西番"采纳汉族伦理道德创造了便利的条件,也为"家西番"借鉴伦理型的汉文化创造了捷径。

四、"家西番"的民俗形态(一)

"家西番"不是一个特定社会群体,它没有明确的群体边界,但它的确又是一个独具特色的类群。使它成为一个特殊的类群的,主要是在它特定的地理环境和经济基础上产生的民俗文化。民俗文化包括精神民俗和物质民俗两种,精神民俗主要包括人生仪礼、礼庆节日、社会俗信与禁忌以及民间文艺等方面。

(一):"家西番"的人生仪礼

人生仪礼是指一个人在其一生的几个重要环节上所经过的具有一定仪式的行为过程,主要包括诞生礼、成人礼、婚礼和葬礼。

1. 诞生礼

诞生礼是一个人一生的开端礼。一个婴儿出生后,只有通过一系列的礼仪,他才会被接纳入社会,成为一个社会的"人"。由于"家西番"重视子嗣,所以诞生礼还包括婴儿出生前求子的过程。但庆贺生子是诞生礼的中心部分。

(1)求子仪式

已婚妇女未孕前,"家西番"中有种种企盼得子的方式。老人们天天煨桑、点灯,给佛磕头,祈求佛早日赐予他们子女。有些人到寺院上香,请喇嘛卜卦,有时请喇嘛到家里"做经事"(念经),禳解不祥,以求早日得子女。还有些人在每年正月演社火期间到火神庙中许愿,如果真能得子,便在第二年演社火时,蒸上馒头,到庙中向火神爷还愿。

(2)庆贺生子

在婴儿出生后第三天,产妇的母亲及娘家人带着红枣、大米、核桃、桂圆及小孩衣物被褥等来"洗三"。"洗三"是家庭庆贺添人进口的仪式,也是标志新生儿脱离母体降生人世的象征性仪式。洗三时,将婴儿放到一个盛着热水的大盆中,盆内放上枣子、核桃、柏香、钱币等。由老年妇女为婴儿擦身,认为这样可以去掉胎气,同时也预示孩子长大成人后大富大贵,万事如意。在民国年间,"家西番"还没有"洗三"的习俗,后来受汉族影响才逐渐有了这种习俗。

在婴儿(一般是第一胎)出生后的第十天或者是一个月,婆家人宴请亲朋好友。称为"贺十天"或"摆满月"。亲友带小孩衣物玩具或衣料糕点米枣之类前来祝贺,至亲并专做中间穿孔之厚烙饼(俗称"曲连")一对或数对祝贺。孩子诞生三个月,过"百岁儿",小有欢宴。孩子诞生以后,给孩子取名字也是诞生礼的一个重要环节。孩子满月后,"家西番"家请喇嘛或德高望重的人给孩子起名字。一般情况下,乳名为藏名,如扎西、才让、隆奔、卓玛等,官名或大名为汉名。

2. 婚礼仪式

在"家西番"中,成人礼和婚礼合为一体。结婚的方式除女方出嫁以外,还有男方到女方家入赘的习惯,《丹噶尔厅志·卷五》记载:"境内南乡一带东科尔佃户,原系西番种类,其婚多属招赘女家,男方反受聘礼,而冒女家之姓。""家西番"从不歧视招赘的女婿。在姑娘出嫁时,婚礼仪式一般分为以下几个阶段:

(1)提亲

当男方家看上一个姑娘以后,会委托媒人带上哈达、茶叶、酒等到姑娘家,向姑娘的父母提亲。如果姑娘家觉得这门亲事合适或者可以考虑,就暂时收下礼品,如果认为不合适,则将礼物退回。

(2)"自愿"

即定亲。女方家对男方及男方家进行多方打听,认为符合条件后,安排姑娘和小伙子见面,交换"定情物",叫"自愿"。这是婚礼之前的一次较为隆重的仪式。男方家由媒人带着4~6人到女方家,女方家也邀请至亲,摆上宴席,进行庆贺。在牧区,男女婚前交往自由,故而没有让男女方见面的习俗。这是崇尚"父母之命,媒妁之言"的汉族的习俗。

(3)送彩礼

当姑娘在"自愿"时看上小伙子后,小伙子家按着程序进行卜一步,即给姑娘送彩礼。在“家西番”家,送的彩礼不尽相同。多数人家里送藏服,包括“擦日”、“辫套”、“半长”(大襟半长衣服)等。也有些人实行“双轨制”,即藏服和汉装各送一半,也有少数人家纯粹送汉装。

(4)请婚期

男方家送完彩礼后,和女方父母商量结婚的日期,叫请婚期。一般情况下,结婚的吉日要到寺里,由喇嘛裁定。结婚的吉日多选在农闲的腊月和正月,而且是在农历的双日。当地人忌讳在农历初八结婚,认为“七不出,八不进”,但如果喇嘛裁定这两天是吉日,也可以在这两日结婚。

(5)举行婚礼

上面这些程序只是为婚礼拉开了帷幕,举行婚礼才是最隆重的。男方家到女方家娶亲时,一般去 3 至 5 人,其中有男方长辈、媒人等。“家西番”娶亲讲究时间要早,而汉族讲究要晚。女方家在门内摆上接桌,献上糌粑、酒等。娶亲人到门口献上“哈达”,用酒菜祭天、祭地。这时女方家的姑娘们从大门口到房门口,准备好一桶桶、一勺勺的清水,娶亲人在大门外也做防水的准备。娶亲人进门时,站在大门后的新娘母亲向天空泼一勺掺有牛奶的白水,表示祭天神。然后娶亲人长辈一人先进门,不许泼水。长辈进到客房后,媒人等开始抢着进大门,这时姑娘们你一勺,她一勺地往娶亲人身上泼水,有时娶亲者被全身淋湿,在寒冷的冬天,往往冻结成冰。女方家的姑娘们尽情泼水,有的娶亲人进了房还向他们身上泼水,直到娶亲人拿出几尺红布并向姑娘们敬上酒后,泼水方可告罢。在冬季,几乎满院子成了冰地。泼水是一个十分有趣的场面,贺喜的亲友们争着看热闹,大人小孩一片欢腾。泼水的意思是驱赶跟着娶亲人来的邪魔,使出嫁的姑娘平安吉祥。这种敞门迎客、泼水嬉戏的习俗跟牧区藏族一致。当地汉族则讲究拦住大门抢娶亲人的包袱。新娘这天一直坐在炕上,头上梳三个辫,辫梢缠一缕活羊的羊毛。炕上放一方桌,方桌上供糌粑、酥油等。新娘临行前,要到堂屋拜别“家神”,出房门时还要向屋内撒一把红筷子,表示“姑娘走了,财宝不走”。女方家的亲友随新娘一起到婆家。

到了男方家,男方在家门口放鞭炮,新娘下马(或下车)落脚时,地上铺一张羊皮,新娘踩过羊皮后,男女双方家的亲友争着抢羊皮,谁抢到羊皮意味着谁家的财路好,会兴旺发达。抢羊皮的习俗是“家西番”对藏族传统文化的继承。新娘进门时,新郎背着枪和伴郎站在大门顶上,以示在以后的日子中能管住新娘,支配新娘。在牧区由于藏族住帐篷,所以没有站在房上的习俗;而当地汉族用抢上炕的方式来预示以后的日子中谁管谁。“家西番”这一习俗跟牧区藏族和当地汉族习俗都不一样。“家西番”没有新郎、新娘拜天地的习俗,新娘到男方家直接送入洞房。女方家在酒席后,要向亲友们展出姑娘的嫁妆,而且向新郎的父母、兄嫂、姐妹等赠送枕头、鞋袜、枕巾等礼物,叫“抬针线”。

送亲的人们在男方家要留住一夜,叫“坐席”,与汉族当日即回的酒席不同。晚上男方家还要特意供上一个全羊肉,叫做吃“应卡肉”,亲友们尽情喝酒吃肉,唱藏曲,跳起欢乐的藏舞,直到深夜。男方家的本家还要请娘家人吃饭,名叫“邀卡廉”,被邀请去的娘家人除新娘的舅舅外,进门时都要受婆家人泼水。送亲的娘家人离开婆家时,男方向新娘的父母送上做长衣的衣料,叫“奶母布”,还有一只母绵羊叫“财勒羊”,表示感谢他们的养育女儿之恩。送亲队伍的离开,并不意味着婚礼仪式的全部结束,第二天,新娘的母亲、奶奶、哥哥、嫂子等至亲一行六人或八人来举行“下面”仪式。“下面”是受汉文化影响的结果。“下面”的人给新娘带围裙、袖套,另外还有挂面、葱、盐、调料,新娘的母亲将面下到锅中,象征新娘作为家庭主妇的生涯从此开始。

喜事结束后,女方家择日邀请新婚夫妇认门,认门一般由婆婆陪同,携带茶叶、酒等礼物,当日返回。一个月后,新娘去娘家住上几天,叫“坐头回娘家”。

(三)葬礼

丧葬是人们荐念死者生前功德的重要方式。在长期的生活实践中,“家西番”已逐渐形成一套较完备的丧葬仪式,其丧葬程序包括报丧、守灵、出殡、服孝和追荐。

1. 报丧

报丧是丧葬的序曲。一旦有人死亡,即告知左邻右舍及喇嘛。一些年长的人因棺材的式样不同,将尸体处理成不同的姿势。棺材有两种形式,一种叫"长材",类似于汉族的棺材,一种叫"座儿",是"家西番"特有的,形如庙宇,里面做成靠背椅子的形状。尸体就被处理成直肢仰卧式或盘腿坐立式,停放于堂屋中央。这时,喇嘛开始念经,一般认为,请的喇嘛越多,念经天数越长,越显得尽了"孝"。而当地汉族则一般请道士,请唢呐班子,奏哀乐。

2. 守灵

在报丧的同时,亲属在家中设置灵堂、祭台等,点灯煨桑,敬献祭品,进行各种祭祀活动。丧期一般为五天,也有三天或七天的,在这期间,无论是白天还是夜晚,人们一直轮流守在尸体旁,称为守灵。亲朋及乡邻得知噩耗后,纷纷携带哈达、茶叶、钱、布料、花圈等前来吊唁,悼念死者,慰问亲属,并帮助死者家属料理丧事。

3. 出殡

这是丧葬活动中最重要的一环。出殡是在天亮前进行,丧主点灯煨桑进行祭奠,僧人诵经,超度亡魂。在出殡的前一天举行装裱棺材和摆威活动。在装裱棺材时,死者已婚的女儿、侄女、外甥女等在棺材内部四周裱上数层红绸或红布,装裱的层数越多,表示死者越有福气。装裱棺材以后,死者的娘、外家(即死者为女性指其娘家,死者为男性则指其母亲的娘家)给死者的儿子、儿媳、女儿、女婿等晚辈"摆威",数落他们的不孝敬以及对死者照顾的不周到,为死者鸣不平。在出殡的早晨,尸体装入装裱好的棺材,钉上盖,儿孙等跪在棺材前,进行诀别。棺材由村中的青壮年男子抬往坟地,出门以后,不得落地。送葬之后,死者亲属招待前来送葬的乡邻,以表谢意。牧区的藏族由于实行天葬,所以不存在装裱棺材、摆威、出殡等程序,"家西番"这些丧葬仪轨完全是受汉族影响的结果。

4. 服孝

"家西番"不重披麻戴孝,也不像汉族一样给前来祭奠的人送孝布。丧事期间,男子剃头,已婚女子穿旧长衣,不戴首饰,将辫套反背;未婚女子在发辫末梢缠一缕羊毛(或白布条)。丧事过后"全三"(出殡后,本家人到坟地祭祀亡人,给坟上添土)时,白布条、白羊毛都在坟前烧毁。

“家西番”重视心孝,出殡后不戴孝布,有些富裕人家请喇嘛念经长达49天,49天以后换孝,这跟藏区一致(当地汉族守孝100天)。守孝期间男女不饮酒,不参加娱乐活动,49天后丧仪即告结束。以后每逢周年还要请喇嘛念经。藏族自称为“黑头人”,家西番也认为他们戴“黑头孝”(没有任何表面形式),这是对藏族习俗的继承,但他们上坟“全三”的习俗完全是受汉族影响的结果。

在丧葬形式上,在以前,有“姓”的“家西番”和汉族一样土葬,没有“姓”的天葬。现在绝大部分“家西番”实行土葬。活佛、喇嘛亡故后,都要火葬,并建一小土塔,将骨灰置于塔内。

(二)“家西番”的礼庆节日

随着“家西番”从事农耕的时间的增长,与农业生产有密切联系的农历历法逐渐代替了藏历历法。在使用农历历法的同时,“家西番”群体的节日逐渐演变得跟汉族一样:春节、端午、中秋等节日俱同汉族一起共度,只是具体的过程有些差异。

1.春节

“家西番”在年前进行一些诸如打扫房屋、擦洗器具、缝洗衣服、宰猪杀羊、蒸煮炸烙等准备工作,到腊月的最后一天,贴对联、贴门神,还要给祖先烧纸。诸事停当,再吃晚饭,吃完饭汉族人家向家谱神主上香磕头,而“家西番”给神佛上供,点灯煨桑。再晚一些全村燃放鞭炮,迎接神灵,打“醋炭”(就是取两块卵石烧热后,放在盆中,倒上开水、醋,放上柏香后,在屋子各处熏一遍以袚除邪祟),算一年已满,正式开始过年。除夕,男女老少都穿戴一新,家家欢聚聊天,通宵达旦,谓之“守岁”。当地汉族在半夜吃饺子,称为“捏嘴”,预示着一年之内不会有吵架拌嘴的事,而“家西番”人家不吃饺子,有些人家在晚饭时下面片,预示来年财源滚滚,有些人家吃长面条,预祝来年一切顺利。约至鸡叫,青年男子到峨博进行祭祀,老人们重新洗脸净手,点灯煨桑,迎接神灵。大年初一早上,摆好糖果酒类以候来客,拜年者先在佛案前叩首,再向长辈磕头。虽然让酒让菜,但客人一般只饮茶一碗或饮酒数盅即行告辞。从初一至初三都是轮流拜年,早晨、晚上点灯煨桑不断,初二上午,撤去供品(除夕晚上给家神供上的十五个馒头),到祖先坟上烧纸,给祖先拜个年,大年也随之结束。三五天的年节虽已结束,但人们拜年的热情并没有过去,人们陆陆续续走访亲友,直到农历二月二以后才告一段落。

2. 天社祭祖

每逢天社日(即春分日),“家西番”人家携带烧纸(黄表纸数张)、献茶,到祖坟前祭祀,并添加坟土。如果某家在当年娶了新媳妇,务必由老人领去上坟。先由长者主持祭奠烧纸,其余的人环跪坟前,然后由两位长者将两个馒头从坟顶滚下,滚到谁面前谁就拥有这个馒头,意味着会得到先人保佑,诸事如意。如此滚动,直到将一副(十二个)馒头滚完为止。然后合家席地而坐,吃祭祀剩余的小菜等,男子们可放炮唱曲。吃喝之后,祭祖仪式遂告结束。“家西番”坟前祭祀和滚馒头的习俗完全受汉族影响,牧区藏族由于实行天葬,没有坟堆,所以也不存在坟前祭祖。

3. 端午节

农历五月初五是端午节,这天家家户户门上插杨柳树枝,食品主要是菜盒子(即将菜放在发面面饼上,折起来,放在油里炸熟)。这可能与高原山区只有在农历五月份才能供应充足韭菜有关。人们还要佩戴用绸缎绒布做成的,内装草香,制成各种禽兽、花卉、器皿等形状的香包。订了婚的姑娘,则必精心巧制一对,赠给情人,情人藏之于怀,密不示人,而心甜意畅,别是一番情趣。端午节“家西番”与当地汉族的节日民俗完全相同。

4. 中秋节

中秋节习惯上称为“八月十五”。这一天家家户户以上好的面粉,配以红曲、姜黄、香豆、红花、食糖等佐料,表面饰以各种彩色禽鸟虫草的花样,做成颜色层层不同的月饼,蒸熟后其味清香,色泽明快。中秋晚上,在院子里放上一供桌,上面献菊花、梨、苹果,还有特意为供月做的大号月饼。此时,小孩们会去偷别人家供月的苹果、梨以及月饼。第二天,人们携带月饼,分送亲友,高兴无比。

5. 腊八节

腊八节这天进行小小的庆祝活动,人们在这天把小麦去皮后,配上牛羊肉及佐料,熬成腊八粥。另外,男人们在早晨还要到河里打冰块带到家中,置于房顶、花园以及附近的田地中,叫腊八冰。据说人们可以从冰粒的形状上观察出来年油菜、青稞的产量。放置腊八冰有预祝来年庄稼丰收之意。腊八节跟农业有关,是当地汉族和"家西番"共同的节日。

"家西番"除了在清明节、七月十五等日子不给祖先上坟烧纸外,其它节日与当地汉族基本一致,而与牧区藏族相比节日多而且较为讲究,受汉族影响比较大。

(三)"家西番"的俗信禁忌

1. 社会俗信

在"家西番"信仰中,有一种类似于内地狐仙、黄仙的神灵,叫"狗头神"。所谓"狗头神",据说是将一只出生不久的小狗掐死,然后在脖子上系一条红布,供于堂屋中央的大红柜上,天天用酒菜供奉,供奉一段时间后,它就成为供奉人家的保护神了。据说这种神非常灵验,它能给主人办很多常人难以办到的事情,而且还擅长于保护主人的财产。此外,它还有一个功能,就是危害别人。据说一旦有人被狗头神附身,就会得上各种异难怪病,而且很难治愈。所以人们对供奉狗头神的人敬而远之,不轻易来往。人们不幸被狗头神缠身以后,一般请法师治病。法师是一些具有"特异功能"的人,在做法时,法师穿上特制的法衣,带上法器,首先开始跳神,等神灵附体以后,用鞭子敲打病人,并在屋子的各处用粮食等东西洒打,驱赶附身于病人身上的"狗头神"。做"法"以后,给病人一些画有灵符的烧纸,烧成灰烬后服用。对于它的灵验与否,人们的说法各有不同。"家西番"信奉的"狗头神"与当地汉族信奉的"猫头神"完全不同。对狗崇拜可能跟他们当年游牧时跟狗的密切关系有关。

除了"狗头神"外,"家西番"还信仰土地神、火神、家神等。当地人亲切地称土地神为"土地爷爷"。尽管对土地神没有专门祭祀,但人们的日常禁忌体现了对土地神的敬仰。"家西番"禁止在屋内泼洒污水,认为污水会惹恼土地爷,使土地爷惩罚人们。他们把山上燃烧的磷火,说成是土地爷爷带着土地奶奶到处巡游,看看人间是否平安吉祥。

另外,在湟源地区很多村庄都有火神庙,人们每年以演社火的方式祭祀火神(因庙内没有塑像,所以不能确定火神是谁)。在民国年间"家西番"刚定居下来时,从不饰演社火中的任何角色,有些"家西番"人家甚至不让孩子去观看社火,但是现在也有"家西番"人扮演社火角色,甚至有人到火神庙点灯磕头、许愿还愿。

2. 生活禁忌

"家西番"中的禁忌事项五花八门、千奇百怪,渗透在衣食住行、婚丧生育、礼仪节日等日常生活中。

(1)在衣食方面:"家西番"忌讳将帽子反过来,白布朝上戴,因为这样像汉族戴孝。忌讳衣服上扣子是双数。在饮食方面,忌食驴、马等圆蹄形牲畜的肉以及旱獭肉、狗肉,未经屠宰的病死的牛、羊、猪等家畜的肉也在禁食之列。在20世纪80年代前,"家西番"禁食鱼类,认为鱼类是"龙王"、神的后代,不可食。现在也有人吃鱼,但一般情况下认为有些湖中进行水葬,鱼吃人肉,所以不能吃。

(2)在住行方面:在修房屋时,厕所和主房不能修在一排;堂屋因为是供神的地方,所以不能摆床。在出门时,看着挑空桶的,以为不吉利,要绕道而行,还有些认为农历的十三日是糊涂日,该天新婚夫妇、出门挣钱的人不能出行。

(3)婚丧是人们生活中的大事,"家西番"人也非常重视,因而也有相关的种种禁忌。

在举行婚礼时,受当地汉族观念影响,他们认为身有残疾、无后或者与新婚夫妇属相不合的宾客不准迎送新娘;妇女生孩子以后,在大门上贴一红纸,称为"忌门"。这时外人不能进入,否则会冲撞小孩,这也与汉族习俗相同。牧区藏族妇女生育以后,三天即下地干活,孩子放在帐房中,不忌讳外人的出入。在丧礼上,忌讳直呼死者的名字,忌讳猫、狗等靠近尸体。此外,"家西番"由于信仰藏传佛教,所以禁忌用手指佛像,不能以佛作比喻,不能用未经清水洗过的手动敬佛的器具,禁忌动用寺院里的任何东西。许给峨博的神牛、神羊即使践踏了庄稼也不能捆绑,更不能宰杀。

(四)“家西番”的民间文艺形式

1. 口承文学

“家西番”在从事农耕以后,学习汉语、说汉话,所以当地广为流传的故事、谚语等在“家西番”中同样流传。

(1)民间故事

在湟源地区流传的民间故事主要有以下几种类型:民间传说、幻想故事、生活故事、机智人物故事。

a. 民间传说方面关于文成公主的传说家喻户晓。其中如《日月山的传说》讲述了文成公主入藏前,藏王使臣前往唐王朝求婚时唐王所用的种种计策,以及公主到日月山后看着满目凄凉的茫茫草原,摔碎日月宝镜后形成日月山的故事。而《香泉》的故事则叙述了公主经过日月乡哈城村和日月山村时,发现两村之间有一泉,水流清澈见底,公主因此在这里歇息数日,每天早晨到这个泉边梳洗打扮。因为她洗过脸,饮过水,从此后水亮味香,老百姓就给这个泉起名叫香泉。这类传说属地方风物传说,是当地人对促进汉藏友谊的文成公主的崇敬和赞扬。

b. 幻想故事:《阿奶和花牛犊》、《黑马下的张三哥》、《成佛》等幻想故事情节曲折,充满了群众的智慧。《阿奶和花牛犊》的故事夸赞一位年迈的阿奶以她的智慧赶走前来偷花牛犊的贼和吃牛犊的老虎。《黑马下的张三哥》讲了一个黑马生下的孩子“张三哥”的种种经历。张三哥得知自己是黑马所生以后,离开了父母,结拜了柳二哥、石大哥,找到了自己幸福的生活。《成佛》的故事讲了一个阿卡(和尚)天天念经想成佛,念珠都念小了无数个,但他念经时,心中总想着他的牛和羊,几十年以后他还没有成佛,于是他驮着他的念珠去西天问佛祖,为什么念小了这么多佛珠还成不了佛?西天佛祖让他把念珠倒进河里,结果念珠全变成了牛羊,这个阿卡于是顿悟了他没有成佛的原因。《阿奶和花牛犊》、《黑马下的张三哥》的故事都与畜牧业有关,可能是“家西番”定居以后,在当地汉族的故事中加进了他们从事畜牧业的经历。《成佛》的故事则是藏传佛教故事,它可能是传入“家西番”后流传开来的。

c. 生活故事:流传在湟源地区的生活故事很多,其中最突出的如《禁忌》、《打和尚》、《爷爷的木碗》等。《禁忌》的故事叙述了人们在出门时若碰到有人挑着空桶走,则另择吉日出门的生活禁忌的来历。《打和尚》的故事讲述了一个腰缠万贯的财主为自己游手好闲、整日不务正业的儿子在泥和尚中存钱,叫儿子在他死后"打和尚",但儿子却不懂父亲的用意,在父亲死后打了真和尚,结果被关起来。《爷爷的木碗》叙述了一个不孝顺的儿子因为虐待了父亲,到老了以后他的儿子也不孝敬他,得到报应的故事。这些故事可能是汉族故事原模原样地在"家西番"中流传,没有任何藏族文化的特点。

d. 机智人物故事:在湟源流传的机智人物故事都是些小人物的故事,如巧媳妇、能姐儿、庄稼人等。其中《能姐儿与老阿卡》讲述了聪明机智的能姐儿击破了老阿卡(即藏传佛教僧人)一个个坏主意的故事。老阿卡一次次想把能姐儿置于死地,但能姐儿一次次脱了险,而且最终杀死了老阿卡,带着老阿卡的两匹马和一个箱子回到母亲的身边。这个故事在歌颂机智人物能姐儿的同时加进了老阿卡,这是汉族机智人物故事在"家西番"中的变异。

(2)民间谚语

民间谚语有俗语、谜语、谚语和歇后语等。俗语如"羊居羊吕的胡子长,买卖人心意短"、"大懒使小懒,小懒使了个白瞪眼"、"上去日月山,仰伴肚儿摸着天"等,谚语如"草长不过寸,牛吃更有劲"、"养牛养羊,有肉有粮"、"地里有黄金,只怕无勤人"、"人生一世,草木一秋"等等。这些谚语中如"养牛养羊,有肉有粮","地里有黄金,只怕无勤人"等反映了他们与畜牧业、农业的密切关系。

2. 民间歌舞与藏戏

"家西番"爱好歌舞,男女群众在喜庆的日子里喜欢唱藏曲,跳藏舞。男人们在喝酒时往往唱起酒曲,内容一般是诚心诚意地敬酒,如"尊贵的客人请饮完这杯美酒"等。有的对长辈敬酒时用藏曲唱道:"山高了百鸟旋,山脉好,海潮了黄鸭旋,尊敬的老汉饮上长寿酒,福气会更大"。还有如新娘到门口时,妇女们唱起吉利的藏曲,以示欢迎。有的内容是"太阳发红的光辉里带着福,光辉是从天上来的,亲友们带着吉利喜气到门前。”娘家人住在男方家的晚上,男女老少往往在院子里跳起欢快的藏舞,有的用藏曲问对方:“今晚吃的应卡肉是什么样的羊,羊吃哪里的草长大的,是啥人放牧的,用什么绳子拉来的……”等,有意叫对方回答,看他是不是唱曲儿的“把式”(能手)。在1988年前,湟源有藏戏,即东科寺的“阿卡社火”,它是一种戴面具的哑社火,但是自从宗教改革以后,寺院阿卡人数太少,这种活动已停止。

3. 耍社火

社火是群众在春节期间自发组织、当地群众喜闻乐见的一种民间表演艺术形式。演出时根据村庄的大小不同,组织的场面也有大有小。社火中的各种角色,民间称为“身子”。传统的社火身子主要有舞龙、舞狮子、高尖帽、灯官、报儿、阿姐阿我(藏语、意为姐姐、哥哥)等,其中哑巴上身反穿皮袄,跟内地社火角色截然不同。阿姐阿我都是藏式打扮,穿藏袍,腰中勒带子,阿姐头上戴着狐帽,阿我背着三叉枪,两人手里拿着小奶桶,到处跟群众逗笑。

社火在民间又叫“耍社火”,它伴随着鼓、钹、唢呐等节奏边歌边舞,所以社火唱词和说词是社火很重要的一个组成部分。社火中灯官和报子的说词均是些吉祥如意的祝词。灯官带着众社火“身子”在火神庙中祭祀时祷告“本府带的,一字点元灯,双喜临门灯,三元报喜灯,四季平安灯……十字幸福灯,本府带的七十二盏明灯,压倒了八十四朵恶云”,祈祷乡里的百姓吉祥如意。

报子是社火队伍的先行者,社火队伍到来前,先由报子到各个接社火的地点报到。报子来过三次,社火队伍才缓缓到来。报子见群众时一般说:“你抓马,他拦缰,我报子上马把好话讲。吉祥来,如意去,牵马拽镫有恩的人”,“狼来锁口,贼来迷路,火神爷老人家保佑你想啥成啥,谋啥来啥”等等。

秧歌词、高跷、八仙词都是社火的唱词。秧歌词讲述了一些历史事件,如“哈拉(日月藏族乡一个行政村,蒙语,意为黑喇嘛)城是个棋花儿城,朝朝代代接贵人,唐公主城楼上哭声恸啊!对面的山神泪纷纷。”“哈拉营盘是空营 ,祭海的钦差要阅个兵,全庄子小伙子顶三个名啊!一人得了一两银”。高跷、八仙在社火中是专职演唱的“身子”,社火每到一个地方,他们都要找一个固定的地点弹唱。他们演唱的曲目有《八洞神仙》、《十二月唱杨将》、《十道儿黑》、《四辈儿》、《相思洞》等,这些曲目是从地方曲艺如平弦中引进的。

五、“家西番”的民俗形态(二)

“家西番”的精神民俗反映了“家西番”的民族心理和民族精神,物质民俗则是“家西番”文化的外在体现,物质民俗所包含的服饰、饮食等方面更加直观地体现了“家西番”文化多元的特点。

(一)“家西番”的服饰与饮食

1.“家西番”的服饰特征

“家西番”的服饰分为礼服和便服两种。礼服用料华贵,装饰精美,工艺考究。便服式样简单,用料经济,朴素大方。

(1)礼服

“家西番”服饰无论礼服、便服,按性别区分,又分为妇女服饰和男子服饰两种。

a.妇女服饰

头饰:已婚妇女将头发辫成两股,在辫梢缀上银元等较重的物品,装入辫套中。辫套是用黑布做的装头发的套子。辫套正面上半部为六至八块丝线绣成的精美图案,中间为银元、珊瑚、玛瑙等装饰品,下端除了若干条花边外,还有用丝线做的下垂的穗子。辫套两个为一副,中间用一小块布连起接来,最上端有扣,穿过头发,垂于背后。帽子有滚头和礼帽两种。“滚头”,呈圆筒形,帽顶绣有花纹,下端有两大两小四个帽檐,寒冷时可放出来,对耳朵、前额有保暖作用,平时折进帽子里面。礼帽颜色多为深绿色和土色。

着装:在节日或喜庆时,“家西番”妇女一般穿羔皮藏袍,叫“擦日”。藏袍由于是礼服,所以必须有面子,面子的面料有各色灯心绒、平绒、绸缎、呢子等。就面料的品种而言,团花缎、织锦缎为上品。从料子的色彩而论,咖啡、紫青、墨绿、藏蓝等色颇受青睐。藏袍讲究边饰,作为礼服的"擦日"更是如此。边饰主要有氆氇边、织锦边、貂皮边和水獭皮边,其中水獭皮最为昂贵。边饰宽窄一般无定例,以水獭皮为例,其宽度多为10～15厘米,最窄也在3～6厘米左右。漂亮的藏袍上还有腰带,腰带有红、绿、粉红等多种颜色,长4～5米不等,宽约30厘米,系在腰间。

b. 男子服饰:

相对于妇女礼服,男子礼服较简单。藏袍一般也是羔皮做的,面子用较厚的布质面料,衣领、袖口及衣服下边上缝3～5寸宽的水獭皮。男式藏袍极其宽大,穿时将下摆提到膝盖上部,腰间系红、蓝、绿等色腰带,上半截衣服隆起如口袋。藏袍内,上身着高领斜襟衬衫,用料为绸缎或棉布,颜色多为白边,下身穿宽松的高级面料裤子。

(2)便服

a. 妇女服饰

头饰:"家西番"已婚妇女平时也戴辫套,只是没有节日时那么鲜艳美丽,上面的饰物也较廉价,如将银元换成铜元或穿孔的五分钱,珊瑚、玛瑙换成仿珍珠、玛瑙等。在天寒时,"家西番"妇女将棉质方巾对折成长方形戴在头上,方巾的穗子朝脸部;天热时,戴薄纱巾。

着装:"家西番"妇女平时上身穿半长大襟衣服,俗称"半长"。"半长"长至臀部,高立领,囫囵袖,无兜肥大,腰间系上带子,胸前可以装东西。"半长"是用布制成的单衣,在色彩的选择上,相对于礼服,更倾向于红、绿、蓝、粉红等艳丽的颜色,腰带也以鲜亮的颜色为主。在系腰带时,将长至脚跟的辫套提到膝部连同"半长"系到腰间,辫套的上半部自然垂到腰带上。随着年龄的增长,老年妇女的辫套,虽也有绣花,但一般色彩较暗。也有些老年妇女将两根辫子垂于脑后,在辫子上续上长长的黑色细棉线,叫"饯(jian)线"。"家西番"妇女忌讳剪短发,戴白帽子等。"家西番"妇女不穿裙子,而穿宽松肥大的、用布料做的裤子。脚上以前穿皮靴,现改穿皮鞋和布鞋等。

b. 男子服饰

《湟源县风土调查录》(民国十五年)记载:"南乡东科尔佃户多系番族,服装近似西番男子则穿长领皮袄以带围腰,令腰间衣悬垂如袋,取其多功能携带物件也……至其衣服质料因气候关系多用羊皮及野牲皮,今则以斜布、洋布为大宗,氆氇、绸缎次之。"又据《湟源县志》(1985年修订)记载,"湟源藏男以大领衣服为主,冬季着大领皮袄,春秋是棉袄或氆氇大领褐衫,腰间勒红色或蓝色布腰带。"由于藏袍在农耕时极不方便,所以"家西番"男子在平时基本上穿汉装。只是老人们喜欢穿黑色"半长",戴礼帽。

2. 民族饮食

青稞是当地人的主食,因而青稞的做法有很多种。青稞爆炒熟后,叫"麻麦",磨成粉叫"青稞炒面",掺上酥油、奶茶、曲拉、黑白糖可以做成糌粑。"青稞炒面"食用方便,易于储存,因而成为"家西番"饮食中的主体。将青稞加工成粉,发酵蒸成馍称为"油花";烙成饼,则叫"干粮";和匀揉团擀成面条,以水和菜煮熟,连清带稠,叫"杂合面汤";擀成面片,边撕边下锅,叫"破布衫";将面擀开,切成小条,搓圆,再切为小丁打平为小圆饼,煮熟干拌,叫"巴各";切成小条搓细,长约寸许,两头细中间粗,叫"面鱼儿"。"家西番"以面食为主,每天除了糌粑以外,就吃馒头和面,很少吃米饭。近几年,人民生活水平有所提高,小麦面(当地叫白面)逐渐成为人们的主食,青稞除了磨"青稞炒面"用来做糌粑外,只是偶而出现在人们的饭桌上。"家西番"由于兼营农牧业,所以牛羊肉在食品中占有重要的地位。《丹噶尔厅志·卷五》记载:"六七人共煮羊肉一大块,重十余斤,手裂而啖,同席皆然不以为嫌。家常所食,亦用以请客。惟需用盐、醋、蒜三种,以助滋味。"这种习俗亦影响到当地汉族,"盖以湟邑与番地接壤,人民半多出口贸易,番民亦杂居,故染番习,县境习惯颇尚番性之手抓羊肉。"(《青海各县风土概况调查》,铅印本。)当地还有吃全羊的习惯,吃时由主人按老幼次序,分别拣让,最尊最长者吃肥美的胸叉肉,吃时嘴啃手撕。内脏下水等物分别涮洗,以血灌肠,以面糊注之,又以肺肝胸膜作填塞,做成色鲜味美的血肠、面肠、肉肠、烩肚等,别有风味。现今,人们吃羊肉多从集市上买,兔尔干村有 4 家卖羊肉的铺子,平均一天一家能卖出一只羊。

"家西番"嗜酒者更多,"有终年沉湎不事生业者,有三五日为期相聚轮饮者,亦以见嗜饮者之多也"。民间谚语说:"西番见酒,羊居羊吕见柳",充分说明"家西番"对酒的嗜好。每有婚嫁喜事,人们以饮酒为第一,醉卧路旁者比比皆是。"家西番"的饮料,"则多从牛乳调茶,另加青盐少许,用罐煨滚,尤所嗜饮,比户皆然。"① 另外也喝很酽的茯茶,老年人在茶中放入荆芥、姜片、花椒或者茶药等,既解渴,又有祛风解晕之效。除了青茶、奶茶之外,还有一种打茶,即将酥油、茶水置于桶中,桶顶竖一木棍,下端有一圆木,上下打动,待酥油完全溶化入茶水后饮用,其味浓郁,最为名贵。只是因为其过程繁琐,人们不常饮用。"家西番"不喜喝花茶、绿茶等。"家西番"在招待客人时,一般在客人进门后,先压一碗"豆玛"(碗底放少许炒面和酥油,倒上奶茶),叫"喝空茶",等客人喝完"豆玛"以后,再吃糌粑,同时放上油炸馍、馒头或锅盔,放上包子,然后再放上手抓羊肉。有时炒几个菜,但炒菜不讲究烹饪之法。如果客人是位男性,还要摆上酒,一直饮到醉了才罢休。"家西番"中妇女划拳饮白酒的现象也屡见不鲜。在举办宴席时,主人先向前来的客人倒上一碗放了两个枣的奶茶,叫"喝枣儿茶",喝完"枣儿茶"以后,客人等待入席,席叫"熬熬",就是将粉条、肉、洋芋等放在一起,做成烩菜。开始由主人给客人盛上一碗,以后客人自己随便盛,直到吃饱为止。现在开始学习汉族宴席,有"十大碗"、"八盘"等,不过做菜的技艺不很精湛。

在喝茶用的茶具上,"家西番"认为龙碗(上面印着龙的瓷碗)极为尊贵,小孩不得用龙碗饮茶,怕折了寿。对前来的客人用龙碗奉茶,被认为是受到了尊敬和很好的招待。在过节时,"家西番"人家还要做一些油炸食品,其中"翻跟头"是"家西番"人家独有的食品,它的做法很简单,做时将一片长方形的发面,从中间切一刀,不切断,然后将两头的面翻转一下即可。如今跟当地汉族一样,油炸食品花样很多,有馓子、油饼、麻花等多种。此外,还要做肉包子、糖包子。包子的做法除了有跟汉族相同的那种外,还有一种叫阿卡包子,即包子形状跟陕西蒸饺相似,在一片圆形的面皮上放上馅,然后对折,一面捏上很多折纹。

---

① 《丹噶尔厅志·卷五》,铅印本,24页。

(二)"家西番"的居住格局与房屋陈设

"家西番"是定居的藏族,他们在农田周围建造房屋、庄廓院。庄廓(院墙很高称庄廓)的四周放有白色或青色的石头,房屋一般坐北朝南,从三间到十几间不等,三间的房屋从中间开门,中间一间为堂屋,再从堂屋开门到两头,两边一间为卧室,一间为厨房。五间的房屋在分配上一般中间一间为堂屋,两边分别为两间卧室,一间厨房,一间储藏室。房子都是平房,土木结构,有一般房子和大房两种。大房比一般房子椽子密集,前面的大梁头上刻有"猫头",屋檐底下,门窗上面的地方雕有花纹,华丽美观。现在家境富裕的人家盖一种新式房子叫封闭式房子,就是在普通房子的外面加一个走廊。这种房子如果是五间,其分配方式为:有一间厨房,其它房子从走廊的门进入堂屋的门以后一面为一个套间(两间房子无隔墙成为一大间),是客厅,一面是卧室。套间和卧室靠窗户的那边有炕,炕一般宽1.8~2米之间,长2米左右,用土坯和石板搭成,上抹一层厚厚的泥,既能弥合缝隙,防止烟火,又能保持温度。炕的边缘用木条镶嵌,叫炕沿,有些人家贴上瓷片,很美观。炕上铺牛毛或羊毛擀成的毡;毡上铺一种很厚的红线单,上面再铺床单。有些人家还在炕上两边铺两条地毯式的毯子,当地叫"栽毛褥子"。炕中间放矮腿长方形桌子,叫炕桌,在吃饭时,炕桌又成为饭桌。

居室内只有南面有窗,窗户在以前是木格子的,每年过年时,在窗户里面糊层新白纸,现在随着人们生活条件的提高,玻璃窗已经普及。有炕的房子在窗户下面做两个炕洞。到寒冷的冬天,从炕洞里煨炕,由于当地农牧兼营,所以菜籽杆,牛、羊、马粪都是烧炕的很好的燃料,用它们煨的炕,一天24小时都很热。

在很多"家西番"家,宅院的中央及大门顶上竖立起一支长杆,上面挂着印有藏传佛教经文的布幡,这迎风飘舞的经幡被"家西番"人称为"达却"。也有很多人家把印在五色棉布上的经文横挂在正房前面的房木或者大门门额上,祈求佛的保佑。在"家西番"已被汉化的住宅形式上,藏族传统的社会文化自然地与之融合在一起。在房屋的陈设上,"家两番"特别注重堂屋的陈设。堂屋的中央,"家西番"喜欢悬挂释迦牟尼佛像和班禅活佛佛像,下面摆一对大红面柜,柜上用油漆画上花卉草木的图样。柜子里摆设的都是人们认为“干净”的东西,如逢年过节点灯用的铜灯,还有装饰用的花瓶等。当地汉族人家喜欢悬挂装裱的毛笔字“三神土主,牛王马祖、三大财神”的神位,柜上供神主、神位和族谱,与“家西番”有很大的差别。

在1958年宗教改革以前,很多人家还设有一间佛堂,“家西番”人家佛堂内供奉释迦牟尼、拉毛佛爷(当地的一个活佛)、宝贝佛爷(宗喀巴)等,汉族人家供奉三神土主、牛王马祖、福、禄、寿三大财神等。每逢节日,人们互相拜节时,汉族到“家西番”家,遵从“家西番”的习惯,到佛堂中点灯、磕头后再到堂屋中磕头,而“家西番”到汉族家拜节,则必须拿上黄表纸(一种烧纸),到佛堂里上香磕头,然后再到堂屋里磕头。

大门是院子的进出口,大门的方向随地形,根据人们出入的方便而定,有些人家是单扇门,有些人家为双扇门。双扇的砖大门是当地家境较宽裕的一种反映。

(三)“家西番”的民间工艺

1. 刺绣

“家西番”妇女擅长刺绣。姑娘从小学剪花样,绣“荷包”,到出嫁时一般能学会刺绣辫套上的彩色图案。辫套上的刺绣有挑绣和盘绣两种绣法,盘绣需用两根针绣,技艺比较复杂。定亲后,姑娘要给女婿送上亲手绣的钱包。姑娘的嫁妆里除了绣着鲜艳图案的几幅辫套外,还有给长辈的绣花枕头。这种枕头叫“菜瓜枕头”,长方形,两头缝刺绣的花卉,它显示了一个人刺绣的水平。过去新郎穿的衬衣领上和布袜口上,都用彩色线绣有花纹、图案,从远处就能判断出他是个已婚的青年。

2. 雕刻

日月藏族乡有一些民间艺人,会雕刻大房房木上的花纹。这些花纹有花卉、鸟兽等,工艺精湛。乙细村的“家西番”李生财,以雕刻这些条形花纹出名,他一年中仅此项收入就有几千元之多。

六、结语:"家西番",一个独特的文化现象

"家西番"之所以形成独特的文化现象,其根本原因是多元文化整合的结果。"家西番"地处纯牧区与农业区、藏区和汉族聚居区的分界线上,换句话说,也就是处于藏文化区域和汉文化区域的边缘。仲富兰先生认为:"每一个文化区域,通常有一个文化发源或民俗传播的中心地带,称之为民俗文化中心,它是此区域的民俗模式特征最典型的地方。相邻的民俗文化区域之间,常有一个交接、过渡的地带,它远离文化中心,称之为文化边际。它是区域的民俗模式特征最为淡薄的地方,其容涵的内容由相邻的各个文化区域的民俗模式混合而成。"①"家西番"恰好处于藏汉文化的边际,但是,"家西番"由于雄厚的藏族传统文化的积淀,并没有与当地汉族形成一种共同的区域文化,而是在藏文化的基础上对其它民族文化进行了选择、吸收和整合,从而形成了一种独特的"家西番"文化。文化选择是民俗产生的最重要的根源之一。所谓文化选择,是指人类为满足物质和精神生活的需要而创造文化并维系文化的内在动力。"家西番"对各种文化的选择、吸收和整合发生在物质文化和精神文化两个层面上。

物质文化是民俗文化的外在表现,是最容易发生变化的层面。从第五部分的叙述中,我们可以看到"家西番"的衣、食、住等方面已不再是原汁原味的藏族文化,也不是汉放文化和蒙文化,而是三者兼有。几种文化并存肯定有一个文化重构的过程,文化重构是一个民族对文化观念的改造和对文化因素的重新建构。"家西番"文化重构主要通过两种途径:其一,某种外来文化形式和内容取代原有文化形式和内容,属于取代型文化重构。其二,外来文化与原有文化共存、融合或者丰富了原有文化事项,或者是形成新的文化事项,属于融合型文化重构。

"家西番"文化重构中外来文化取代原有文化的例子在物质文化层面上随处可见。"家西番"从牧业文化到半农半牧的文化,经历了一次

① 仲富兰:《中国民俗文化学导论》,浙江人民出版社,1998年第1版,34页。

巨大的转变,这一转变是吸收汉族的农业生产方式、改造原有文化而实现的。其间发生的新陈代谢,在物质生活领域,尤其在衣食住方面尤其常见。在服饰方面,汉装逐渐取代了“家西番”民族服装,“家西番”男子基本着汉装,女子穿民族服装的也越来越少。在饮食方面,汉族的“八盘”、“十大碗”等宴席已取代了“家西番”的“熬熬”。

融合型重构在物质文化层面上也比比皆是。在服饰方面,辫套和“半长”就是典型;在饮食方面,糌粑、羊肉和馒头并存;在居住方面,新式房屋的门额上挂上“嘛呢达却”,也是文化融合的例证。

物质文化是精神文化的外延物化,精神文化是一种文化的内核部分。“家西番”在精神文化方面保持着对藏传佛教的虔诚信仰,这种信仰甚至也影响了当地汉族人。汉族人到寺院磕头拜佛的比比皆是,但汉族除了信仰藏传佛教以外,还信仰道教等其它宗教,而“家西番”除了一些民间俗信外,藏传佛教是唯一的信仰。在伦理道德等方面,由于受汉文化影响,“家西番”发生了取代型文化重构和融合型文化重构。取代型文化重构在精神文化层面上首先表现在语言方面。“家西番”老人懂一些藏语,“家西番”人口多于汉族人口的村落,人们的藏语程度比“家西番”人口少于汉族人口的村落好一些,人们在上世纪六七十年代娶亲和聚会时演唱藏曲,现在这些现象已很少见,基本上被卡拉OK、“花儿”等代替。现在,汉语已成为“家西番”的通用语言。其次,“家西番”节日与汉族的传统节日已基本一致。“家西番”一年最隆重的节日为春节而非藏历年,一些宗教节日,如正月晒大佛、三月观经等因人力物力不足而无法举办,在过节时虽与汉族有些差别,但也只是一些细节上的差异。融合型的文化重构在精神文化层面表现得更加生动、复杂。就丧俗而言,“家西番”由于实行土葬,因而基本采用了汉族的丧葬仪轨。但“家西番”不重披麻戴孝,这一点与当地汉族有明显区别。他们跟其它藏区的藏族一样,自认为自己是“黑头人”,戴的是“黑头孝”,没有任何外在形式。另外,“家西番”重视喇嘛念经超度,他们认为人去世的那一刹那间,灵魂已出窍,喇嘛超度是为了帮助他们的灵魂更顺利地升入天国。守孝49天以后,请喇嘛“做经事”,守孝也因此结束。而当地汉族戴100天生孝以后再换成熟孝,一直戴到一周年为止。由此可见,“家西番”在汉族的丧葬仪轨中融入了自己的文化,形成独特的“家西番”丧俗。

“家西番”通过物质文化和精神文化的文化重构和文化整合,形成独特的“家西番”文化,其独特性表现在:“家西番”文化以藏族传统文化为内核,在此基础上吸收了汉、蒙文化,进行了文化的重构和文化整合,形成了一种特殊的文化现象。

社会存在决定社会意识,生成“家西番”独特文化现象的土壤主要有以下几个方面:

1. 特定的地理环境

一定的地理环境,是人类一切活动赖以存在的前提。地理环境的独特性决定了民俗文化的独特性。按照文化生态学的观点,文化形态首先是人类适应生态环境的结果。而社会人的性格与行为、风俗与习惯是文化形态(社会结构、价值体系与社会化方式)的重要内容。简言之,生态类型决定文化形态(经济类型、社会结构、价值体系),文化形态又影响人的性格、行为、风俗和习惯。因此,每一个民族或类群的民俗文化的形成,与他们独特的地理形态和自然环境是密不可分的。

“家西番”地处纯藏区和汉族聚居区的交接地带,这种处于藏文化边际的特定的地理环境决定了“家西番”的藏族民俗模式较为淡薄,也较易吸收其它民族文化。首先“家西番”由于从划归寺院以后到民国年间,一直与蒙古族共同游牧,所以不可避免地受到蒙古族文化的影响,“家西番”语言中有不少蒙语词汇:如丫玛(山羊)、蔓茎(芥菜)等,还有“家西番”的辫套与青海蒙古族的辫套极为相似。可能是由于“蒙藏不分家”的原因,“家西番”吸收蒙古族文化的特征不是非常明显。其次,“家西番”也吸收了汉文化,而且受汉文化的影响很大,这从前面民俗文化的叙述中可以体现出来。

2. 经济与生产方式

决定民俗文化性质的第二个因素是在地理环境基础之上产生的经济和生产方式。经济与生产方式作为人类社会发展的决定力量,是人类社会发展的基础。“家西番”社会文化是在其物质生活资料的生产方式基础上形成的。“家西番”在其所处的地域和社会环境中,不断地调整着自己的生活方式,其社会文化也相应地发生了变化。经济与生产方式由畜牧业为主向以农业为主兼营畜牧的转变,使他们的性格中有了更多的农业民族的特点。他们对土地的眷恋以及定居的生活方式,使他们追求从事周而复始的自产自销的农业经济所必须的安宁与稳定。在伦理上他们注重人伦关系的和谐,尊尊亲亲,亲疏有别。而他们同时从事的畜牧业生产,决定了他们到处游牧,视野开阔,性格豪放,就像他们大块吃肉,大碗饮酒,喝醉了倒在路旁一样。

3. 社会与制度组织

人类的社会生产和生活除了包括地理环境、经济生产方式的因素之外,还有一个基本因素,即在前两个层次基础之上所形成的人与人之间的关系,也就是人们常说的社会制度和组织。“家西番”被划归寺院以后,这片土地上的“西番”由于没有统一的部落组织,所以他们以家庭为单位游牧。家庭是一种父系、父权的社会组织,他们的家庭伦理就比以部落为组织的牧区藏族明显。后来有了姓氏以后,整个家庭的伦理逐渐确立。“家西番”在民国年间取姓时主要有以下几种情况:一种是采用了当时东科寺的一位在当地很有威望的活佛杨嘉央名字的第一个字“杨”,所以至今“家西番”很多人都姓杨。另一种是采用与自家关系较好的汉族人家的姓,如刘、张等。还有一种是从外乡迁来的“家西番”,来时就有姓,如日月乡莫多吉村的扈家、寺滩村的王家、都是1966年从湟源县东峡乡迁移来的。也有一些“家西番”人家至今没有姓。姓氏是理解和把握中国人价值观念和行为方式的一个密码。“家西番”有了姓氏以后,遵从父姓,“姓”成为家族的徽号、祖先的荣耀和子孙延续的标志,强烈地体现了家族的血缘观念。

4. 民族间的社会交往和文化交流是“家西番”文化形成的又一直接原因。“家西番”地处内地与藏区政治、经济、文化交流的主渠道,又曾经与蒙古族一起长期游牧,在民族的长期交往中,发生了文化的涵化。文化涵化,是西方学术界的一词,就是两种或两种以上的不同文化在接触过程中,相互影响、采借,接受对方文化特质,从而使文化相似性不断增加的过程与结果。“家西番”与蒙古民族相似的游牧文化,使“家西番”借鉴了蒙古族文化,蒙古族也借鉴了“家西番”文化。当地有“蒙藏不分家”之说,有些户口上是蒙古族的人家,原来是藏族,也有一些户口上是藏族的人家原为蒙古族。在与汉族的接触中,“家西番”不仅输入了汉族先进的生产技术,而且输入了汉族的价值观念、伦理思想,从而在长期复杂的文化交流中产生了一种独特的文化现象。

(卢兰花:西北民族大学民族学专业硕士研究生毕业;天水师范学院中文系讲师、硕士)

兰州市“东乡村”民俗生活适应与变迁的调查

白晓荣

一、绪论

(一)选题背景与缘起

改革开放以来,随着城市化进程的加快,少数民族流动人口同其他流动人口一样向城市不断集聚,逐渐在城区或城市边缘地带形成了一些以地方民族特色为主的少数民族流动人口聚落,形成一个个“城市少数民族村落”。“一方面,尽管这些‘村落’里居民的身份依旧是民工,但他们独特的文化取向却日益同其客居的城市息息相关、密不可分,因此一些学者把这种现象称作异地城市化。另一方面,这些移民村落体现了显著的异质性:其居住户的身份、职业组成、生活习惯、文化水平、生活质量及心理状态都明显不同于城市主流社会区的居民;移民村落具有生产和生活双重功能;用地规模大小不等;亲缘、地缘、友缘在聚落形成过程中有重要的作用。”① 从东乡农村进入兰州形成的“东乡村”就属于这种“异地城市化”现象。它有自己产生、发展的过程,而且在外来少数民族流动人口与当地市民之间、特殊聚落和主流社会之间的相互

① 刘海泳、顾朝林:《北京流动人口聚落的形态、结构与功能》,载《地理科学》,1999 第 6 期,497 页。

交流中呈现出自己的独特性，城市东乡族这一边缘群体所承载的民俗文化，在与城市的逐渐融合中呈现传承和变异，这一个过程便是他们适应城市的过程。

从我自身来讲，多年的兰州生活让我与小西湖地区的东乡族聚居区结下不解之缘，每每假日或者节庆之日我便会流连于小西湖一带，这块地方在某种意义上是我在城市的心灵归宿。我作为“进城的东乡人”，“东乡村”成为我的异域故乡，使我在多年的大学生活中并未因离开故乡而孤单。小西湖天桥下推着三轮车买大豆玉米的东乡大婶、在大街小巷骑着自行车收购家具的东乡姑舅，还有格子市卖牛羊肉的阿伯、巴巴（伯伯、叔叔），不管文化的差距多大，不管衣着有着怎样地区别，走近说一句浓厚的乡音，瞬间都成为“麻尼昆”（自己人）。对小西湖东乡人聚落故乡般深厚的“亲情”，使我在做毕业论文选题的时候义无反顾地选择了它。浓厚的东乡传统文化背景下走出来的我，却在多年的大学生活中，以这一特殊的聚落为家，亲身感受、经历并参与到聚落内部，掌握了大量第一手资料，并在研究生三年进行了多次的专题调查，在这些调查的基础上发表了几篇相关论文。面对兰州东乡族聚落，我既有走进“他者”世界与生活的震撼，又有走进“自我”世界与生活的亲近与自然。在我的田野中，既可以走进来，又可以走出去。

兰州市七里河区是外来流动人口聚居的地方，东乡人聚居的小西湖地区在他们内部被称为“东乡村”（撒尔塔阿恒），“东乡村”村民在适应城市生活的过程中不可避免地存在着诸多社会问题，以致于小西湖地区被一些人看作一块落后混乱的“是非之地”。对于该地区的研究，无论是从哪个学科角度来说，都是空白。在文化制约下的“东乡村”民众，尽管作为一个外来群体进入城市，成为城市的一分子，但是城市并未将他们纳入到城市居民之列，他们为城市做了大量的高强度的三“D”工作（dirty dangerous and demeaning 即脏、险、苦的工作），但城市仅仅将他们看做是一群完成工作就回家的外来人口而已，他们背负着沉重的偏见与歧视，过着边缘化（marginalization）和“污名化”（stigmatzation）生活。面对这样的事实与现状，我选择了走进“东乡村”，走近这一边缘群体，从民俗生活的角度来剖析“东乡村”村民真实的生活，从而解读外来人口适应城市的状况。本课题研究的难点之一在于相关的研究成果少。以往的研究侧重本土民俗文化的研究,而对城市东乡族村落的形成、发展、文化的传承等诸方面的研究少之又少。另外,还有田野工作的艰难。本文的写作材料除了利用文献资料以外,主要来源于笔者在兰州市东乡族聚居区进行的大量田野调查,而以流动人口为主要特征的"东乡村",对村落民众职业类型等调查中存在诸多困难,如对城市拆迁业,屠宰业等从业人员进行调查都是困难重重。幸运的是,对东乡语的熟练使用,使我的田野调查得以顺利完成。

本课题基于田野工作,将重点放在从"东乡村"的民俗生活来探究作为边缘群体的东乡人适应城市的过程。"东乡村"的民俗生活介于城市大文化背景与传统的东乡族文化之间,呈现出了新的"都市村落民俗"现象,这种产生于现代与传统之间的"新"民俗文化,正是"东乡村"民众适应城市的过程。本文的研究重点就在于此:在城市文化背景下探究"东乡村"民俗生活,解读离乡进城的东乡人适应城市生活、文化、心理的过程。功能学派除了看重社会文化的功能、结构的研究,在文化现象的变化方面着重讲它的功能的变化、消失与替代,同时也注意研究在调查中所发现的文化变迁。拉德克利夫·布朗论述了文化接触产生的相互作用。文化接触是文化变迁的一种因素,而这种文化接触往往是因为自然环境的变化及社会文化环境的变化如迁徙、与其他民族的接触、政治制度的改变等引起。民俗作为社会文化的一种,是一个民族文化具体的表现。

(二)本课题研究中相关概念界定

以"兰州市'东乡村'民俗生活适应与变迁的调查"为题,笔者将从以下三个方面来界定。

首先,就边缘群体而言,目前学术界关于边缘群体的界定大多为:边缘群体是指生活于城市社会底层各角落的农民工群体。他们为城市的繁荣与发展做出了巨大的贡献和牺牲,但却没有得到相应的回报。相反,在二元结构体制的特殊社会背景下,农民工在城市中受到了诸多不公正的待遇,无法真正融入城市,并遭遇着市民的偏见与歧视。他们已成为一种独特的“弱势群体”①。东乡人大多以农民工的身份进入城市，带着自己原有的文化背景融入到城市这一大的文化背景之下，无论是他们所承载的文化、生活的地域还是生活的状况都处在城市的边缘，他们从事大量的脏、险、苦累的工作，却背负着沉重的偏见与歧视。在日常生活中，他们固守着传统却又不得不与城市达成和谐，“东乡村”所承载的民俗文化是介于东乡族传统文化与城市主流文化之间的城市村落边缘民俗文化。所以本课题中这一边缘群体，是指不能融入城市主流文化、处于城市边缘、做最底层工作和处在温饱线上的东乡人。

其次，所谓城市适应，一般是指农民工进城后，不断地在工作方式、生活方式、社会交往、社会心理上做出种种调适，从而顺应自身所处的生存环境的过程。东乡人离开东乡本土进入城市这个与他们原有的经济、社会和文化传统不同的环境，面对这种差异，他们是如何与城市发生碰撞与调适的？他们在城市中的适应又是怎样的？如何与城市达成一种和谐，如何调适自己，便是“东乡村”民众适应城市的过程，而民俗生活的变异便是城市适应的具体表现。笔者在选择东乡族聚居区作为研究对象的时候，曾试图以流动人口聚落、新移民等概念进行研究，但是在更深入的田野作业与参考关于城市村落的文献之后，最后决定将以“东乡村”为概念进行研究。笔者之所以将兰州市的东乡族聚居区命名为“东乡村”，是因为笔者对“东乡村”的界定是：它既不是自然村，也不是行政村。在历史上，兰州没有存在过“东乡村”，从20世纪80年代初以来，东乡人陆续以流动的方式涌入兰州，汇聚在兰州市回族聚居的七里河区，这些东乡人来到兰州，以从事体力劳动为最多，如蹬三轮车、砸墙、收家具等，小本经商占一定的比例。从20世纪80年代至今的二三十年的流动趋势中，东乡人在文化水平与经商传统等因素制约下形成相对单一的职业类型，围寺而居的居住倾向，又促使所有聚居于此地的东乡人形成了较大规模的聚落。这一聚落融生活、劳动、信仰于一体，具有一些社区的特点：它是一个东乡人高度集中，可以在那里开展

① 林晓珊：《“边缘群体”的社会心理与社会歧视探析》，载《福建师范大学福清分校学报》，2005年第1期，总第67期，36页。

很多生活活动的空间,拥有自己简单的服务设施,基本上满足聚居在那里的人们的生活需要,并在各种互动关系中,形成自己完整的社会网络关系的社区。然而与真正的社区相比,“东乡村”又不是一个完整的、稳定的社区,它自身没有规范化,民族与信仰是最大的维系与约束。居住于柏树巷的一位老人说,“我在这里生活了近二十年,这么多年左邻右舍基本上都变成东乡人了,从事各行各业的都有,修建了东乡人自己的寺,开东乡人自己的饭馆,互相照应帮忙或者监督,来这里的外地人都叫这是小东乡。”老人骄傲的表情与口气,无不流露着对这一社区强烈的归属感。本课题把“东乡村”界定为由来兰务工经商的东乡人聚居形成的、并具有一定的自我调节、自我服务能力的准社会性体系,并在城市文化大背景下,分析“东乡村”民俗生活文化的内涵。

本课题所指的“民俗生活”主要是从“东乡村”的社会民俗、物质民俗、精神民俗来分析“东乡村”民俗生活的传承与演变,从而探寻这一边缘群体适应城市生活的现状。

“东乡村”民俗生活的变迁是东乡人作为城市边缘群体适应城市文化生活和“东乡村”不断完善的过程。它的形成过程也是民俗文化在保留传统文化和城市主流文化的互动中不断融合的过程,形成有别于城市与乡村的“新聚落”民俗文化。本文立足于城市文化大背景来研究“东乡村”的民俗生活,从而探究在城市化过程中,外来少数民族为适应城市,面对本民族传统文化与城市主流文化的碰撞,将如何取舍。基于以上几点认识,本文最后以“兰州市‘东乡村’民俗生活适应与变迁的调查”作为论文题目。

(三)文献综述

本课题研究的文献资料主要来源于人大复印资料、国家期刊数据库、甘肃省图书馆、本校图书馆馆藏资料、本院系资料室以及相关网上搜索资料,以及笔者的田野调查所得的数据资料。

1. 国内研究现状

2001年陶思炎出版的《中国都市民俗学》,系统地研究了中国都市民俗的历史与现状,拓展了新的研究领域、提出了新的理论观点,尤其提出了传统与现代磨合论等，开辟了民俗学的分支学科。蔡丰明的《上海都市民俗学》从上海都市的社会、物质、精神、人生仪礼、社群、商贸等方面对上海都市民俗作了系统研究，对于了解和认识上海地区的社会文化和人文精神，促进上海地区文化的发展具有非常重要的意义。2004年3月陶思炎在广西民族学院学报发表了《论乡村民俗与都市民俗》，书中讲述了乡村民俗与都市民俗不同的文化背景、传承手段，以及乡村民俗与都市民俗的变迁与整合的趋势，这对于研究乡村城镇化、城市文化多元化有着积极的意义。刘铁梁的《村落是民俗传承的生活空间》与《村落——民俗传承的生活空间》，把村落作为一个整体的小社会进行观察和分析，来探究民俗传承的背景与模式。该文研究村落的实体性应从结群机缘、组织、生活方式等方面着手；家族与村落实际上是互相依赖并加强联系的。在村落民俗表现出来的共同文化规范之下，有潜在的村落的自我意识，它由相通的个人感受所形成。对于东乡族民俗的研究始于马自祥先生的在80年代出版的《东乡族》(《东乡族民俗志》2000年)。由马自祥和马兆熙合著的《东乡族文化形态与古籍文存》较为全面地介绍了民间风俗、文化、宗教、制度等，是目前研究东乡族民俗较为重要的一部著作，此外马志勇、马国忠、汪玉良等发表了一系列关于东乡族民俗、历史、文化等的论文。

此外本课题由于立足于城市背景下的流动人口聚落，所以借助了一些人类学与社会学的文献资料，阮西湖的《都市人类学——从“世界民族”学到都市人类学》，开创了中国都市人类学的理论新局面，中国都市人类学会秘书处编写的《城市中的少数民族》，以专题形式研究了北京的“新疆村”、“牛街”等少数民族；高永久在《西北少数民族地区城市化建设研究》一书中对西北几个较大城市的少数民族城市化发展进程进行研究，寻求西北少数民族实现城市化的新路子。从城市村落的角度研究城市边缘群体的专题研究有王春光的《社会流动与社会重构——京城浙江村研究》(2004年浙江人民出版社出版)，从社会学角度分析了北京浙江村的历史形成、行业组织、人际关系以及浙江村内部社会的整合与重构。此外还有张继焦的《城市的适应——迁移者的就业与创业》，从人类学与社会学角度研究农民工进城之后的文化适应、社会网络关系等,刘倩的《南街社会》,柯兰君和李汉林《都市里的村民——中国大城市的流动人口》,李培林的《农民工——中国进城农民工的经济社会学分析》等等,这些论著都是以外来流动人口为研究对象,从社会学和人类学角度进行的研究。

2. 国外研究现状

"民俗学"始于汤姆斯于1846年创造的"Folklore"("民俗知识"或"民众学问")这个新名词。在西方,民俗学理论著作极为丰富,多尔逊的《美国民俗》,肯尼思·S·戈尔茨坦《民俗学田野工作者指南》,以及J·H·布鲁范德的《美国民俗学》等。国外研究者对移民和流动人口的研究主要针对的是移民研究,如对唐人街等问题的研究,这方面资料翻译成中文的非常少,日本社会学家广田康生的《移民和城市》,研究在日本打工的日裔巴西人、秘鲁人等南美国家的日裔形成的日裔南美人社会,他们的人际关系则构成作者进行考察的背景。"东乡村"研究的中国特色非常浓厚,与中国的政治体制和东乡民族文化息息相关,因此在此不再对国外研究现状过多叙述。

(四)研究目的与意义

1. 研究目的

"村落的实体性应从结群机缘、组织、生活方式等方面予以认识。家族与村落实际上是互相依赖而加强自身的关系。村落在物质生活与精神生活两个层面上都具有'自足'性质,但不等于'封闭',而是需求与供给之间的某种平衡状态。在村落民俗表现出来的共同文化规范之下,有潜在的村落的自我意识,它由相通的个人感受所形成。"① "东乡村"作为城市中的农村,有着自己内部的组合、生活方式、结群机缘、宗教、语言等,这些因素促使"东乡村"形成,而"东乡村"又是传统文化传承与发展"根据地"。从民俗学的角度来研究这一特殊的城市民族村落的形成、组织以及他们的民俗生活,以展示城市东乡族民俗生活的真实现状,对东乡族在适应城市的过程中所面临的困境与尴尬,如何做出

① 刘铁梁:《北京师范大学学报(社会科学版)》,1996年版,06期。

选择、如何保留传统、如何与城市文化达到一种和谐作出理性的分析，试图为东乡族在城市化过程中的生存与发展寻求新的契机，为实现东乡族真正意义上的城市化做出理性的思考，这是研究的首要目的。其次，拓宽了东乡族研究的领域。

2. 研究意义

(1)正如概念阐释中所论，“东乡村”既是一个小型的民族社会，又是一个准区域性社会。从城市村落角度研究东乡族社会组织是一种尝试。从东乡族民俗研究现状来看，以往对东乡族民俗的研究基本上着眼于对东乡族本土传统民俗的研究，将东乡族的民俗研究从农村转向城市，是新的突破。城市外来少数民族作为城市边缘化的群体，其传统民俗在城市主流文化冲击下如何继续存在与发展，是少数民族在城市化过程中存在的尴尬与困境。研究兰州市“东乡村”的民俗生活，对于如何在城市化过程中传承与保留民俗文化具有积极的作用。城市少数民族聚落的出现本身就是少数民族城市化与城市多民族化的具体体现，城市多民族化具体体现就是文化的多样化。兰州市东乡族聚落对城市文化多样化的形成具有重要的作用，而城市文化的多样化为少数民族文化的传播提供了契机。

(2)学科价值与社会价值。对城市外来少数民族聚落的研究，目前学界主要从人类学角度给予关注，而从民俗学角度的研究少之又少。本课题将在前人研究的基础上运用民俗学理论与方法，为城市少数民族研究带来新的气息。关注城市少数民族文化的传承与变异，以及少数民族传统文化与城市主流文化的相互冲击与协调，对研究少数民族城市化与城市多民族化有一定的积极作用。

(五)研究方法

本文的研究方法主要采用田野调查法。人类学、民俗学最显著的特点就是田野工作。民俗学田野作业是民俗学家最重要的经验，是民俗学知识的来源。田野工作强调长期的实地参与观察，以此来获得第一手的研究资料；强调研究人员要站在研究者的立场上，给对方以自己解说的机会；强调要以人类学、民俗学特有的客观性学科研究视野，将被研究对象置于整个社会文化系统中考察。此外,民俗学强调比较方法的运用,通过对不同文化、不同个案之间的比较,可以概括出某些具有代表性的观点和见解。跨文化比较研究、参与观察、深入访谈等研究方法对民俗学者都有实际意义。本课题的田野作业情况为:

1. 2004年3月1日到七里河区东乡族聚居的柏树巷居民委员会调查,收集到该小区的东乡族人口资料;3月7日在该居委会的帮助下到七里河下西园派出所查阅该区东乡族暂住人口登记表,从中获取所登记人口的来源、职业、住房等情况。

2. 2004年4月在兰州市七里河区小西湖一带调查东乡族经营清真小吃情况,对清真小吃经营者的家庭情况、经营规模、经营状况、营业收入以及经营时间等进行了调查访问。此后,利用双休日多次进行关于教育、宗教生活等的田野调查。

3. 2005年8月9日至8月25日在东乡县外出打工人口集中的龙泉乡做调查。8月9日到龙泉乡政府,受到乡政府领导的热情接待,并在乡政府取得了关于龙泉乡人口、外流人口、经济状况等详细统计资料。龙泉乡属于东乡县24个乡镇中的纯东乡族乡,语言单一,地处全县最为干旱的地区,农业发展基本处于靠天吃饭状况。笔者在龙泉乡选择了三个离乡镇集市不同距离的自然村落为主要调查对象,基本上采用访谈法进行资料收集,以外出打工人口外出时间、地点以及外出前后家庭经济状况调查为主要内容。8月12日到东乡县计生局、统计局和民政局收集相关的信息资料,并在统计局得到了关于东乡族人口统计最为翔实的统计资料。

4. 2005年8月29日至9月6日到兰州市七里河区兰工坪、五星坪、小西坪以及晏家坪废旧家具市场作个案访谈等调查,并到七里河区宗教局、下西园派出所收集关于东乡族暂住人口、常住人口的统计资料。

5. 2005年9月20日至9月25日利用国家民族事务工作委员会课题调研的机会,进行东乡族流动人口调查。在小西湖、柏树巷、格子市等地进行其从事职业、子女教育、来兰时间及居住状况等调查。

6.2005年9月26至10月3日利用东乡县55周年庆典活动,在东乡县各相关单位收集民俗图片及数字资料。2006年1月至3月对废旧家具收购业、城市拆迁业等进行采访调查。

笔者正是遵循以上指导思想,以人类学、民俗学的田野工作方法为主,辅以比较法与社会学的统计等各种方法,完成了“东乡村”的实地调查和思考、写作工作。

二、兰州市“东乡村”的形成

(一)“东乡村”的现状

1.“东乡村”地理位置

本文所指的“东乡村”地理位置,主要以兰州市七里河区晏家坪、工林路、五星坪、格子市以及以小西湖公交站为中心的周边的林家庄、骆驼巷、柏树巷、上下西园等小区。本文将以上这些东乡人相对密集的地方称为“东乡村”。七里河区位于兰州市中南部,是一个典型的城郊型区域经济区。全区总面积397.49平方公里,辖5乡3镇,9个街道,居住着汉、回、蒙、东乡等28个民族,总人口42.18万。东乡村所处的位置是七里河区西南边缘地区,这是东乡人进入兰州必经的“港口”,东乡人进入兰州后就沿着公路分散居住在附近的街道小区,以工林路到碱沟沿这段公路为主线,形成向两边扩散的状态。沿着这条公路形成的聚居区成为他们较大的活动区,也就是本文所说的“东乡村”。

2.“东乡村”的民众来源及人口状况

(1)民众来源

“东乡村”的民众,顾名思义以东乡族人为主,是离开东乡族自治县进入兰州形成自己聚落的民众。国家民委沈林在《城市中的少数民族》中,对中国城市少数民族聚落类型的划分为:“1. 城市世居少数民族聚落;2. 因民族工作机关的设立而形成的少数民族聚落;3. 因民族教育的发展而形成的特殊的少数民族学生聚落;4. 因民族地区各级政府在东部城市设立办公机构形成的少数民族聚落;5. 因特色旅游景点而形成的少数民族聚落;6. 因进城经商打工而形成的少数民族聚落。”①兰州“东乡村”便属于“因进城经商打工而形成的少数民族聚落”,其民众以来自东乡族自治县贫困山区的劳动力移民为主,以流动方式进入城市从事体力劳动、小型商业活动。他们经历了艰难的选择、适应后逐渐形成了聚落。它的形成是自发的,从而与城市有着许多矛盾。他们一方面在文化层次上低于城市水平,另一方面他们在城市的生存方式是以出卖劳动力为主,生活在城市的底层。这一群体的民众离乡背井,抛开生养自己的土地来到陌生的城市谋生,他们流动迁移的原因值得探讨。

(2)“东乡村”的人口状况

根据2000年11月1日第五次全国人口普查的资料显示,兰州市东乡族人口为4927人,七里河区为1905人,其中男性1085人,女性820人。五普的资料是以户口在兰州市为标准,而东乡村的居民大部分没有城市户口,他们的户口依然在老家。这种没有城市户口的“东乡村”居民人数远远超过了五普统计的人口数。笔者在下西园派出所了解到,在整个下西园柏树巷一带,东乡族“黑户”人数已远远超过有户口的人口数。笔者在柏树巷居委会和下西园派出所的帮助下,查询了柏树巷及下西园区的户口底册与暂住证统计情况;又通过对各个行业的调查访问,根据实际现状汇总,得出整个“东乡村”总户数在300户到350户之间,总人口在8000人到10000人之间。根据第五次全国人口普查资料中兰州市东乡族男女比例来看,“东乡村”男性居民占大多数。

顾名思义,“东乡村”的民族构成为东乡族,本课题的调查中发现也有回族,但为数甚少。“东乡村”居民皆为伊斯兰教信众。作为流动人口聚居而成的“东乡村”,它的居民文化素质参差不齐,但在整体上来说较之城市群体而言文化水平偏低,居民的受教育状况大致为以下几种情况:未上学、到清真寺念过经、上过小学或中途退学、上过初中或高中、上过大学、大学在读。由于“东乡村”居民居住地整体集中、部分相

① 沐林:《中国城市里的少数民族聚落》,载《城市中的少数民族》,中国都市人类学秘书处编,民族出版社,56页。

对分散的状况，逐一调查各个文化层的人数状况难度较大，所以根据笔者对不同行业人员的采访与调查，“东乡村”文盲与半文盲人数约占到35%，受过经堂教育或小学教育的占50%，受过初中或高中教育的占14%，受过大专及以上教育的不足1%。可见整个“东乡村”文化素质水平的低下。这也是导致“东乡村”行业相对单一的主要原因。

(二)“东乡村”的成因

1. 东乡人迁移的动因

(1)“推拉”因素

通常用来解释“流动人口”的理论主要有“推拉理论”、“钟摆理论”以及各种迁移决策模型。在这里，最为简洁而实用的是“推拉理论”，因为东乡人走出穷乡僻壤来到兰州，主要是经济利益的驱动。他们很多人常年住在兰州，尤其是年轻人，很多人都想在兰州安家落户，为成为城里人而跃跃欲试，因此“钟摆理论”不具普适性。而迁移决策模型在此处还不能发挥效用。推拉理论可简述为：人们之所以离开原居住地而迁移到自己并不熟悉的地方是原居住地的推力和新迁入地的拉力共同作用的结果。一般地说，原居住地的一些不合主观感受的因素和客观条件影响当事人的迁移心愿而形成推力，而新迁入地合乎当事人的一些因素使之决定迁移而形成拉力。人口迁移因人而异，但可以肯定地说人们迁移一般都是为了追求比原来更好的生活环境和生存质量。①

东乡族世代居住的东乡族自治县地处甘肃省中部山区，常年干旱缺水，全县94%的地区是群山连绵、沟壑纵横、没有河流、干旱缺水、植被稀少、土地支离破碎的。尽管林耀华在他的《民族学通论》中将东乡族的生产类型划归到农耕经济文化类型组中的绿洲耕牧型中②，然而，“绿洲”完全不符合东乡的生态环境，东乡族人民在干旱少雨的山地上

① 陈进、陈昌文：《西部民族宗教地区社会流动问题及其前景》，智识学术网。

② 林耀华：《民族学通论》，中央民族大学出版社，1997年12月版，95页。

从事耕种,并保持着经商传统。靠天吃饭的农业生产活动造成了大量的剩余劳动力,农业收入通常难以维持生计,于是走出大山成了许多东乡人流动迁移最初的动因。然而,距东乡不远的西部中心城市之一——兰州,是甘肃省的省会城市,位于中国陆域版图的几何中心,在大西北处于"座中四连"的独特位置,是全省政治、经济、文化和人口中心,集商贸流通、旅游观光、新型工业园区、高科技发展等现代商业资源于一体。在改革开放以来,其发展建设在西北各城市中具有相当的优势和竞争力。西部开发战略更是把兰州放在建设和发展的重点。基础设施建设和经济社会发展,促进了物质文化的繁荣,以致需求大量的劳动力,尤其是来自农村的体力劳动者。在城市的拉力与农村的推力作用下,有着良好经商传统的东乡人,在政策制度允许的条件下,为了寻求更好的生活条件而奔向城市。在城市中,由于各种因素的共同作用,尤其是文化适应的特殊需求,使他们选择了"东乡村"作为自我认同的社区。

(2)链式迁移

专家认为,农民工家庭式迁移是迁移理论中"链式迁移"的一种,由一人带动全家、亲属甚至整个村,这是人口迁移的正常现象。"链式迁移"说明农民工对正常家庭生活的需求,这种需求对家庭和社会稳定都有利。但这种现象最近几年才出现,说明农民工对家庭和子女的责任感增强。但随着农民工家庭式迁移的增多,也将给解决农民工问题增加新的课题。①

大量实证研究的结果表明,社会资本对流动人口的迁移决策中的地点和距离有重要影响。东乡村的形成,也有其社会资本影响的原因。

据 2005 年全国第五次人口普查数据显示,兰州常住人口中,东乡族 4927 人,其主体部分是历史上通过各种途径从东乡迁移而来的。显然,他们这些有兰州户口的东乡人与东乡县的东乡人有着千丝万缕的联系,他们为"老家里的人"提供各种各样的帮助,构成了农村东乡人的社会资源。从老家到一个陌生的城市,如果没有熟人帮忙,困难是可想

① 山西新闻网:《农民工流动新动向:"家庭式"迁移》,2006 年 3 月 2 日。

而知的。但如果一部分人通过城里的亲戚、朋友或老乡的帮助进入兰州,便可以减少很多不必要的麻烦。在有人帮助的情况下,不愁找不到住处,不怕遭遇不法伤害,因为这些都会由城里的亲戚或朋友帮忙。只要有一部分人通过这种社会关系进入城市,他们便成为介于城市和农村之间的边际群体,这种边际群体的存在可以帮助其余的东乡人更快地进入城市。以此方式进入城市在社会学研究中称为"链式迁移"。即由一人带动全家、亲属甚至整个村、乡、县的迁移。在兰州市七里河晏家坪,收购废旧家具者共100多户,其中95%是东乡人,80%是东乡县龙泉乡人。在东乡本地,龙泉人中十有八九是收家具的,这种同村或同乡从事同种行业的情形在"东乡村"是非常普遍的。他们的流动和迁移借助的就是"链式迁移"中的社会资本。

个案一:马进海,39岁,东乡县龙泉乡苏黑村人,在宴家坪经营废旧家具的收购与买卖(主要收购废旧电器)。1992年,马进海由父亲带到兰州谋生。最初,他给姑夫帮忙,得到一些工钱,工作是每天骑着自行车穿行于大街小巷,收购废旧电器。1996年8月,马进海在姑父帮助下,租下不足15平方米的铺面自立门户,开始积累自己的资产。不久后,生意需要帮手,正好他的两个弟弟在家乡无事可做,靠种地难以糊口,他便将两个弟弟带入兰州,一起经营。2000年5月,马进海生意越做越红火,站稳了脚跟,便将妻子及孩子也带到兰州。铺面规模不断扩大,经营人手也随着增加,生意由单纯的收购废旧电器扩大到收购废旧家具、木材经营等。马进海在解决了近亲的谋生问题之后,开始"拉巴"(扶持)远亲或者朋友,逐步为亲戚、家族中闲散的人提供资金,让他们在兰州经营小生意或者收购废旧家具。如今,马进海原先不足15平方米的铺面已扩大到三个大店面:晏家坪两处,雁滩一处。共同经营人数达12人,全部是自己的兄弟、亲戚以及同村同乡人。目前晏家坪经营废旧家具回收行业的总人数有八百余人,其中80%来自东乡县龙泉乡16个村,他们以游商形式(即骑自行车穿行于大街小巷收购废旧家具)和固定铺面形式经营,形成相对稳定的业缘与乡缘关系。

存在于链式网络结构中的社会资本,有助于东乡人迁移到兰州,进入"东乡村"。同时由于东乡人在兰州以外的其他地方缺乏此类社会资本,限制了他们的自由流动,因此,社会资本也为兰州“东乡村”的形成发挥了积极的促进作用。

2.“东乡村”的形成

(1)民族心理与语言为基础的族内认同

作为一个从农村进入城市的民族,语言与民族心理是它们内部彼此间相互认同与紧密相连的主要原因。共同的民族心理是东乡人在城市里能够走到一起的核心因素,在城市大文化背景下,东乡人作为单个的个体,与整个城市文化格格不入,在城市文明中他们甚至孤独、迷茫、恐惧与无助。他们需要倾诉、需要帮助、心理需要慰藉,于是会不自觉地寻找属于自己的群体。在生病的时候、在有经济困难的时候,更多会寻找“麻尼昆(东乡语:自己人)”来帮忙。同时东乡人在城市主流文化的冲击与排斥下,如同被风吹散的沙一样,自觉不自觉地被“推挤”到一块儿,这种自我与外力作用下的自觉与不自觉的意识逐渐加强,促进了城市东乡族聚落的形成。语言方面,东乡人在进入城市后用“撒尔塔”彼此认同,紧紧地联系在一起,在城市生活中用他民族所谓的“黑话”(东乡话)进行交流,这是东乡人区别于其他穆斯林聚落的最为显著的特征之一。语言作为最明显的外在标志,就如同“色俩目”可以让穆斯林在任何地方都可得到认同一样,一句“撒尔塔”可以让整个城市的东乡人之间相互认同,彼此联系起来。在小西湖小吃一条街上从事各类小吃经营的东乡人大约占40%,他们各个店铺或地摊之间通常用一句“彼是撒尔塔昆(我是撒尔塔人)”就可以得到相互的认同,不需要更多的言语。可以说共同民族心理与共同语言对城市东乡族聚落的形成具有举足轻重的作用。

(2)共同信仰为基础的城乡认同

是什么原因使得进入城市的东乡族更多聚居于小西湖地区呢?从小西湖地区人文地理环境来看,小西湖地区属于兰州市七里河区的边缘地带,属于城市中典型的“三不管”地区,使得流动人口在这里活动较为频繁。进入兰州的东乡人无力在城区落脚,为了安身自然选择一个不会被检查机关随时打扰的地方,而小西湖地区正好满足了这种需要。小西湖又是兰州市传统穆斯林聚居区之一,是典型的城市穆斯林社区,共同的伊斯兰教的信仰、共同的价值观念、生活方式与风俗习惯,使得该地区成为穆斯林凝聚力和归属感得以形成的象征和标志。传统的汉文化与传统的伊斯兰文化在这一文化地域范围的交相辉映,两种文化不断磨合、协调、适应,在民族地区城市中逐渐形成了特殊的文化模式与普通的文化模式。在兰州的民族文化中,特殊的伊斯兰文化模式与普通的汉文化模式同时存在。小西湖正是这两种文化模式共存表现最为显著的地方之一。进入城市的东乡人首先会从情感上寻找能够容纳自己的群体,以伊斯兰文化为核心的小西湖地区便成为他们的首选之地。同时这一社区的经济文化水平低于兰州市平均水平,社区穆斯林民众大多从事餐饮、皮革加工、牛羊肉经营等行业,这又为从农村进入城市的东乡人提供了一个栖身之地。笔者在对63岁的马占祥老人访谈时问其为什么20年前来兰州时先落脚小西湖,老人回答:"刚来的时候,什么也没有(证件),不敢进城(城关区),这个地方比较安全,再说这里的'自己人'(穆斯林)多,和我们一样都比较贫穷。"接受采访的十三位老人的回答基本上一致。对最近几年来兰州收废旧家具的马三虎家访谈时,问其为什么到兰州先住小西湖,马三虎回答道:"住其他地方没钱,这里没人天天检查,要我们办理暂住证,这里回民(穆斯林)多,吃住方便、便宜"。这里没有太多的经济文化上的差别、没有太多的城乡差别与民族歧视。这种心理上的相互认同与接纳,使得东乡人进入城市并聚居于小西湖成为一种必然。

(3)围寺而居与乡源群体形成相对聚居的居住格局

从农村进入城市的东乡族,他们在迁徙过程中往往是邻村或相近群体迁徙,在进入城市后形成自己相对独立的社会网络关系。在费孝通著名的差序格局理论中,"中国人传统的社会网络关系是以血缘、亲缘和地缘为纽带,处于社会关系之中的人就像把一块石头丢在水面上所产生的一圈一圈的波纹,在这样的网络中,每个人都是一个中心,它所产生的社会影响仿佛扩散开来的一个个圈子,体现出社会关系的亲疏程度。"作为迁移就业者的东乡人,在陌生的城市以血缘、亲缘和地缘为纽带形成相互的社会认同与关系网络和具有自治性质的社区生活。更为独特的是"教缘"成为除血缘、亲缘和地缘以外最主要的精神纽带。主要表现在以清真寺为外在标志的伊斯兰教,在这一聚落形成与巩固中有着重要的作用。他们为了保留自己的传统,首先在居住方式上选择了具有“防护”作用的“围寺而居”的居住方式,以这种具有核心意义的清真寺作为最初的防线,来维护自己的传统文化。清真寺成为城市东乡人的城市社区观念,促成了相对集中的居住格局。他们在日常的交往中以老乡相称,形成相对独立的乡源群体,从而使自己生活的独特的“圈子”能够得以保持与发展。笔者在采访小西湖区的柏树巷中寺、硷沟沿清真寺和下西园清真寺时发现参与这三个清真寺的东乡族家庭户数达到50%,每个寺周围围聚了许多的东乡族家庭,尽管他们各自进入城市的时间不同,清真寺却让他们在多年的迁移过程中集中起来,形成小西湖区的“东乡村”。

(4)生业聚合带来彼此间联系的加强

穆斯林社区在经济上的特点是生业聚合性,进入城市的东乡人也是如此。由于文化水平的落后,他们进入小西湖主要从事餐饮业、屠宰业、拆迁业、收购废旧家具、皮革、牛羊肉经营等行业,不同年代进入城市的迁移者都没有太大的改变。这种相对集中的职业范围,使得他们行业间的联系变得单一并独立,与其他民族联系的必要性并不强烈,进而造成生活方式上的相对独立。笔者在七里河区派出所暂住人口登记表上发现,有记录的248个东乡族暂住人口,基本上都从事屠宰业、拆迁业和收购废旧家具三种行业。甚至在某种程度上可以说,东乡人垄断了兰州市的屠宰业、收购废旧家具和拆迁业。在小西湖义乌商厦后街的小吃一条街,东乡人从事餐饮业的家庭都是独立经营或者亲属联营。在所从事的较大规模餐饮业中,清真餐厅里的老板、员工都以自己人(东乡人)为主,形成与其他民族相对隔离的形势。在接受采访的忠华手抓餐厅(小西湖店)里,服务员有70人以上,其中东乡族53人,这些东乡族服务员的平均年龄在18岁左右,他们交往的圈子局限于餐厅里的东乡族伙伴。柏树巷北路的废旧家具市场,全部由东乡人经营。可见,这种行业上的单一性和从事行业的相对独立性也成为这一聚落形成的原因。

(5)教内婚与亲属制下的族内网络关系

东乡族实行严格的教内婚,即使是城市东乡人也不例外,教内婚的实施为城市东乡族的交流发展提供了更为广阔的空间,与其他穆斯林民族的通婚在更大程度上得到了城市的认同,同时也加强了自己民族的力量。在柏树巷从事小工程承包的工头陈国龙有三个女儿,都嫁给了回族,一个在阿干镇,两个在七里河区,每到过节和过大小"尔曼里"的时候,都会聚到小西湖。三个女婿与陈国龙老人相处和睦,并未因民族不同而有所分歧。严格的教内婚的实施不仅仅使东乡族聚落成为一个地域性群体,一个文化上相互认同的群体,更重要的是一个亲属网络群体。聚落内的每一个家庭通过"亲属传染 "几乎都可以与聚落中的任何一个家庭找到某种亲属关系,使每一个家庭都处在亲属网中。

3."东乡村"的功能

城市东乡族聚落是一个相对独立的自我调适系统,它将各个家庭整合为一个不可分割的整体。在这一"亚社会"中,人们形成了共同的价值观、行为标准以及监督机制,从而使得聚落本身具有了使民众心理得以慰藉、协调内部关系、加强民族凝聚力、传承民族传统文化的功能。作为城市的一分子,聚落在整个城市体系中,其自身独特的民族文化,在丰富城市民族文化、民族城市化与城市多民族化中起到了积极的作用。

(1)协调内部关系,加强凝聚力

在城市少数民族聚落的内部社会关系中,家庭与家庭、个人与个人关系失衡以及出现越轨行为时,聚落便发挥协调关系的作用。城市东乡族聚落中,最具有协调功能的首先是对伊斯兰教的共同信仰,在伊斯兰教的维系下,《古兰经》成为协调各种矛盾关系的法典。其次,城市东乡族聚落的中心是清真寺,清真寺既是这一聚落形成的标志,又对聚落的稳定与协调起着举足轻重的作用,从而成了又一协调聚落内部关系的机构。其中阿訇的协调是最为行之有效的。参与清真寺管理的有声望的老者也为协调聚落内部关系起到积极作用。作为一个"亚社会"群体,城市东乡族聚落具有自己共同的价值观与行为标准,来自《古兰经》

与《圣训》的“哈俩里(合法的)和哈拉姆(不合法的)”① 的规定成为东乡人严守的行为规范。社区民众在日常交往、相互之间的关系、宗教规范的遵循,尤其聚落年轻人的行为方式等都遵循“哈俩里”和“哈拉姆”规定,从而形成了独特的行为方式与完整的群体监督机制。这种群体间相互监督机制的形成,对聚落内部人们的日常生活规范、行为规范起到了一种“软控制”的作用。进入城市的东乡人失去了原来的乡村相对严格而封闭的群体监督机制,原有文化约束的环境发生变化,但在城市聚落中被新的不同于城市主流文化的群体监督机制无形的约束控制,这种控制使人们遵循聚落共同的价值观和行为标准。可以说,群体监督机制的建立与完善是城市少数民族聚落发展完善的结果。

城市东乡族聚落作为一个都市地域性集团,不同于都市其他地域性集团,它通过清真寺和宗教活动等行之有效的方式将聚落内各个家庭或个人凝聚为一个紧密的整体。面对城市主流文化带来的震撼与阵痛,伊斯兰教在进入城市的东乡人中起到了心理调适的作用。清真寺不仅是他们礼拜和举行宗教活动的场所,而且与聚落中的每一个人的社会活动和家庭生活都有着非常密切的联系。定居城市的东乡族人口形成一定规模后,就产生了礼拜、宗教节日、婚丧嫁娶、婴儿出生取名、宰牲等宗教生活的需要,就修建了礼拜场所。清真寺成为他们生活的中心,同时也是他们作为城市异质文化的精神归宿。伊斯兰教建立起来的一整套信仰和实践体系,让这一群体通过共同的信仰成为一个完整而紧密的整体。清真寺将人们的观念和情感统一起来,实现了这一“亚社会”群体意识的基本统一,同时集中了群体和机构的力量,加深了这一聚落群体成员之间的认同感和亲密感,提高了本民族内部的凝聚力。

(2)聚落内部认同与心理慰藉的功能

在聚落的形成过程中,相互的认同成为最初的条件,聚落形成后,更加强了内部的认同感,人与人之间、家庭与家庭之间的联系成为一种必然,每家的大小“尔曼里”成为整个聚落集体的事;如果一个家庭有困

① 叶涛、吴存浩:《民俗学导论》,山东教育出版社,2002年12月版,203页。

难,最先帮忙的必然是本聚落内部的成员。在问到在生活中有困难找谁帮忙时,小吃街上接受采访的6家人都说,找自己人(东乡人)帮忙。作为生物性的人,无论快乐或伤悲,都需要与人倾诉,习惯了农村生活的东乡人,在城市奔波了一天,一天的经历或是让他们受委屈或是高兴,他们都需要与人倾诉,而相互倾诉的对象必然也是聚落内的“自己人”。聚落使得在城市文化中感到孤独、无助的东乡人得到心理上的慰藉。

(3)传承民族文化,丰富城市文化

在城市中,作为外来者的少数民族,原有的生活环境发生改变,自身文化水平又相对较低,如果以单个个体出现,其保留自身民族传统文化和传播本民族文化的作用都是十分有限的,甚至有可能被淹没。但是城市少数民族聚落的形成,则极大地满足了城市少数民族在文化生活、宗教信仰、风俗习惯等方面的需要。使得民族饮食、民族节日、民族风俗文化等得以保留。从乡村到城市的东乡族聚落的形成对保留传统文化起到了大本营的作用,它成为在城市环境中保留东乡族文化的营地和传播东乡族文化的源地。聚落内部的成员,在饮食、服饰、交往、居住、信仰等方面依旧继承传统的习惯。民俗在继承与延续上具有自动控制功能,不仅可以保证在同样的社会环境和文化氛围中能够传播,而且可以保证在相对稳定的社会环境与文化氛围中能够自动继承和延续。聚落为民俗文化的传承与延续提供了一个相对稳定的社会环境与文化氛围。在生活习俗的传承中起自动控制作用的是聚落民众对伊斯兰教的信仰,它使得反映地方特色与民族特色的东乡族文化继承并延续了下来。就饮食习俗来说,东乡人在待客中吃“鸡尖”的习俗、节日中的食俗、日常饮食中对茶的厚爱等等,在城市中被保留并广泛传播。尤其是“东乡手抓羊肉”更是风靡金城。从农村进入城市,生活习俗的改变实质上是传统文化的继承发展与城市现代文化的一个交融过程。聚落传承民俗文化的过程同时也是向外传播文化的过程,这一过程对城市文化的繁荣发展具有积极的作用,丰富了城市民族文化。东乡人从民族聚居区以流动的方式进入城市,在新的环境带来的新变化中,他们会用新的观念方式调适其原有文化,使得伊斯兰气息的乡村文化在民族交往与主流文化相互交融的过程中,与城市主流文化相互交融并和谐共存。我们可以说,民族的迁徙不一定会丧失其传统文化,反而可以在与主流文化的交流中能够和谐共存,创造新的具有共同特质的城市民族文化。

(4)加强各民族联系,实现民族城市化与城市多民族化

作为外来迁移者的少数民族,本身就是城市社会中的弱势群体,为了求得城市文化的认同,获得更大的生存空间,他们与城市原有少数民族的联系变得紧密。城市东乡族聚落在举行各种活动时吸引大量的穆斯林民族参加,如回族、保安族、维吾尔族等,他们相互之间没有歧视,更多的是一种骨肉亲情般的感情。在日常的生活中他们相互影响、相互借鉴,在生活习俗上相互包容,实现民族间的和睦关系。如在饮食习惯上,相互借鉴,使得东乡手抓走进千家万户,而东乡人的餐桌上也出现了大盘鸡、烤肉等美食。他们能够在长期的交往中与汉族等非穆斯林民族实现关系上的融洽,少数民族聚落对城市民族关系的发展有其积极的作用。城市少数民族聚落形成本身就是少数民族实现城市化的一个过程,东乡人离开世代居住的农村,以不同的方式进入城市并形成稳定的聚落,进而在文化、经济等方面提高本民族素质,可以说这一聚落的形成是东乡族实现城市化的过程,同时它又是城市多民族化的结果。少数民族聚落作为少数民族在城市生根、开花、结果的社会土壤和条件,足以显示其特殊的历史意义。

三、兰州"东乡村"社会民俗

(一)社会民俗

社会民俗,亦称社会组织及制度民俗,指人们在特定的条件下所结成的社会关系的惯制,它所关注的是从个人到家庭、家族、乡里、民族、国家乃至国际社会在结合、交往过程中使用并传承的集体行为方式。

包括社会组织民俗、社会制度民俗等。① “东乡村”是由偏僻山区进入城市的一部分人在城市聚居形成的“城市村落”，在城市文化背景下的“东乡村”，有着独特的行业组织与社会生存关系。

社会组织通常指有意识地建立以便达到特定目的的社会团体。民俗学一般指的组织民俗是指中国传统社会中民间各种行业中稳定互动关系的人们共同体。传统社会的人们共同体并不都是标准化的“社会组织”，但是，它们都具有一定的组织化水平，开展着自己特有的活动。传统社会的组织主要靠群体内形成的一系列约定俗成的东西发挥作用，从而将组织民俗界定为人们在建立并沿袭群体内的互动关系、推动群体事件的时候所形成的习俗惯制。②

“东乡村”正处于从传统社会向现代社会的过渡中，它的组织民俗不同于传统社会，有它自己的社会组织关系，这一群体的新生特征是其组织民俗具有传统社会的组织民俗所没有的独特的组织角色、组织观念等民俗。对于“东乡村”组织民俗的研究，首先要考虑到它的行业分类，因为每一个行业便是一个组织，所以对“东乡村”组织民俗的分类，应更多借助于社会行业分工而成的行业类别。因此，本研究把“东乡村”组织民俗以“东乡村”内部的行业组织分类来加以研究分析。

“东乡村”作为以流动人口为主的群体，它的民众的社会生存更多靠社会人际关系维持与发展，这种社会生存关系主要通过亲属关系、乡源关系、宗教组织以及“粘连”的业缘关系来研究。

(二)“东乡村”行业组织分布

行业组织是“东乡村”最为显著的社会组织关系，它是建立在经济活动之上的。在任何社会中，经济活动都是最为重要的活动之一，许多现象都从它那里衍生出来。③ 同样，“东乡村”也是经济活动的产物，在

① 钟敬文:《民俗学概论》,上海文艺出版社,1998 年 12 月版,5 页。

② 钟敬文:《民俗学概论》,上海文艺出版社,1998 年 12 月版,99 页。

③ 王春光:《社会流动和社会重构——京城“浙江村”研究》,浙江人民出版社,84 页。

那里,经济活动显得更为重要明显,它的居民是一些进兰务工经商的东乡族农民或农村个体户,"东乡村"是他们在兰州务工经商时的依托、活动场所,他们的生活更具经济色彩。所以本文以反映经济活动的行业为研究开端,从而进一步分析这种行业组织的特点及其人际关系网络。

东乡人把外出务工经商的人叫做"买卖昆"(即生意人),以区别于务农。进入城市的东乡人因各种客观因素的制约,他们进入城市之后更多是以出卖劳动力为主要生产方式,再加上链式迁移等原因造成"东乡村"民众行业类别的单一与相对集中,致使城市拆迁业、废旧家具收购业、清真牛羊肉屠宰业以及各类清真饮食业成为"东乡村"最为集中的行业类型,以下将分别加以阐述。

1. 城市拆迁业

城市拆迁业是"东乡村"聚集人数最多的一个行业,笔者在调查过程中,采访了东乡县第三建筑队工程公司负责拆迁工头 MTF。MTF 自豪地说"我们东乡人垄断了兰州市的旧楼拆迁行业。"可见从事这一行业的人数之多。虽然这一行业的时令性导致了这一行业的人数没有经营废旧家具家电收购业的人数稳定,但是相对来说还是占据主导地位的。小型拆迁队一般是一个乡一个村的民众一起做,这种拆迁队人数一般不超过三十个人,兰州市这种小型拆迁队的数目统计较为困难,在整个兰州市,只要有废旧房屋等拆迁的地方,一定会有东乡人。东乡人垄断着整个城市的拆迁行业,这个行业的从业人数在东乡村从业人数中占据绝大多数。

但是这样一个庞大的行业群体,并没有形成一个完整或系统的规模行业,而是零零散散地散落于城市的各个角落,在城市的每一个角落挥洒汗水。笔者在兰州市城关区西关什字附近一家废旧工程拆迁工地上采访了小包工头李某,他介绍道,"在兰州市从事这种行业的人很多,大大小小可能有五六十家拆迁队,比较小的拆迁队人数在三十多人左右,比较大的拆迁队人数就难估计了,按照工程规模来看,依附于大型的建筑工程队的拆迁行业人数就更多了,据我估计,整个兰州市从事这种行业的人数可能有两千多人。"对于这个数据我们无法考证,但是头戴白帽,操东乡语,"抡大锤"挥洒汗水的东乡人已散落在这个城市的每一个角落。

由于各种各样的客观原因,以出卖劳动力为主的东乡人沿袭着这一传统,从事城市最苦最累的行业。在拆迁队内部,一个小型拆迁队通常由一个或者两个小包工头来承包一栋楼的拆迁工程,然后再招小工。招小工通常是在自己的同乡人或者同村人中进行,这是一个约定俗成的规矩,具有明显的乡缘关系在内。而小工通常也是看中了这层同乡关系,相互照应。这种小型拆迁队本身没有稳定性与长期性,它一般承接的工程任务规模较小,没有现代化工业机器操作,而采用通常所谓的"抡大锤"作业,是纯粹的苦力劳动。这种"抡大锤"的人,每天的收入平均在25～30元之间,高强度的劳动与他们的收入极不成比例。包工头的收入并不是拆迁这栋楼除去给小工的工资之外的剩余资金,而是该建筑物在拆迁之后的剩余财富,即出售废旧木材与钢筋的收入。足见这种工程利润具有风险性。

"东乡村"从事城市拆迁业的小工,其文化水平多为文盲或半文盲。从笔者对兰州市城关区西关什字附近一家废旧工程拆迁工地的调查采访来看,该工地除去包工头和一些技术人员以外,纯粹的"抡大锤"的小工有32人,其中东乡族24人,他们的具体情况为:文盲半文盲为17人,占70%,小学文化水平的有8人,占29%,初中及初中以上没有。这个比率与东乡族男性整体的文盲率相符。包工头为东乡县北岭乡人,为其打工的24个东乡小工中有20人为其同乡人。

这种城市拆迁业的劳动技术还处于原始劳动状态,技术含量低,危险性大,收入低,最根本的原因在于文化水平的低下。最近几年大型的拆迁队也曾出现,主要依附于大型的工程建筑公司,其中较大的有港东建筑公司、东乡县第三建筑公司等,他们采用现代化机械,但是为数不多。

2. 废旧家具家电收购业

笔者在2005年8月份在东乡县龙泉乡对城市废旧家具家电收购行业进行过较为详尽的调查,龙泉乡地处东乡县北部山区,是一个山大沟深,"摔死麻雀滚死蛇"的地方,常年干旱缺水,全乡15个村,共有2374户,总人口13546人。龙泉乡2002年度各种情况的统计表显示,全乡劳动力6152人,其中外出务工人数占75%,外出务工的形式多种多样,如在甘肃武威、青海黄南等地贩羊皮,在靖远煤矿背煤,在兰州收购废旧家具,在工地上干活等。其中龙泉乡外出务工人员中有80%在兰州。收购废旧家具业是龙泉乡人的传统行业,晏家坪收购废旧家具的东乡人几乎全部是龙泉乡各个村的人。

晏家坪经营废旧家具、家电收购业的类型有两种,一种是以铺面形式经营生意,此类型的经营者一般入兰时间较长,有的长达20多年,经营规模相对比较大,这种类型的经营户数为127户,每户人数一到三人不等,加上雇工以及家属子女等,人数有500人左右;另一类是骑自行车穿行于大街小巷的游商,据一些经营者的介绍,此类经营者一般是一人一户,整个兰州市约有800户。全市经营城市废旧家具家电收购业的人数达到1200人到1400人之间。

为什么会造成这种同乡行业集中的局面?主要的原因是龙泉乡人有收购废旧家具的传统。改革开放初期,最早走出东乡进入兰州开始收购家具的人便是东乡人,晏家坪收购废旧家具的杨某一家便是这一传统继承的典型。

个案一:杨玉山,龙泉乡杨家村人,37岁,收购废旧电视。杨某从15岁开始随父亲进入兰州,一开始为了生存什么都干,工地上、饭馆里都干过,在晏家坪租了一间不足10平方米的住房,一年之后开始跟随父亲骑自行车在大街小巷收购废旧家具家电,按照杨某自己的话说就是"捡破烂",收购来的东西放在原本就很小的房子里,或者堆在东家院子里。杨某的叔叔多少懂一些木匠活,经简单的修理清洗便摆在路边出售。随着收购废旧家具以及收入的增多,他们在晏家坪三岔路口租了一 间18平方米的铺面,在鸽子市租了将近30平方米的仓库,扩大经营规模,从收购家具、家电改为专门收购废旧电视。长期的经营使他们积累了一定的实力,可与维修店签订合同为其维修。而今,杨某是整个晏家坪经营废旧家电的大户。杨某的经营废旧家具业的发展过程被同乡人陆续仿效,开始从"游商"做起,走南街闯北街。其中不乏杨某带出来的家人亲戚。

那么骑自行车的"游商"与店面经营的坐商之间会有怎样的组织与

联系呢？笔者在采访中了解到，"游商"形式的经营者，他们大多因为生活所迫，没有更多的本钱投资生意，骑自行车收家具成本较低，更主要的是这种"游商"是同村同乡相互带动，相互扶持而形成一个较为庞大的行业群体。一般穿梭大街小巷是二三人同行，以便相互照应，与坐商之间更多从事的是一种买卖关系，但其中也有一种形式就是坐商为其投资，让这种"游商"专门为自己送货。游商出卖的是纯粹的体力，而此时的坐商更多从事的是技术的出卖，回收的家具被坐商翻修出售，其中的利润远远高于游商的收入。游商的收入很不稳定，不管刮风下雨，都要穿梭在城市的大街小巷。

个案二：在白银路一带骑自行车收家具的"游商"马福海（男，26岁，东乡县龙泉乡三塬村人），2003年因老家闹旱灾，迫于生计的他和同乡的几个年轻人来兰州打工，进入兰州便寄宿在鸽子市表哥的牛羊肉铺子里，到处找活干。表哥借给他一辆自行车，便开始跟随老乡走街串巷收废旧家具。据他自己说，有时候一天下来挣不了三五块钱，因为刚开始不知道如何估价，总是亏本，后来慢慢掌握了行情，就好一些。他从别人手中收购来的家具，一般拿到晏家坪"三岔路口"的坐商处，它没有固定的买家，看哪一家给他出的价钱高就卖给哪家，得到的利润一般在5元到10元之间。马福海一年的收入没有固定数目，除了给家中补贴以外，仅能维持自己的生活。谈及以后的打算时，他满怀希望地说，慢慢干，等有条件了把家里人都接过来，让孩子在兰州上学。他自己没文化，可他希望儿子以后不能再做这个了。一个农民工的希望有时候就是一个民族的希望。

个案三：汪易卜拉欣，28岁，小学文化程度，家住甘肃省东乡族自治县大阪乡，从事该行业已经8年之久。他不像马福海和马成龙那样走街串巷，而是和他父亲共同经营了一家店铺，以批发旧彩电为主。他的货源主要来自于那些走街串巷的专门从事回收的同乡。这些同乡把收回的旧家具、家电转手卖给他。他说："小时候，由于家里很穷，为了生活，以及受金钱的诱惑和同乡的启发，小学毕业后就随父亲干这一行业，后来由于父亲在这个行业中赚了钱，就在这里开了一家专门从事批发旧彩电的店铺。"他还说："我们从事该行业主要是为了自己过上好日子,同时减轻家庭的负担,我们每天至少可以卖出两台电视机,一台的收入在20～50元之间,月收入一般在1500元左右。"他的销货市场主要是临夏、甘南等民族地区。在问及东乡族相对落后的原因时,他说:"由于历史和自然环境的原因,历史上的东乡人世代只能居住在干旱少雨、土地贫瘠的地方,过着几乎与世隔绝的生活,可以说一些人对外面的世界一无所知,好多人只能为了生活而奔波。可喜的是,随着改革开放的不断深入,一部分人走南闯北,不仅开阔了自己的视野,而且启发了一部分同乡走出家门,试图改变家乡贫困落后的面貌。但是也存在着一些负面影响,家长们对下一代的教育不重视,好多孩子小学未毕业就为了生计去赚钱,造成了人们普遍不重视教育的现状,像我就是典型。"他同时对家乡提出了一些值得深思的建议,他说:"教育是关键,政府应该加大民族地区的教育投资力度,振兴民族地区的教育事业,提高广大少数民族人民的文化素质。只有接受高等教育,人们才不会蛮干,才能过上幸福的日子。"

这一行业的特征依然是劳动技术还处于原始的状态,技术含量很低,被坐商收回的家具家电都是送到河南人的维修处修理。该行业所带来的经济收入只够养家糊口,从事该行业的这些群体都想急于摆脱家庭贫困的面貌,做事比较盲目,文化水平的落后依然是最主要的原因。近几年慈善教育的兴起为这一群体的子女教育提供了便利的条件。如果整体文化水平提高了,这一群以收购废旧家具为生的东乡人,必将会是另一番面貌。

3. 屠宰业及清真牛羊肉的经营

屠宰业是"东乡村"人从事的又一独特行业,聚集人数较为集中,同城市拆迁业一样趋于垄断。七里河区的清真牛羊肉批发市场是目前兰州最大的清真屠宰点,整个兰州市每个街道、市场、小区的清真牛羊肉基本上都来自该清真牛羊肉批发市场。由此可知,清真屠宰业延伸出的两个行业便是清真牛羊肉经营和羊杂碎经营,统称为清真牛羊肉经营业。从事这一行业的人数有近千人。在鸽子市牛羊肉批发市场有大大小小的店铺上百个,其中东乡族经营的占一半以上,仅这一市场就有上百个东乡人,加之分散在城市的各个市场街道经营牛羊肉的人,总数在千人以上。专门从事屠宰行业的人数因一些客观原因，调查的难度大，未能获悉。

牛羊肉屠宰业最初是由金城关一带的回族经营，随着东乡人的逐渐流入和人数的不断增多，大大小小的屠宰点形成，形成竞争局面，以“叶子嘛”(东乡语：胆子大)著称的东乡人最终占据了这一行业的绝对优势，逐渐形成今天的垄断局面。随着人们生活消费水平的提高和对牛羊肉的需求增加，这一行业有了较大的发展。清真牛羊肉经营业的兴起是屠宰业兴起的必然结果，对伊斯兰教的信仰使得牛羊肉经营行业成为“东乡村”居民的重要行业。屠宰点的牛羊一般来自甘南、东乡等地。清真牛羊肉经营业是屠宰业发展的必然结果，清真牛羊肉的经营者遍布整个城市，他们有些是全家集体经营，有些是个人单独经营，规模大小不一，鸽子市牛羊肉批发市场是他们的最主要的货源地。这样一来，屠宰业——清真牛羊肉经营业——羊杂碎经营以及东乡手抓经营等又顺理成章地成为一个独立的链条。以牛羊肉经营为例，我们来看看他们之间的链式关系。

个案四：王易卜拉，38岁，小学文化程度，东乡县大阪乡人，现居住在骆驼巷火车道旁居民区，在永昌路口蔬菜市场经营东乡牛羊肉店已有10年。

王刚进入兰州时，在亲戚的帮助下，到忠华手抓餐厅打杂。几年后便跟随在牛羊肉批发市场做生意的亲戚，熟悉了其中的一些行情，慢慢开始自己从牛羊肉批发市场批发牛羊肉，骑着三轮车到一些穆斯林聚居区卖。几年前他的三轮车换了三轮摩托，并把生意摊子固定在白银路，附近的一些小饭馆开始预订他的牛羊肉，生意逐渐变得红火，每天一大早天未亮就到批发市场拉新鲜的牛羊肉，然后赶到白银路摆好摊子，挂上小小的绿色招牌，一天的生意便开始了。但是他的小摊是在街边，冬天很冷，夏天怕牛羊肉变质，半夜就得起来招呼，摊子只能摆半天。2004年年末他租下了永昌路口蔬菜市场的一家铺面，生意更红火了。他添置了一些机器，如粉碎机等，并与其妻和弟弟一起经营。据他自己介绍，冬天有时候一天能卖掉五只羊，一个月的收入在2500元左右，这一收入水平在“东乡村”来说是较高的。当笔者问及是否和批发市场有契约时,他说"一般有固定的批发点,但一定是东乡人,经常来往,价格上不会出错,而且每晚的订货都比较方便,一说东乡话,都成一家人了,不会吃亏的。"足见这一行业的独立性。

4. 民俗小吃及餐厅经营

在社会学调查中,西安人将"饮食"排在衡量生活质量的前三位。这样重要的位置,使某些社会学家感到惊奇。其实这是整个西北人的共同特征。兰州饮食业在全国居于前10名(最高时为第6名),而兰州饮食业中,清真饮食占有举足轻重的地位,远远超过半壁江山——尽管兰州穆斯林人口仅为3%强。清真饮食中的民俗小吃,是众人青睐的主要对象。如牛肉面、东乡手抓、糊辣羊蹄、羊羔肉、羊杂碎、东乡土豆、河州包子、甜醅子等等,有些已经成为全国各地的品牌。风味小吃经营是"东乡村"人从事较为普遍的行业,小西湖义乌商贸城后街的小吃一条街更是东乡人的"天下"。很有趣的是整个小吃街的店铺摊位以红绿两种颜色为主调,挂着绿色幌子的是清真的,而红色则是非清真的,整个小吃一条街有58家店铺和19家小摊位,基本以清真小吃为主,汉族经营的餐厅有20家,不足40%,清真小吃经营中东乡人则有38家,几乎占到整个小吃街的一半。这些小吃经营者经营的种类各有不同,大致有酿皮、灰豆粥、甜醅子、羊杂碎、粽子、甜糕、油饼、杂面煎饼、凉面、烤鸡等,经营形式大多是以家庭为单位独立经营,家庭成员共同参与。每天的上下班时间,便是小吃街经营最为红火的时候。

个案五:马振山,47岁,东乡县那勒斯乡人,经营酿皮、凉面。马振山的摊位位于小吃街的入口处,摊位规模不大,只有两张条桌、几把小凳、一个玻璃框简易餐车,绿色的"马家凉面"招牌很醒目。笔者在去采访时,马老板用地道的兰州话招呼。当笔者问"凉面尼马图个淮卓?"(东乡语:凉面怎么卖?)时,马老板惊讶的连声说"持是麻尼昆努?"(东乡语:你是自己人)一句乡音,使马老板热情地接受了采访。马振山的酿皮、凉面小摊已经营了四年,马老板为主要经营者,其妻子和17岁的儿子帮忙。凉面是每天早上一大早在家中做好,调好汤汁,再拿到市场上卖;酿皮则是每天早上有专门送货的人送来。在上下班高峰期,妻子和儿子都来帮忙。一碗酿皮1.5元,一碗凉面2元,马振山一天的总营业额在200元左右,除去成本,每天的收入在50元左右。问及以后有什么打算时,马振山说希望自己能拥有自己的店铺,把规模扩大,多挣些钱,能供上初中的小儿子上大学。结束采访的时候,马振山装了两份酿皮非要笔者带走,马老板不容推辞地说"麻哝是挂甲昆"(东乡语:我们是自己人)。在省城兰州,东乡的手抓羊肉在餐饮业中是一枝独秀。兰州人(不仅是穆斯林)对"东乡手抓"喜爱程度是外人难以想象的,兰州市大大小小几百家手抓餐厅,经常是座无虚席,对于一些风味独特者,饮食者甚至要排队、赶场子。东乡人在兰州经营的大型餐厅主要有"尕努东乡手抓"、"天龙水宫"、"唐汪"、"吉庆宫""马大胡子"、"银峰"、"云峰"等等。每家大型餐厅都有好几个分店,每个门店经营面积在500平方米左右,日营业额数万元。这些餐厅的老板是东乡族流动人员中收入较高的群体。这些大型餐厅大多是以家族企业的形式经营,所雇用的人基本是以亲属圈同族、同乡人为主,这种雇工范围的局限性,致使雇员文化水平低,没有受过专业训练,给这些家族企业的发展带来诸多的不利。

个案六:"忠华手抓大王"的老板马忠华、马忠山、马忠英来自东乡县大树乡,1985年进城谋生,从经营小餐厅开始慢慢发展到今天的规模。兄弟三人联合经营,目前仅在兰州市就有三家忠华手抓分店,在西宁、新疆等也有忠华手抓店。在兰州以"忠华手抓大王——芳草园店"规模最大,据忠华二老板马忠英讲,芳草园的日营业额平均达50000元以上,整个餐厅的厨师及服务人员上百人,其中60多人为东乡人。兄弟三人各负其责,忠华手抓大王在餐厅基础上成立了忠华商贸有限责任公司,下设宾馆、干洗店、幼儿园、陶器经营,茶叶销售等。其中负责人均由三兄弟担任,所雇用的人员基本以东乡人为主。忠华手抓这样的大型餐厅为进城打工的东乡人提供了更多的就业机会,同时也是"东乡村"同族乡源关系的具体表现。但是,这种同族、亲属关系下的老板与员工的关系也成了"家族企业"的致命伤。在2000年之前,小西湖硷沟沿的忠华总店生意极为火爆,然而因为没有受过专业餐厅培训的东乡服务生与顾客语言不通,与老板在亲属"面子"上相互扯皮等,严重影响了餐厅的发展,忠华总店的服务状况使得总店生意逐渐下滑。忠华手抓大王不得不将重心移往"芳草园",改变餐厅管理模式。

个案七:马得义,一个典型的东乡族农民,1986 年他在东乡县城锁南镇开办东乡手抓羊肉馆,1993 年在兰州市开办了省城第一家东乡手抓羊肉馆——"尕努东乡手抓",开业后不久便红遍金城。目前,他已发展了两家分店,从业人员 200 多名,月销售额达 100 多万元。① 在清真餐厅打工,也有角色之分,有些人有技术,可以做厨师,有些人只能做服务员。而职员和老板之间往往也由一种网络关系联系着,他们往往是亲戚或朋友或同乡。

餐厅经营,需要采购原料,如羊肉、牛肉和蔬菜,而此类采购也是由一种网络结构在运行,还是那句老话:减少交易成本,肥水不流外人田。采购的牛、羊肉和蔬菜均由"熟人"送到餐厅。清真餐厅的顾客来自两个方面,一方面是来自"东乡村"的东乡人,他们具有特殊的饮食习惯,偏好东乡餐厅;一方面来自兰州市民或其他外来人员。由此可见,他们之间的供需关系也是一种功能性互相依赖。

为什么"东乡村"会形成这种行业上的单一与集中的形式呢?王春光在他的《社会流动和社会重构——京城"浙江村"研究》中对行业选择的结论为:第一,文化程度影响行业选择范围;第二,文化程度影响行业经营状况。这在专业化强、技术要求高的经营中尤其明显。②"东乡村"居民由于文化程度普遍较低,所以只能选择技术要求不高的行业。加之这种相互间跟着做生意的习惯,势必造成行业类型的单一与集中。然而,正是这些行业的经营,又使得"东乡村"内部和整个兰州社会融合在一起,相互依赖,共同发展。

(三)"东乡村"的社会生存关系

一个少数民族从边疆地区来到不熟悉的城市,凭什么实现就业,解决生存问题?一般认为一个人所拥有的资本包括体力、资金、劳动技能

---

① 甘肃日报,转引自《甘肃政府网》。

② 王春光:《社会流动和社会重构——京城"浙江村"研究》,浙江人民出版社,205 页。

和知识。然而从人类学与社会学的角度来看,对于流动人口而言,社会关系网络是一种重要的和基本的资本。个人具有复杂的社会关系,形成一种社会网络,是一种社会资本,它对流动人口在城市的就业与生存中发挥着不同程度的作用。

个案八:小西湖义乌商贸城背后卖清真大饼的李福元(男,东乡族,四十岁):"我是东乡锁南坝人。上过小学,1984 开始跟随同乡人到新疆'挖金子',结果赔了,三年后回来结婚,分家后没有半点生活来源,只能出来打工。初到兰州,人生地不熟,给工地上'背楼'(工程队最苦的活),后来又到靖远煤矿背煤,什么苦都受了,没挣到什么钱,后来又回到兰州,在几个老乡的介绍下到一家饭店给人打杂,管吃管住,算是存了一些钱。时间久了也混熟了,在鸽子市卖大饼的老乡帮我在小西湖义乌商贸城背后租了一个店,开始做东乡大饼,从 1997 年开始,一直卖大饼。"

从贫困山区跑到城市找工作,光有一身力气、不怕困难和外出闯荡的劲头是不够的,还得有一定的人脉关系。如果没有老乡介绍,李福元还可能继续"背楼"、"背煤"。最后他感慨地说"在家靠父母,出门靠朋友啊。"

"东乡村"的行业是通过什么样的社会关系经营和实现的?或者说"东乡村"依托什么样的社会关系呢?"东乡村"本身就是社会关系的体现,主要是人际关系的体现,它是一个未定型的流动性准社区,内部没有很高程度的组织化水平,所以每个人更多以个体身份与其它人打交道、进行互动,而不是以组织、阶层的形式与其他人或组织进行交往,它的社会关系主要停留在人际交往上。① 研究"东乡村"人际关系模式,成为研究其他社会关系的切入点。

1. 亲属关系

"亲属是由生育和婚姻构成的关系。"② 亲属关系是人作为个体重

① 王春光:《社会流动和社会重构——京城"浙江村"研究》,浙江人民出版社,193 页。

② 费孝通:《乡土中国》,北京大学出版社,1998 年 5 月版,70 页。

要的人际关系,它以血缘、婚姻为基本纽带,在传统的东乡族社会,亲属关系是最为稳固的人际关系,“家伍”(即家族关系,血亲)和“亲故”(即姻亲)是两种较大的亲属群,其中一个家庭的“家伍”的大与小,在某种意义上决定着这一家庭的势力。乡族称家族为“家伍”,并按亲属关系的远近再将“家伍”分为“亲家伍”和“大家伍”。同一祖父的后代互相视为亲家伍,同一曾祖父或太祖父的后代则为大家伍。由亲家伍或大家伍组成的村落被称为“阿恒德(东乡语同村)”。① “亲故”即姻亲关系在民间社会中的影响力相对较小,但在婚丧嫁娶中,姻亲关系却又是不可或缺的,扮演着重要的角色。一个个体,一个家庭,一个家伍延伸到更上一辈的老家伍,从而使得人们融入一个更大的亲属圈。因婚姻产生的姻亲构成相互交错的复杂的社会网络关系。这种亲属关系也是外出务工经商的东乡人所借助的主要资源之一。首先这种关系具有可靠性,亲属之间互相帮助是人们根深蒂固的共识;其次,这种关系对每个人来说是现实的资源,随时可以使用。“东乡村”居民的迁移过程是“链式迁移”的形式,在晏家坪收购废旧家具的马德相,三年前跟随姑父到兰州,在姑父的相助下开始做废旧家具生意,一年前,其父母,弟弟,妻子也迁移到“东乡村”。晏家坪一百多户从事收购废旧家具业的“村民”,从最初走出大山,走出东乡移居“东乡村”,都不是只身前往的,都是跟着亲属团伙而进的。亲属关系在这里有着极其重要的位置。

家是社会关系的基本单位,笔者在田野调查过程中发现,“东乡村”居民更喜欢用“户”来称呼“家”。费孝通在《江村经济》中对家和户作了区别:“家是由亲属纽带结合在一起的,在经济生活中,他并不是一个有效的劳动单位。”② 作为户的一员不一定是亲属,“东乡村”从事各类行业的居民从事这一行业时形式多种多样,有全家集体经营,也有学徒或者帮工共同经营的,从而形成了户内不同类型的亲属关系。

首先,以户主夫妇为主轴。也就是指与户主夫妇之间的血缘和姻缘关系。这种户内亲属关系是纯血缘性和纯义务性的,户主或户主夫

① 廖杨:《东乡族宗法文化论》,载《民族研究》,2004年第4期,37页。

② 费孝通:《江村经济》,江苏人民出版社,1986年版,68~69页。

妇的赚钱目的就是为了使家庭富裕,并扶助孩子成家立业,而孩子干活也是义务性的。此类亲属关系为携带式亲属关系。这种亲属关系是"东乡村"最为普遍的亲属关系。在硷沟沿骆驼巷开小饭店的李文海家,便是如此。李文海,男,32岁,东乡县赵家乡人,有一儿一女,现住骆驼巷。他与妻子在自己家中共同经营小饭店,儿子和女儿上学,这是最简单的户内亲属关系。

其次,合作式亲属关系。特点是亲属与户主是平辈的,彼此年龄相差不大,他们一起干活,以合作互助的形式进行,但彼此也有利益分配,在利益分配中以户主为主,其他亲属之间平等分红,户主的收入和其他亲属有差别;在管理上,以户主为领导者,其他亲属平等参与,户主与他们商量,决定户主地位的是亲属关系中的排序。收购废旧家具业的亲属关系即属此类。

王春光的《社会流动和社会重构——京城"浙江村"研究》中还有两类亲属关系即赡养式的亲属关系和学徒式亲属关系①。这两种类别的亲属关系在"东乡村"较少。传统社会的家伍制度依然是"东乡村"亲属关系的重要形式,"家伍"便是户与户之间的亲属关系。"东乡村"居民最初的迁移是同族移居,他们同族移居的一个基本目的,便在于保持血缘关系与地缘关系。也正是这种同族迁移的"家伍"关系,使得"东乡村"在形成与发展中具有稳定性。

2. 乡源组织

乡源组织与家伍关系具有很密切的关联,同村同族迁移保持了血缘与地缘关系,地缘与血缘互相强化,是"东乡村"形成如此地缘关系的主要原因之一。费孝通论及血缘与地缘的关系时说:"在稳定的社会关系中,地缘不过是血缘的投影,不可分离的……血缘和地缘的合一是社区的"②。以"家伍"为形式的血缘关系与"阿恒德"(东乡语,同村)为形式的地缘关系以及同乡同村共同从事某一行业的状况,是建立在血

---

① 王春光:《社会流动和社会重构——京城"浙江村"研究》,浙江人民出版社,98页。

② 费孝通:《乡土中国》,北京大学出版社,1998年5月版,71页。

缘与地缘共同的基础上的。围寺而居的居住关系等各种因素更加促使了乡源组织的稳定性与密切性。我们以上西园清真寺为中心来看乡源组织:上西园清真寺修建于2001年,是居住于此的"东乡村"居民共同出资修建的,居住于上西园清真寺周围的居民多来源于东乡县果园乡、龙泉乡、那勒寺乡等,多以生意人为主,有着较强的经济实力。进入兰州以后,为了能在城市站稳脚跟,他们不仅需要提高自身的经济实力,还要建立自己的清真寺,在原来的血缘与地缘关系的基础上建立自己的"者麻提",以稳固在城市的地位。

个案九:罗金虎,男,57岁,上西园桥公交车站附近如海宾馆老板,东乡县果园乡人。罗金虎一家迁入兰州十余年,做皮革生意,经济实力较强,2000年买下上西园公交车站附近的一段铺面,修建了三层楼,开穆斯林宾馆,罗家的亲戚朋友也居住在附近,各自都有自己的产业,相互扶持,相互关照,使得他们"家伍"的整体实力很强。然而作为外来人口的他们,依然会受到诸多的偏见歧视等,就像罗自己说的:"我们出去买个东西,一说东乡话,别人就给脸色看,一口一个'乡里人',很不舒服的,去兰州人的清真寺,看别人的脸色也是很不舒服的,再加上我们教派不同,很多时候受到排斥,家里过尔麦里(宗教活动)的时候更不方便。"和罗金虎一样很多居住于此的东乡人都迫切希望建立自己的清真寺。2000年大家基本上达成一致,集体出钱,修建了今天的上西园清真寺。

上西园寺的"者麻提"现在近百户,其中有90%是东乡族家庭。这些家庭之间有着各种关系,血缘和地缘依然是最主要的关系,共同的血缘关系构成"大家伍"形成的核心和"家伍"内部的联系纽带,共同的地域则成为宗教生活的地理空间及其与外界联系的基地。只有建立在共同地域之上的宗教信仰,才能开展共同的宗教活动,也才能加强内部的联系与团结。独特的语言使"东乡村"居民与兰州居民明显区别开来,也与当地的其他外来人口相区别,加强了地缘乡缘意识。比如在鸽子市清真牛羊肉批发市场,市场内部从里到外的格局是:东乡人的店外面是广河人的,最外面是康乐人的店铺,康乐人和广河人称东乡话为"黑话",正是这样的黑话,让东乡人之间的相互联系更加紧密,在整个市场占据了绝对优势。在鸽子市,东乡语是一个明显的标志,“彼是撒尔塔昆”① 一句简单的话,就可以把整个地区的东乡人联系在一起。

3. 宗教组织

宗教组织是社会组织的一种类型,是次级社会群体的一种形态。根据社会学的定义:“组织是人们构建出来实现某种特定目标的社会群体。组织除了具有明确规定的特定目标以外,一般说来组织还具有典型的劳动分工、权力的集中、成员关系经常变化等特征。”②伊斯兰教在东乡族形成与发展的过程中起过很重要的作用。它已深入东乡族社会生活的方方面面,成为东乡族凝聚力的重要源泉。“伊斯兰教有其特殊的、能扣动民族各阶层人士心弦的教义,而且它在很大程度上与社会生活紧密联系,也具有‘助政’的内容,其信徒的一切(包括衣食住行)基本上皆可遵经而行。”③ 这就使得一名穆斯林的一生与伊斯兰教紧密相联。因此,东乡族除了家伍与亲戚以及“阿恒德”组织以外,便是以清真寺为标志的“者麻提”(Ja $\overline{\text{ma}}$‘at)组织,这一组织往往包括了好几个“大家伍”,甚至几个“阿恒德”。穆斯林对自己的以清真寺为中心的聚居区的称谓有自己的语言,称为“者麻提”,阿拉伯语的意义是“聚集、集体、团结、共同体”等,这一称谓在有穆斯林居住的地方,是一种标志性语言。“者麻提”在传统的东乡族社会中,所具有的作用不亚于“家伍”,它是人们以清真寺为中心、因信仰而联系起来的。在人们的日常生活中,每个人都可以作为整个“者麻提”的一员,在这个庞大的组织中得以慰籍与保护。在婚姻以及丧葬中,“者麻提”更是起着主要的作用,如果一家遇到丧葬等事,送葬过程的操作是整个“者麻提”来运行。“者麻提”在穆斯林社会中具有非常重要的地位。

“东乡村”居民以东乡族为主,伊斯兰的信仰是他们共同的心理文

① “彼是撒尔塔昆”,东乡语,意为“我是撒尔塔人、我是东乡人”。

② 周传斌:《西海固伊斯兰教的宗教群体和宗教组织》,宁夏社会科学,2002年第5期,69页。

③ 马成良:《中国伊斯兰教与中国儒道思想关系浅析》,载《西北民族学院学报》,1990年第3期。

化。“东乡村”是在清真寺的建立以及围寺而居的居住格局日益强化的基础上形成的,“清真寺是社区的‘灵魂’,是回族人内心世界的象征,因此,如果说伊斯兰教是回族存在的精神范式,那么Ja ma‘at作为对回族精神世界的雕塑便是她的物质存在形式。”① 与少数民族聚居区的穆斯林相比,处于城市边缘地区的穆斯林,他们对清真寺的依赖感要强得多。对于他们来说,清真寺是自己信仰的支柱,是通向永恒后世的路径,又是走向现实生活的路标。因此,清真寺成为城市穆斯林社区中穆斯林群体立足主流文化社会的根基。② 清真寺是“东乡村”的精神所在,而以清真寺为中心的各个“者麻提”,将整个“东乡村”联系在一起。“东乡村”所包括的各个街道、社区都有自己的清真寺,各个清真寺的“者麻提”不是独立的,而是相互联系的,在“东乡村”,东乡人较为集中的清真寺有5个,也就是说整个“东乡村”有5个以清真寺为基础的大“者麻提”,即柏树巷清真寺、上西园清真寺、西湖清真寺、硷沟沿清真寺、五星坪拱北清真寺。平时做礼拜、过宗教节日或者每家过“尔麦里”的时候,都是以各自的清真寺者麻提为主,但是在举行大型的会礼或者由丧葬等事宜时,各大清真寺的者麻提便会互相联系。“者麻提”组织是“东乡村”具有明显特征的宗教组织,它对于东乡村的稳定、东乡村民众的相互联系以及加强凝聚力具有不可忽视的作用。相对于传统,“东乡村”的者麻提在保留清真寺底蕴文化的方式上,比传统东乡族地区的清真寺多了一层开放式的交流,同时与少数民族聚居区的清真寺相比,“东乡村”的清真寺在社会功能上又多了一层文化的对抗性,因而使城市边缘地区的伊斯兰教在其承载物的表现形式上又有较多不同,这决定了作为边缘群体的“东乡族”民众,在宗教生活、教育、习俗等方面必将表现出不同程度的差异和特殊性。

---

① 杨建新、杨文炯:《Ja ma‘at:都市中的独特社区——以对兰州市回族穆斯林的调查为视点》,载《中央民族大学学报(人文社会科学版)》,2001年第2期,40页。

② 王建斌、李庆勇:《城市边缘地区伊斯兰教探微——以兰州穆斯林社区调查为个案》。

在东乡村，除了以清真寺为主的"者麻提"组织以外，还有一种组织就是以"拱北"为中心的"啊哈交"群体，此处的拱北是对老教来说的，拱北主要是西北穆斯林四大门宦即哲赫忍耶、虎夫耶、嘎迪忍耶等学派的门宦始传人墓庐，也称金顶，是门宦穆斯林教徒举行宗教活动的中心。而东乡族作为中国穆斯林门宦类别最多的民族，拱北自然成了许多人进行宗教活动的场所。拱北的"啊哈交"与清真寺"者麻提"不同，"者麻提"是以地域范围来与门宦区分的，而拱北的"啊哈交"则是以门宦来区分的。在传统的东乡族社会，一个清真寺的"者麻提"可以是不同拱北的"啊哈交"，而同一个拱北的"啊哈交"可以是不同清真寺的"者麻提"。一个拱北的"啊哈交"便是一个组织群体，从事共同的宗教活动，内部彼此之间加强联系。在"东乡村"有近10个拱北，分别属于不同的门宦，主要分布在五星坪河下西园一带。以七里河区五星坪的灵明堂拱北为例，据拱北负责人和笔者调查统计，五星坪的灵明堂拱北是整个兰州市最大的拱北，灵明堂拱北门下的"东乡村"教众有300多人，每年的的农历二月初二是灵明堂拱北的"纪日"，拱北要举行盛大的"尔麦里"，这一日子来临之前，"东乡村"所有的灵明堂"啊哈交"要到拱北帮忙，炸油香、宰牛羊等。这些"啊哈交"之间以拱北为中心，成为另外一种宗教组织，拱北的尔麦里以及节日活动，为这一宗教组织民众相互交往联系提供了契机。

4."粘连"和业缘关系

如果说血缘关系和地缘关系是传统社会的主要人际关系，那么业缘关系和朋友关系则是现代社会的重要人际关系。"东乡村"居民处在传统社会向现代社会的转变、从单一行业向多种行业的转变或者职业化过程中。在这样的转变过程中，他们的人际关系除了仍然沿袭传统的血统和地缘关系以外，也在扩大业缘关系和"粘连"圈子。行业规模的扩大，势必造成朋友关系和业缘关系的扩大。

"粘连"是东乡人对朋友、兄弟等的亲昵称呼，东乡人在对城市生活的不断适应中，社会交往的圈子逐渐扩大，从最初的同村同乡、同者麻提、同族、同行业扩大到不同民族、不同信仰、不同行业的交往圈子，"粘连"关系不再是单一的同乡同族。从业缘关系来看，屠宰业与大小餐饮业的关系扩大到与运输、食品及加工等行业的关系;废旧家电收购业与运输、维修等行业的关系。大型餐饮业与更多的行业有着千丝万缕的联系,"粘连"的圈子更大更广。业缘关系的不断扩大必然造成了"粘连"圈子的扩大。以城市废旧家具收购业为例,随着规模的扩大,回收再修理、出售的过程中,不再是单纯的血缘和地缘关系经营了,因为同乡或同族中懂得电器修理的人几乎没有,而是扩大到不同人群,不同行业,不同地域的联系,朋友圈也随之扩大。从收购业和翻修业之间的关系,延伸到运输业等。再如拆迁砸墙业,他们往往会同南方一些装修公司合作,装修公司一有砸墙的活,就联系他们。东乡人的友缘和业缘往往是交织在一起的,比如某大型饭店的东乡老板,为了拉顾客,往往要找一些关系当"饭托"。比如该老板认识某大学东乡族老师,东乡族老师介绍一些朋友过去照顾生意,老板再通过各种"实惠"使这些族外人士成为"饭托",一有饭局,就来照顾他的生意。

个案十:马文生,31岁,忠华餐厅后厅经理,东乡县大树乡人。

马文生初来兰州时,所认识的人全部是东乡人,并且大多是同乡人,同乡同族人为他的就业提供了很大的帮助,从最初在忠华餐厅打杂开始,就经常跟着同乡去买菜,送外卖,逐渐结识了一些不是东乡人的朋友。随着对餐厅业务的熟悉,他从打杂升到现在的后厅主管,所结识的"粘连"从街头的小菜贩到广州上海的外商,三教九流都有。

如果费孝通先生用"差序格局"来形容中国的人际关系。那么以每个独立的东乡人为中心向外扩展,最里层便是与自己有亲缘关系的"家伍",其次是同乡"熟人",接下来依次是同族、穆斯林、朋友、客户等等。但是由于各种互动关系相互交织,成为网络,有时很难明辨。

四、兰州"东乡村"的物质民俗

(一)物质民俗

物质民俗,是指人类在日常生活中所依赖的和能够感觉到的有形的实体性民俗,因而又被称为"实体民俗"。物质是人类赖以生存的根本。物质生活民俗是生活民俗最为主要的一个方面,它是以满足生理需要、安全需要、归属需要、自尊需要和自我实现需要等较高层次的需要为目的的社会生活文化现象,是这种民俗所在民族传统观念的外化。按照不同的目的和功能区分,物质生活民俗包括饮食习俗、服饰习俗、居住习俗和器用习俗等。① "东乡村"物质生活民俗是生活在城市文化大背景下的东乡族传统观念的具体表现,研究"东乡村"的物质生活民俗,是研究东乡族适应城市生活的最为主要的方面。传统的观念在与城市文化的相互碰撞中,发生着不同程度的变异,从而与城市文化达成和谐,实现自身对城市的适应。饮食民俗、服饰及居住民俗的传承与变异是城市东乡族在城市文化背景下适应城市的具体表现形式。

(二)饮食习俗

饮食习俗是指人们传统的饮食行为与习惯,主要包括食物本身、食物属性、食物的范围、制作过程和仪式、餐桌上的礼仪、节日和仪式食品以及食物的名称、保存、禁忌等,它是人类民俗事项中最贴近生活的习俗。饮食不仅能够满足人们的生理需求,同时其丰富的文化内涵在一定程度上可以满足人们的精神需求。有关东乡族饮食习俗的专论在目前的研究中相对较少,在一些专著中有较具体的描述。本文所要阐述的是从少数民族聚居的农村进入城市的东乡族在适应城市生活的过程中形成自己的独特的聚落及其饮食文化,这种独特性在饮食习俗方面表现为继承传统的同时又接受了城市文化,形成了一种在传统中变异与变异中继承的互动格局。

本课题以"东乡村"为调查点,以"东乡村"民众现在的饮食习俗为调查内容,来探讨其饮食习俗的传承与变异。进入城市之后的东乡人,以共同的民族心理、共同语言在接受城市主流文化的同时,也坚守了东乡族伊斯兰文化的传统,其在饮食生活方面表现尤其显著。饮食文化

① 叶涛、吴存浩:《民俗学导论》,山东教育出版社,2002年版,264~265页。

是城市社会互动在民族文化的物质因素当中表现最为积极的一个方面。① 通过对城市饮食习俗与传统的东乡族饮食习俗的对比,来揭示作为自然属性的东乡人进入城市并适应城市的过程——这是对环境适应的本能所在;而作为具有社会属性的民族而言,东乡族人在面对城市主流文化与传统的伊斯兰文化的相互"碰撞"中做出了价值观、家庭观等方面的调适、适应、选择,并在这种调适、适应、选择过程中使城市文明与传统的伊斯兰文明相互交融。我们通过对这一特殊群体饮食习俗传承与变异的对比分析,可以说明一种生活习俗的传承与变异,有其主客观两方面的原因。从农村进入城市,生活习俗的改变实质上是传统文化的继承发展与城市现代文化的一个交融过程。

1. 饮食民俗分类

"由于传统的汉文化与传统的伊斯兰文化在这一文化地域范围的交相辉映,两种文化不断磨合、协调、适应,在民族地区城市中逐渐形成了特殊的文化模式与普通的文化模式。在兰州的民族文化中,特殊的伊斯兰文化模式与普通的汉文化模式同时存在。"② 小西湖地区正是这两种文化模式共存表现最为显著的地方之一。柏树巷社区总人口数为 5548 人,其中东乡族有 270 多户家庭,1400 多人,约占全区的 25%。调查主要以其中二十户不同职业、不同收入、不同规模以及不同入住时间的家庭为对象,对他们现在的饮食结构、饮食内容、饮食观念进行调查,来分析其与传统饮食习俗之间的异同。具体从他们的日常食俗、待客食俗、节日食俗以及特殊食俗四个方面来对比分析。

(1) 日常食俗

日常食俗是指平日家庭饮食习俗,它是最能够体现某些民众群体饮食习俗的一个方面。它包括食物的制作方式、使用方式、用餐时间及次数等。东乡族传统饮食以面食和土豆为主,牛羊肉在生活中也极为

① 高永久编:《西北少数民族地区城市化建设研究》,兰州大学出版社,2003 年 7 月版,83 页。

② 高永久编:《西北少数民族地区城市化建设研究》,兰州大学出版社,2003 年 7 月,87 页。

重要。而在城市环境带来的便利下,他们在以面食为主的基础上,在日常生活中增加了对蔬菜的需求量。从用餐次数上看,都实行早中晚三餐制,但在时间上和食物内容上各不相同。在农村,早饭的时间一般是在晨礼结束后家人围坐在炕上开始食用家中妇女做好的新鲜花卷、煮好的油茶或清茶等。而在城市里“油茶”的习俗在所调查的家庭中几乎消失。茶是东乡人生活中必不可少的饮料,“每餐必有茶”是茶在东乡人饮食习惯中占重要地位的真实表现,从中也可以看出东乡人对茶的钟爱。在传统家庭中多用盖碗泡茶,且喜欢饮用云南绿茶。在城市,“三泡台”是用来待客的,自家人一般用茶杯,且不是单纯的绿茶。此外,像咖啡、果汁等饮料也进入城市东乡人的家庭。进入城市后许多年轻人开始喝酒,这在农村来说是犯了大忌,违背传统的。

农村东乡人与城市东乡人日常食俗中还有更大的不同之处:在农村用餐时,父子一般不同席,公婆与儿媳不同席;在城市这种回避习俗几乎消失。

(2)待客食俗

东乡族历来以热情好客而著称,在其待客食俗中,更能体现这种热情、质朴、好客的性情。当家中来客人时,请客人上“上房”(堂屋),敬上“三香茶”,(即以绿茶,冰糖,桂圆为主的三泡台)倒上“白牡丹花”的开水,是主人对客人最基本的礼节。男主人通常会在“上房”陪客,女主人此时则在厨房炸油香、蒸花卷。端上花卷之后,随各家条件的不同炒几盘菜,且多以荤菜为主。手抓羊肉是东乡人待客最重要的一道菜,多以双碟端上,一冷一热,再用小碟盛上椒盐、大蒜等佐料。最后一道环节也就是东乡人待客中最独特的环节——“吃鸡娃”,除去鸡头鸡爪子将鸡身分为十三块,其中的鸡尾一定要让客人中最年长或辈分最大的人吃,叫“吃鸡尖”。“吃鸡尖”是东乡人对客人表达最深的敬意,客人不能拒绝。在从上茶到“吃鸡尖”的过程中,用流水席的方式,即上一盘新菜就撤下原来的盘子,让客人每次吃到的菜都是最新鲜的。男主人一直站在炕下招待客人,添菜倒茶。在城市里,东乡人的待客习俗与传统大体一样,只是在细节上有所不同,由于条件的限制,羊肉不再是“端全羊”,至于“鸡尖”,主人和客人都是象征性地互相推辞一下。整个待客过程不再是流水席,且主人会和客人同席用餐。

(3)节日食俗

在饮食习俗中,有关节日的食俗表现最为丰富,也最具有民族特色。信仰伊斯兰教的东乡族,传统节日有古尔邦节、开斋节以及圣纪节。古尔邦节这天,经济条件好的家庭请阿訇到家中念经宰羊,家里人炸好油香,将羊肉分成小块,为到家中的所有亲友分上一块羊肉和油香。在斋月里,东乡人的饮食与宗教是相统一的。开斋节也一样,在开斋节到来前几天,家中妇女就开始炸"香气",即炸馓子、炸花果、炸酥盘等。在过节这天挨家挨户地互相送上一份"香气",以示祝福。圣纪节的饮食场所主要在清真寺,由清真寺主持宰牛羊、做烩菜、炸油香,让所有到清真寺听"赞圣词"的人食用。城市东乡人的古尔邦节、开斋节、以及圣纪节的饮食构成同农村一样,不同的是所参加的人较少,且场所主要在清真寺,宰牛羊的场所也多为清真寺。在调查中许多老人对城市里过节表现出无奈的神情,而大多数年轻人却赞成这种城市里过节的方式。

东乡族还有一个传统的节日,即阿守拉节(粮食节),它是东乡族妇女们的传统节日,过阿守拉节这天,必做的美食是"罗菠弱粥",也称为美味肉粥,各家妇女轮流做东,将小麦,绿豆,玉米,青稞等十二种粮食和羊杂碎剁成的肉末混煮在肉汤里,调成糊状。每家须有人参加,如不能去,东家必会留一份罗菠弱粥给这家。在城市中对阿守拉节的调查结果显示,80%的家庭不过阿守拉节,13%的家庭在阿守拉节做罗菠弱粥时是自家来做,很少有轮流做东的说法,做好之后也是自家享用或有时分送给左邻右舍。阿守拉节作为传统节日,它的饮食习俗在城市中早已被人们淡忘了。

(4)特殊食俗

"吃平伙"是东乡男子的传统习俗,多在阴雨天或下雪天农闲时举行,约几个亲朋好友,找一家茶饭手艺好的家庭,宰一只羊煮熟。食用时先吃羊杂碎做成的"发子",后在肉汤里煮面片,吃完后将羊肉按全身各部位分别剁成份子,有多少人就剁多少份,每份都有羊全身每一部分的肉,肉可以当场吃,也可以带回家。吃完之后,东家摊钱,实行"AA

制"。这种"吃平伙"的习俗在城市中由于各种原因已经很少见了。在被调查的家庭中,进入城市以后"吃平伙"的家庭也只是两三家宰羊分摊而已。有些人家在初到兰州时,偶尔也有亲朋组织"吃平伙",而现在城市的东乡人几乎忘记了这一特殊的习俗。有趣的是"吃平伙"在城市里变成了兰州人家喻户晓的东乡手抓羊肉,而"羊肉发子"则在兰州各较大规模的清真餐厅中成为上等佳肴。

2. 饮食习俗传承与变异的原因

从农村到城市的东乡族,在继承传统饮食习俗的过程中,无论是饮食构成的就餐内容,还是饮食方式和饮食礼仪,都发生了变化,是什么原因促使传统的东乡族饮食习俗从农村到城市后发生了变化呢?政治经济学告诉我们,生活方式是由生产方式决定的。当传统的生产方式发生变化时,生活方式也要发生相应的变化,以便与新的生产方式相适应。诚如马克思所指出的:"物质生活的生产方式制约着整个社会生活、政治生活和精神生活的过程。"① 饮食习俗是生活方式的一种重要的表现形式,同样也要受到生产方式的制约和其他社会因素的影响。作为一个民族,其语言、民族心理、宗教信仰成为在客观环境改变时加强民族凝聚力的最重要的文化因素,当生产方式影响生活方式变化时,这种民族最根本的精神内核会继续延续并传播开来。相对聚居的居住格局、职业范围上的相对集中等因素,使东乡族在主流文化影响下,更能顽强保留自己的传统。下面将从主观与客观两个方面来分析造成东乡族饮食习俗传承与变异原因。

(1)东乡族从农村到城市过程中饮食习俗传承的原因

第一,共同民族心理维系下的紧密关系。民俗在继承与延续上具有自动控制功能,不仅可以保证在同样的社会环境和文化氛围中能够传播,而且可以保证在相对稳定的社会环境与文化氛围中能够自动继承和延续。② 民俗的继承与延续并不是指所有的民俗事项都会被原封

① 《马克思恩格斯选集》第二卷,82页。

② 叶涛、吴存浩:《民俗学导论》,山东教育出版社,2002年12月版,203页、207页。

不动继承下来,而是指反映地方民俗特色的民俗事项被继承并延续下来。① 从农村到城市的东乡族,在其生活习俗传承中起自动控制作用的便是对伊斯兰教的信仰,这反映在地方特色与民族特色的东乡族清真饮食在其饮食习俗中继承并延续下来。宗教的维系使得这一群体紧密相连,围清真寺而居,形成共同的民族宗教心理。

第二,共同的民族语言形成的彼此认同。作为一个民族,他的语言与民族心理是其生活习俗传承的又一重要因素。进入城市,他们用"撒尔塔②"彼此认同,在城市中用自己的语言将彼此紧紧地联系在一起,保持自己的传统文化不被他文化同化。自然传统的生活习俗会有意识地在城市生活中被运用,在城市生活中他们用他民族认为的"黑话"进行交流,在彼此的交往中以语言形式区别于他民族的特殊群体,这是东乡族从农村到城市后饮食习俗传承的又一个重要原因。

第三,乡源群体形成相对聚居的格局。从农村进入城市的东乡族,他们在迁徙过程中是邻村相近群体迁徙,并在迁徙之后,围清真寺而居,形成相对聚居的居住形式;在日常的交往中以老乡相称,形成相对独立的乡源群体。这对传统的生活方式的继承传播有着极为重要的作用。相对集中的业缘关系则可以加强内部联系。东乡族最初来兰州所从事的职业多为餐饮、拆迁、维修、皮革、牛羊肉经营等,直到现在这种相对集中职业范围也没有太大的改变,这种形势使得他们行业间的联系变得单纯并独立,与他民族联系的必要性并不强,进而造成生活方式上的相对独立。就像在所从事的餐饮业中,清真餐厅里的老板、职员都以"自己人"(东乡人)为主,形成与他民族相对隔离的形势。职业需要与业缘关系也有利于其传统习俗的保留。

第四,他民族对其饮食习俗的认可。一种风俗习惯之所以能够在离开本土的地方继续延续并传播,除了本民族自身的传承外,他民族的认同是其传承的重要因素。东乡族的饮食习俗渐渐融入兰州特色饮食

---

① 叶涛、吴存浩:《民俗学导论》,山东教育出版社,2002 年 12 月版,203 页、207 页。

② 东乡族人自称自己为"sart",源于中亚语。

就是最好的例证，让兰州人真正了解手抓羊肉、接受手抓羊肉的是东乡族。在兰州的各大饭店餐厅最醒目的是东乡手抓，就像“发子”在兰州各较大规模的清真餐厅中成为上等佳肴一样。接受一种习俗的前提是认同它，而他民族的认同则成为该习俗得以存在的重要条件，这种认同对东乡族饮食习俗在城市的传承有着重要的作用。

第五，地理环境上的相近。兰州市距离东乡县有一百多公里，二者相距不是很远，彼此之间联系较多，气候条件上二者的差异不是很大，在饮食习俗方面有很多的相似之处。从农村到城市后，东乡人的生活习惯不会从根本上发生变化，这是东乡族饮食习俗传承的客观原因。

(2)东乡族从农村到城市过程中饮食习俗变异的原因

第一，生活环境的变化导致传统习俗的变化。民俗之所以发生变化，主要原因在于民俗存在与延续的环境发生了较大的变化。这种环境的变化主要有地域环境与社会环境两方面，其中任何一种变化都会引起民俗发生变异。地域环境与社会环境既是民俗得以产生的基础条件，也是民俗得以生存与延续的根本保证。从农村到城市的东乡人，地域环境与社会环境都发生了变化，这是导致东乡族从农村到城市后传统饮食习俗发生变化的根本原因。而从农村进入城市的年轻人开始喝酒，也是因为生活环境的变化造成的：首先是离开农村使得群体监督机制的消失，原有文化约束的环境发生变化，使得大众文化影响加强；其次是经济水平的提高造成传统观念的变化。

第二，生产方式的改变带来生活节奏的变化。兰州市小西湖柏树巷东乡族聚落基本上是由改革开放后形成的打工族与世居少数民族聚落融合形成的，外来的东乡族现有三百多户，他们在进入城市以前以从事农牧业为主，兼有简单的商业活动。随着改革开放他们进入城市“淘金”，最初从事体力劳动，如蹬三轮车、收购旧家具等，一开始就转变了生产方式，随着城市生活的继续，基本上形成了各自专门的职业，多为餐饮、拆迁、维修、皮革、牛羊肉经营。生活方式是由生产方式决定的，传统的生产方式发生了改变，生活方式也就发生相应的变化，以便与新的生产方式相适应。城市中的东乡人从传统的亦农亦商亦牧的生产方式转变为商业经营或手工业生产为主的生产方式，必然导致生活方式的变化,饮食习俗自然随之发生变化。商业利益与城市生活加快了人们的生活节奏,全家人集体经营使得妇女不可能像在农村一样整日围着厨房转,所以不可能有足够的时间去做面食。"吃平伙"习俗在城市的消失,主要原因就是人们没有足够的时间为吃饭而聚在同一天,也没有哪一家有时间来组织大家。生产方式的改变带来的生活水平的提高,必然会带来饮食构成的多样化,火锅、烧烤、大盘鸡等进入他们的家庭也是必然的。所以,生产方式的改变带来生活节奏的变化和生活水平的提高,是东乡族从农村到城市传统饮食习俗发生变异的重要原因。

第三,他民族饮食习俗的影响。小西湖柏树巷的少数民族人口占49.6%,其中以回族为主,同时包括东乡族、撒拉族、保安族以及维吾尔族等。进入城市后的东乡族人围清真寺而居,与当地的和外来的穆斯林民族杂居,长期的共同生活、共同的宗教信仰使得它们彼此间的联系较为频繁,生活习俗上相互影响、彼此接纳,传统的饮食习俗自然也在这种相互共同的生活与交流中有所改变,如吃馕、大盘鸡、灰豆粥等等。城市饮食文化的繁荣同样也会对东乡族传统的饮食带来影响,就像火锅、麻辣烫、涮羊肉以及咖啡等都会成为城市东乡人生活饮食的内容。

第四,生计方式的改变带来经济水平的提高。就像对牛奶的选择一样。对于农村而言,牛奶是奢侈品,早饭喝牛奶几乎不可能。城市生活中生计方式的改变必然带来经济水平的提高,饮食观念必然也发生变化,即从传统的饮食观念向营养型饮食观念变化。蔬菜种类的多样化、他民族饮食习惯的接收都源自生活水平的提高。

生活环境、生产方式的变化带来的观念上的变化。城市东乡族由于生活环境与生产方式的改变,生产力水平提高、经济收入增长,使得家庭消费方式和消费观念发生变化,从传统的原料消耗型消费方式转变为营养型为主的消费观念,如在早晨他们选择营养价值高的牛奶,以及对饮食的合理搭配,并且在饮食中增大蔬菜的比重等。城市文明的影响改变了传统的男尊女卑的观念,在生活中女子同男子一样有自己独立的职业,不会在家中专门围着厨房转;父子用餐时同席,儿媳也会和公公婆婆同席吃饭,待客时主人和客人一起用餐等。这一系列变化都是因为客观环境变化带来的传统观念的变化所造成的。

东乡人是从民族聚居区以流动的方式进入城市的,从社会学的角度讲,流动人口最容易遗失其传统文化,同时又能坚强保留其传统文化。在新的环境带来的变化中,他们用新的观念方式调适其文化。在民族交往中与主流文化相互融合,使得伊斯兰气息的乡村文化与城市主流文化相互涵化而达到一种和谐。我们可以说,民族的迁徙不一定会丧失其传统文化,反而可以在与主流文化的交流中和谐共存,创造新的具有共同特质的城市民族文化。

(三)服饰及其他物质民俗

1. 服饰民俗

服饰民俗是指人们穿衣戴帽、佩戴各种首饰以及如何打扮自己的风俗习惯。我国民间有句俗语:"十里认人,百里认衣",可见在民俗中,服饰民俗占有十分重要的地位。在中国传统服饰文化中,服饰民俗现象千姿百态,极为丰富多彩,它充分反映出中华民族祖祖辈辈对美好生活的追求与向往,强化着传统文化的传承,强化着民族的认同感与凝聚力。服饰习俗,多体现在服饰的颜色、材料、式样、着装方式、放置与缝制等各个方面。

传统的东乡族服饰具有浓厚的民俗风格,多彩艳丽。东乡族结婚后一般戴一种自己缝制的圆顶白帽,帽子上面戴盖头,盖头长至腰际,头发及脖子全被遮住,只露面孔。盖头分绿、黑、白三种颜色,青年妇女一般戴绿色盖头,中年妇女戴黑色盖头,老年妇女戴白色盖头。盖头布料一般为绸缎、纱绒等。在现今的东乡族社会,受大众传媒等影响,古老的大襟圆领、宽大的东乡族妇女上衣已渐渐消失,只有老年妇女的衣着中还有些许的痕迹,老年人的衣服一般是大襟,小站领(立领),左侧盘扣等。东乡族男子服饰中最明显的特征就是"白号帽",衣着与汉族回族的服饰基本相同,中山装、西装、夹克等较为流行。在举行宗教活动或者去清真寺、拱北的时候穿一种叫"仲白"的礼服,是一种对开的长大衣,按扣、低领,颜色以黑、白、灰三种最为常见。①

"东乡村"的服饰在很大程度上沿袭了传统的服饰习俗,绿、黑、白三色盖头,妇女白色圆顶帽,男子的"白号帽",以及上寺或者过节、去拱北时候的"仲白",都没有因为环境的变化而消失。从腰缠万贯的大老板到街头收购家具的小贩,最大的共同处便是"白号帽"。

然而城市文化依然为城市东乡人的服饰带来了一定的冲击,新婚女子不再戴白帽子、绿盖头,取而代之的是阿拉伯式的长头巾和新疆式的小方丝巾等,颜色各异,款式多样。男子的"仲白"在"东乡村"成为老年人的专属,年轻男子上寺或者去拱北极少穿"仲白",更多的是西服、夹克。

东乡族服饰能够在城市传承中起主导作用的便是服饰文化承载的宗教信仰与民族心理,而城市文化的影响又促使服饰民俗发生了些许的变异。

2. 居住民俗

东乡族的民居主要以"庄窠"为主,庄窠意为庭院。东乡族庄窠一般是一户一个,有少数两户相连的。由于东乡地区多山,庄窠依山而建,房面讲究坐北朝南,分为土房、瓦房、楼房等。庄窠的房屋分为"上房"(fugie gia,意为大房子,堂屋),一般住老人或用来请阿訇念经等。偏房(qiaoja gia),一般是小辈来住,还有厨房、地窖(aluma,存放洋芋等)。房屋内一般有土炕。东乡人在建新房或者拆旧房的时候,一般请阿訇念经,在新房建成后,全村每户人家都来祝贺"讨喜",主人宰鸡宰羊款待客人。

在寸土寸金的城市,东乡人全然不能以"庄窠"来作为居住形式,而是因各自行业、收入的不同各有所异,如骆驼巷沿煤矿铁路两旁东乡人的居住形式,似于"鸽子楼"。在自己家里开小卖铺的马文刚家原先的房子是铁路旁不足20平方米的一间小房,后来他们在原来平房的基础上加了一层,面积与楼下相同。开始了楼下做生意、楼上自己住的生

① 马自祥、马朝熙:《东乡族文化形态与古籍文存》,甘肃人民出版社,2000年版,77页。

活。去年夏天,马又在二楼上修第三层,并将面积扩大到中间的小巷,面积有 24 平方米。类似于马文刚家的这种格局在整个"东乡村"随处可见。由于居住条件的简陋,房屋分上房、偏房的为极少数。"鸽子楼"式的居住模式,像马文刚家一样不断增加的居住面积为"东乡村"所在的小西湖的开发带来了极大的困难,但是从"东乡村"本身来讲,这样的居住模式又为"东乡村"的生存无形中起到保护作用。

五、兰州"东乡村"的精神民俗

精神民俗是在物质文化基础上形成的有关意识形态方面的民俗。它是人类在认识和改造自然与社会过程中形成的心理经验,这种经验一旦成为集体的心理习惯,并表现为特定的行为方式并世代传承,就成为精神民俗,它主要包括民间信仰等。① 在整个"东乡村",最主要的凝聚力便是信仰,对伊斯兰教的信仰表现在生活的各个方面,尤其在婚礼、节日、丧葬习俗中。正因为这种浓厚的宗教性,本章将婚姻、丧葬、节日习俗纳入到精神民俗的范围内进行研究。独特的语言对于"东乡村"的生存发展也有着重要的意义,它是"东乡村"行业组成、人际交往以及传统文化传承的重要载体。

婚礼习俗和丧葬习俗作为人生仪礼的两大过程,对于每一个民族、每一个群体都有着不同的表现形式,在传统与现代中激荡的"东乡村",它的婚姻形式与丧葬习俗也在这样的激荡中存在着诸多的变化。传统的伊斯兰宗教节日也在形式上发生着不同的变化。本章所要阐述的是从少数民族聚居的农村进入城市的"东乡村"居民在适应城市生活的过程中,作为精神文化的婚姻、丧葬礼俗、节日习俗、语言民俗等将有着怎样的变化。

1."东乡村"婚姻习俗

婚姻是维系人类自身繁衍和社会延续的最基本的制度和活动。②

① 钟敬文:《民俗学概论》,上海文艺出版社,1998 年 12 月版,5 页。

② 钟敬文:《民俗学概论》,上海文艺出版社,1998 年 12 月版,172 页。

对于东乡村的形成与发展,婚姻具有不可忽视的作用。进入城市的“东乡村”内部婚姻习俗基本上延续了传统的东乡族婚礼。对伊斯兰教的信仰,使得伊斯兰教的婚姻观、婚姻制度直接影响着东乡族的婚姻观念,使其传统的婚姻观念中起主要制约作用的三种社会因素为“宗教、宗族、民族”。这三个制约因素现在依然是“东乡村”婚姻观念的制约因素,但这种制约力明显被弱化,随着生活环境的转变以及思想观念的转换、交往群体的变化、交往范围的扩大,传统的婚姻观念、婚姻程序等发生了一些变化,融入了都市婚礼的一些因素。从婚姻的双方来看,传统的包办婚姻在“东乡村”基本不存在,自由恋爱或者经人介绍相互交往成为最为普遍的形式,传统婚礼中更多的程序细节被简单化。对“东乡村”婚俗的过程,我们以“东乡村”马文贤女儿马兰和东乡村居民唐士忠的婚礼为个案进行分析:

马兰,现年23岁,东乡县锁南乡人,现住工林路,在义乌商贸城一楼卖化妆用品。唐士忠,27岁,东乡县唐汪乡人,随其父包工程。马兰与唐士忠是2005年2月经亲戚介绍认识,开始交往,2005年5月定亲。传统的定亲仪式一般是由男方的父亲、新郎、新郎的兄弟、媒人定好日子,去女方家,去的时候,要为女方准备一对皮箱(定亲的时候只带一个,举行婚礼的时候再拿另外一个)、一套衣服(包括鞋、袜子等),以及简单的化妆品、一束红头绳和一把梳子,其意为绑住女方,并为女方的父母带上四色礼①,条件允许还要带上一两种布料,还要为女方的兄弟姐妹准备礼物。到了女方家,由女方的父母接待客人,要好好招待“新亲家”,媒人要调和双方在此时定下“麦何类”(即聘金),女方家中会抬高“麦何类”的数额,媒人要从中调和,如双方定好“麦何类”之后,不得反悔,在这一过程中,姑娘不露面。订婚之后的男女双方不能经常来往,只有在过节时,男方才能到女方家说“色俩目”,但未必能见到姑娘。我们再来看看马兰的订婚仪式:订婚当日,唐士忠和其父以及当时介绍的亲戚即媒人,带了500元钱和一枚金戒指去女方家,并定下了2500

① 四色礼是东乡人走亲戚必备的礼物,一般是四种东西,茶叶、冰糖、桂圆和葡萄干等,凑够四种,可以有不同的种类。

元的“麦何类”。所带的礼物完全不同于传统婚俗中的礼物,经济水平的提高是一个原因,其次送金戒指完全受城市文化的影响。观念的转变造成没有红头绳绑着梳子,没有四色礼,内容与过程变得简单。订婚之后的两个年轻人可以来往。

再看婚礼状况,传统婚礼中结婚仪式,男方一大早起来收拾妥当,戴上崭新的帽子,由当地的阿訇为其念“讨白”,念讨白的时候只有男方的父亲在场。男方准备好为女方准备的衣服、化妆品等前往女方家去娶亲,进了女方家中,先举行“告毕”仪式,由男女双方各出一名代表预祝婚姻美满,喜结亲家等,之后设宴款待娶亲人员。而此时,姑娘在家中由满拉或阿訇在窗户外面为其念“窗户杜瓦”,姑姑等长辈为新娘开脸、梳头,姐姐等为其穿上红色嫁衣。宴毕,给新人念“尼卡哈”,(即合婚经,征婚词),由阿訇来念,念尼卡哈时男女双方的家长和新郎、伴郎一起跪在阿訇面前,听阿訇讲经。之后阿訇将摆在桌子上的枣和核桃洒向院子,围观的人们争抢代表喜庆的“尼卡枣”。娶亲回家的时候,头盖红盖头的新娘由“素关持”(东乡语,即伴娘,一般由出嫁了的姐姐充当)搀扶出来,到了新郎家,须有新郎的姐姐来迎接新娘入新房。而新郎沿途要对所见之人说“色俩目”,进门之后亲戚朋友等要为新郎和伴郎“打红”(即为新郎伴郎扎上彩色华丽的被面)以示吉祥。挂红的新郎和伴郎到各个房间为所有的亲戚朋友说“色俩目”。新郎家设宴招待送亲的人,送亲的人离开时新郎家要为送亲的每个人送上礼物,俗称“羊钱”,送亲的人到新娘房中告别后离开。

马兰和唐士忠结婚时,唐家的婚宴定在忠华餐厅,由于时间关系,在结婚前一天,新郎及其父亲等长辈到女方家里念“讨白”和“尼卡哈”,念尼卡哈之前阿訇先给新郎和新娘念“讨白”,念“讨白”的时候双方新人在一起听,梳头和开脸仅仅是做做样子。结婚当日新娘身着白色婚纱,头戴白色头纱,被姐姐搀扶出来之后,由新郎接上。到新郎家中后,新郎将新娘带入新房,稍息片刻便与送亲与娶亲的人一起到餐厅,婚宴开始,由婚礼主持人主持婚礼,介绍双方来宾以及两位新人。这完全是兰州人的婚礼习俗。婚宴完毕,送亲的人离去。由此我们可以看出,“东乡村”的婚姻习俗既继承了传统婚姻习俗的特征,又在形式上接受了部分的城市文化。

“东乡村”居民最初以流动的方式进入城市,从社会学的角度讲,流动人口最容易失其传统文化,同时又能坚强保留其传统文化。在新的环境带来的变化中,他们用新的观念方式调适其文化。在民族交往中与主流文化相互涵化,使得伊斯兰气息的乡村文化与城市主流文化相互交融而达到一种和谐。我们可以说,民族的迁徙不一定会丧失其传统文化,而是可以在与主流文化的交流中和谐共存,创造新的具有共同特质的城市民族文化。

(二)“东乡村”丧葬习俗

东乡族的葬礼遵循伊斯兰教教法的规定,完全以宗教仪式的方式来举行。伊斯兰教在东乡地区发展过程中出现了门宦以及后来的新教(即耶赫瓦尼派),形成了新教和老教两大派别,两大派别的区别表现在宗教活动的许多方面。包括婚姻、丧葬、“尔麦里”等等,丧葬习俗中尤为突出。但是就整个葬礼的意义来说,它们之间有没有太大的区别。东乡人“无常”(即死亡)后,“家伍”立即推举年长者商议丧葬之事,并派人通知亡人的亲戚和邻近村庄,告知亡故及送葬时间,或由清真寺的学董、乡老主持安排具体人员负责有关事宜。整个丧葬活动都离不开来本族人和“者麻提”的人力和物力帮助。

“东乡村”的丧葬依旧延续了传统的丧葬习俗,新教老教的葬礼各不相同,本文不对新教老教的葬礼区别作过多地阐述,仅通过“东乡村”新教的葬礼来看看生活在城市里的东乡人丧葬形式。

个案十二:新教的葬礼。2005年,柏树巷新教教民马德林的母亲去世,去世前没有仪式,自己念“讨白”表明“认主独一”,整个“东乡村”的亲戚朋友以及柏树巷全体“者麻提”都来为亡人家里送上5元、10元不等的钱,称“作塔结”(意为慰问),亡人咽气后由寺管会学董等邀请各个有联系的清真寺的阿訇、满拉以及东乡老家的阿訇、满拉及整个“东乡村”的所有亲戚朋友来参加。亡人去世后由阿訇等抬到专门的床上,称“起水床”。等阿訇、亲戚朋友等到齐后,由亡人的姐姐和柏树巷的老人为亡人“抓水”(即洗大净),然后用白布缠裹全身。在乡老和学董的主持下，各个者麻提的民众有一部分在五星坪公墓早已挖好墓穴，亡人被包裹完备之后，由的学董、乡老等派人将亡人抬到柏树巷清真寺，亡人抬出家门的时候亲人一律不准有哭声，并开始散钱给所有的人。清真寺所有的阿訇、满拉以及会念经的男性，大家站“支那则”之后到早已准备好的车上，送葬的时候朋友亲戚都是自己找车来送葬，此时所有女性不去墓地。到墓地将亡人放入墓坑，头北脚南，面向西侧，用土堆起坟堆，没有墓碑。坟堆起来后阿訇念经，之后各自回家。下葬后三天家中不生火做饭，家里人和亲戚到本“者麻提”各家中吃饭。第四天，请阿訇、满拉和所有送葬的人宰羊、炸油香招待大家，俗称“过四个日子”。新教的葬礼没有“做七”的习惯。从整个葬礼过程来看，“东乡村”的葬礼与传统的东乡族葬礼之间没有什么区别，而老教的葬礼比起新教程序较为繁琐，但和传统的东乡族葬礼一样，没有什么区别。

东乡村生活中，宗教性体现最为突出的便是葬礼。在“东乡村”，饮食或者婚礼习俗等除了与宗教信仰息息相关的细节以外，都发生了不同程度的变异，而葬礼却几乎没有发生任何变化。信仰维系下的共同的心理素质以及民族性格，不会因为生活环境的变化、文化环境的变化而发生改变或者消失。相反，正是这一共同的信仰与心理因素维系着“东乡村”居民之间的凝聚力以及向心力。婚姻习俗与丧葬习俗同时也展示着“东乡村”人际交往、社会构成和秩序维护等制度性因素。

（三）节日民俗

信仰伊斯兰教的东乡族，传统节日有古尔邦节、开斋节以及圣纪节、阿守拉节。由于这些节日与宗教密切相关，所以“东乡村”的节日习俗依旧延续了传统东乡族的节日习俗。

1. 圣纪节

圣纪节是伊斯兰教穆罕默德圣人的生辰和忌日，都在伊斯兰历 3 月 12 日，所以统称“圣纪”。圣纪节的饮食场所主要在清真寺，由清真寺主持宰牛羊、做烩菜、炸油香，让所有到清真寺听“赞圣词”的人食用。在东乡村，圣纪节当天每家每户到清真寺出钱，称出“乜贴”。由清真寺寺管会主持圣纪节仪式，宰牛羊、做油香、为所有来寺里的人准备好食物。老人妇女等到清真寺听“大赞”,男子在礼拜堂举行会礼。传统的东乡族女子不进寺做礼拜,但在“东乡村”,有些寺中有专门的女礼拜殿,这是传统宗教礼俗观念发生变化的重要表现。

2. 开斋节

开斋节是穆斯林对“尔德·菲图尔”(阿拉伯语)的习惯称呼。每年伊斯兰历9月是穆斯林的斋戒之月,凡符合条件的穆斯林男女,都要奉行一个月的斋戒,白天不进饮食,一月结束,望见新月,斋戒完成,次日即为开斋节。清晨起来,换上洁净的衣服,开始在家中炸油香、馓子。上午,到清真寺参加会礼。在“东乡村”开斋节当天上午,人们沐浴净身,男子聚集到各个清真寺和本“者麻提”一起举行开斋会礼,礼拜后,还向老弱病残和贫苦之人出散乜贴,因此开斋节又叫“济贫节”。然后请阿訇为已故亲人走坟,纪念亡人。走坟后,走亲访友,相互祝贺,邀请亲戚乡邻到家,进行款待。妇女和小孩则在家中炸油香、馓子,准备招待客人。

3. 古尔邦节

古尔邦节是阿拉伯语音译,又称“尔德·艾祖哈”,含有牺牲、献身之意。在伊斯兰历年的12月10日举行。这一天也是穆斯林赴麦加朝觐的第三天。古尔邦节这一天,东乡村穆斯林沐浴洁身后,穿上节日的盛装,到清真寺去参加会礼。之后走坟,回家举行宰牲仪式,有经济能力的家庭请阿訇到家中念经宰羊、牛、驼。羊肉、牛肉或驼肉除了自己食用外,还要分送亲友和贫孤之人。家里人炸好油香,将羊肉分成小块,为到家中的所有亲友分上一块羊肉和油香。

4. 阿守拉节

东乡族还有一个传统的节日,即阿守拉节(粮食节),它是东乡族妇女们的传统节日,过阿守拉节这天,必做的美食是“罗菠弱粥”,也称为美味肉粥,各家妇女轮流做东,将小麦、绿豆、玉米、青稞等十二种粮食和羊杂碎剁成的肉末混煮在肉汤里,调成糊状。每家须有人参加,如不能去,东家必会留一份罗菠弱粥给这家。“东乡村”的阿守拉节,已经不再是几家或者整个“者麻提”一起过,都是单个家庭象征性地在家中请阿訇念“古兰经”,罗菠弱粥也是自家自愿来做,很少有轮流做东的说法。做好之后也是自家享用或有时分送给左邻右舍。

"东乡村"的古尔邦节、开斋节以及圣纪节的节日礼俗与饮食构成等同传统的东乡族社会一样,不同的是参加的人较少,主要以老年人为主。传统的东乡族社会节日的举行场所更多是在家中,而在"东乡村",举行场所主要在清真寺,宰牛羊的场所也多为清真寺。城市生活的快节奏使得人们没有足够的时间、空间来过传统习俗节日,而清真寺则承担了更多的节日活动,是主要的节日活动与交流场所。

(四)"东乡村"的语言民俗

语言本身就是一种民俗事项,而且还记载和传承着其他民俗事项。它主要指民间依靠口头语言进行传播和继承的民俗事项。①

东乡语是东乡族人民的主要交际工具,东乡语属于阿尔泰语系蒙古语族,语言中大量保留了十三、十四世纪的古蒙古语、突厥语、阿拉伯语和波斯语的成分,并在发展中吸收了相当数量的汉语借词。历史上东乡族先民曾用阿拉伯语拼写东乡语(俗称"小经"),记录民间叙事诗等,但小经未能普及,因而东乡族有自己的语言而无文字。在"东乡村",东乡语依然是人们最主要的交际工具,尤其在各个相对独立的行业中,语言是最为明显的认同标志。在鸽子市的牛羊肉批发市场,按照语言的不同而区分,从里到外,依次是东乡人的店铺(东乡语)、广河人的店铺(东乡语和汉语)、康乐、和政人的店铺(汉语),一句"撒尔塔昆"(撒尔塔人)便是最明显的标志,尽管城市生活迫使他们在更多的情况下使用汉语,但是在他们内部,东乡语依然是主要的语言。东乡族民间歌谣是东乡族语言文化的承载者,进入城市的东乡人以不同的形式在传承这种民族文化:花儿从山野走进城市,在城市拆迁的工地上、在废旧家具市场随处都有东乡族男子粗犷的花儿声;儿歌依然被母亲用来启发或者教育子女。

---

① 叶涛、吴存浩:《民俗学导论》,山东教育出版社,2002年12月版,203页、289页。

六、结束语

"东乡村"的形成与存在必然对东乡族在城市的立足与发展具有重要的意义,作为城市的一分子,"东乡村"又不可能独立于城市而存在,它在一定程度上又必须依赖城市主流文化才能得以巩固和发展,所以在继承传统文化的基础上,要寻求和城市文化的连接点,在生产生活方式、传统观念等方面做出一定的调适,才能不被城市主流文化所淹没。从"东乡村"形成的原因及特点来看,它是一个文化上相对独立的社区,"东乡村"民众以其独特的语言、民族心理、生产生活方式、居住方式、社会关系网络,在城市建立起属于自己的聚落。聚落的形成发展具有重要的意义。面对城市主流文化的冲击,"东乡村"内部凝聚力与防范性日益加强,由此也在一定程度上导致了"东乡村"的封闭性,阻碍了它的发展。如果要求得发展,聚落该如何打破这种封闭性,调适自己,这让城市少数民族聚落陷入了又一个尴尬的境地。如何在主流文化冲击与阵痛中作自我的调适、选择与取舍是东乡人面临的又一抉择。

社会行业分布的单一性、以劳动力出卖为主的高强度的三"D"工作(dirty dangerous and demeaning 即脏、险、苦累的工作),如拆迁砸墙业、收购废旧家具业、屠宰业等尽管处于垄断模式,但是技术含量低,收入不稳定,严重阻碍了城市化的发展。饮食习俗的传承与变异既是传统文化在城市的发展,又是"东乡村"民众适应城市生活的具体体现。饮食文化在城市的发展促进了城市文化的多样化以及东乡族传统文化的传播与发展。服饰的多样化、居住模式的改变是城市背景下的东乡人城市化的一种表现。婚姻与丧葬习俗为代表的精神民俗并没有因为生活环境的改变而发生变化,信仰维系下的共同的心理素质以及民族性格不会因为生活环境的变化、文化环境的变化而发生改变或者消失,相反,正是这一共同的信仰与心理因素维系着"东乡村"居民之间的凝聚力以及向心力。语言在某种程度上来说,是一个民族的灵魂,东乡语对于离乡进城的东乡人有着重要的意义,一句"撒尔塔",就像全世界的穆斯林说一句"色俩目"一样,有着无形的认同感与凝聚力。然而城市生活并不是东乡语生存发展的自由空间，而"东乡村"则为东乡语在城市的生存与发展提供了良好的环境，东乡语在一定程度上促使"东乡村"的形成，而"东乡村"又为东乡语的生存起了保护作用。"母传子授"的民间口头传承，是传统文化在城市传承的另外一种方式。

从社会民俗、物质民俗以及精神民俗的传承与变异来看，作为民族文化内核的信仰与民族心理在城市文化的冲击下没有被淹没，相反，却在城市大文化背景下更显特色。行业组织的单一性一方面促进了"东乡村"的凝聚力，起到某种自我保护的作用，另一方面它又严重阻碍了东乡族城市化的发展。文化教育制约下的单一行业类型如果继续延续，势必永远不能跟上城市主流文化的发展。因此，教育成为"东乡村"发展的关键因素。"东乡村"自身除了传统的经堂教育以外没有文化教育体系，而让孩子接受城市正规的教育是更多的城市东乡人所不能承受的，打破聚落的封闭性和行业的单一性又不可能解决让孩子上学的问题，由此产生了新的城市文盲群体，大量少数民族童工的使用现象成为一个合情理不合法的尴尬的问题，在没有国家政策和社会福利制度来关注城市少数民族聚落儿童教育的状况下，我们如何面对这种状况？我们设想一下，可以在聚落中的清真寺开设文化课程，比如语文数学等课程，使聚落内儿童在经堂教育模式下接受文化教育。

在城市化的冲击下，"东乡村"的封闭性最终会被打破，对于城市东乡族这一边缘群体来讲，如果打破居住格局的特殊性、实现城市式的居住方式，打破行业的单一性、实现生产行业多样化，那么最先失去的将是东乡族传统的文化，对于一个民族来讲，是喜还是忧？城市化究竟让少数民族如何取舍？当聚落少数民族文化完全与城市主流文化合拍后，城市少数民族的概念还有什么存在的意义？这些都是值得我们思考的问题。

（白晓荣：西北民族大学民俗学专业硕士研究生毕业；青海师范大学人文学院助教、硕士）